Sonia Choquette

ChakraBalancing

Sonia Choquette

ChakraBalancing

Leben im
dynamischen
Gleichgewicht
der Energien

Bauer
Verlag Hermann Bauer
Freiburg im Breisgau

Die Deutsche Bibliothek – CIP-Einheitsaufnahme

Ein Titeldatensatz für diese Publikation ist bei
Der Deutschen Bibliothek erhältlich.

Die amerikanische Originalausgabe erschien 2000 bei
Three Rivers Press/Crown Publishing Group,
201 East 50th Street, New York, New York 10022, USA,
unter dem Titel *True Balance.*
A Commonsense Guide for Renewing Your Spirit

Aus dem Amerikanischen von Thomas Görden

1. Auflage 2001
ISBN 3-7626-0834-2

Umschlag: Marketing Design Service GmbH, Hamburg
Satz: DTP+Printmediengestaltung Manfred Raufer, Freiburg i. Br.
Druck und Bindung: Kessler Verlagsdruckerei, Bobingen
Printed in Germany

Für meine Familie
Ihr bringt meine Seele ins Gleichgewicht

Inhalt

Dank

Ich möchte meinen Eltern Sonia und Paul dafür danken, dass sie mir ein solides und dauerhaftes Fundament gegeben haben. Ihr habt mich in der Welt willkommen geheißen und mir die Einsicht vermittelt, dass das Universum mich immer unterstützt.

Meinem lieben Ehemann, Partner und Spielgefährten Patrick Tully: Danke dafür, dass du meine Vitalität erweckt hast und mich mit nährender Unterstützung, Sinnlichkeit und Romantik überschüttest. Das Leben mit dir war und ist das süßeste aller Abenteuer.

Meiner Lehrerin Anne Simon Wolf: Danke, dass du mir geholfen hast, meine Souveränität zurückzugewinnen und die »Königin« meines Universums zu werden.

Meinen wunderbaren Kindern Sonia und Sabrina: Danke, dass ihr mir das Herz geöffnet und mich gelehrt habt, bedingungslos zu lieben.

Meiner Schwester Cuky: Danke, dass du mir zugehört hast, wenn ich Unterstützung brauchte, und jeden Abend mit mir im Bett gesungen hast, als wir Kinder waren. Du bist stets für mein Recht auf Selbstentfaltung eingetreten.

Meinen Mentorinnen LuAnn Glatzmeier und Joan Smith: Danke, dass ihr mir die Augen geöffnet und mir geholfen habt, die Wunder und die Schönheit des Universums zu sehen.

Dem Göttlichen Geist, dem Heiligen Mutter-Vater-Gott: Ich bin demütig und zutiefst dankbar für all die Segnungen und Geschenke, mit denen du mich und meine Lieben jeden Tag aufs Neue überschüttest. Ich bin für immer deine Dienerin.

Außerdem möchte ich meiner Agentin und Verbündeten Susan Schulman dafür danken, dass sie meinem Herzenswunsch, zu schreiben und zu lehren, den Weg geebnet hat. Du hast stets dafür gesorgt, dass ich meine Träume auf bestmögliche Weise verwirklichen konnte.

Für Anetta Hanna, meine Lektorin: Danke, dass du mich dazu herausforderst, eine bessere Schriftstellerin und Lehrerin zu werden. Deine Anregungen sind mir auf persönlicher wie auf beruflicher Ebene eine außerordentliche Hilfe gewesen.

Für Lauren Shakely, Chip Gibson, Tina Constable, Leigh Ann Ambrosi und alle Zuarbeiter hinter den Kulissen bei Crown-Publishing: Danke, dass meine Bücher dort so wunderbar aufgehoben sind, und für den Enthusiasmus und die Unterstützung bei jedem neuen Projekt.

Meinen Lehrern, Charlie Goodman und Dr. Trenton Tully: Danke, dass ihr mich dazu gedrängt habt, meinen Pfad in diesem Leben zu beschreiten. Ihr habt mein Herz und meinen Geist für die Göttliche Weisheit geöffnet.

Für Debra Grace Graves und Kimo, den Kahuna: Danke, dass ihr mir geholfen habt, dieses Buch zur Welt zu bringen.

Meinen Klienten und Schülern, die stets meine besten Lehrer sind: Ich ehre und wertschätze euch von ganzem Herzen. Danke, dass ihr es mir gestattet, euch so nahe zu sein und so viel von euch zu lernen.

Einführung

Kürzlich sprach mir ein Mann namens Steven eine dringende Nachricht auf meinen Anrufbeantworter. Sie lautete: »Sonia, Sie kennen mich nicht, aber Sie wurden mir von meiner Masseurin empfohlen. Ich habe sie aufgesucht, weil ich mich in letzter Zeit sehr erschöpft und überfordert fühle und es in meinem Leben drunter und drüber geht. Sie sagte mir, das liege daran, dass meine Chakras aus dem Gleichgewicht geraten seien. Sie versuchte mir zu erklären, dass Chakras Energiezentren sind, die wir alle haben, aber ich verstand – ehrlich gesagt – nicht, was sie meinte. Schließlich verwies sie mich an Sie und sagte, Sie könnten mir helfen! Können Sie das? Ich muss wissen, was diese Energiezentren sind, und wie ich es schaffen kann, dass sie mein Leben nicht mehr durcheinander bringen!«

Steves Anruf war keine Überraschung für mich. In den letzten Jahren habe ich viele solcher Telefonanrufe erhalten, in denen mich die Leute immer wieder um Hilfe bei diversen Energiekrisen baten. Mehr und mehr Menschen entdecken gegenwärtig, dass ihre Probleme eher psychischer und spiritueller als physischer Natur sind. Steven hatte, wie vieler meiner Klienten, zuvor noch nie von diesen *Chakras* genannten Energiezentren gehört. Für ihn war das nur ein ungewöhnliches Wort, vielleicht eine Metapher, aber gewiss nichts, was er als seiner intimsten Natur zugehörig und entscheidend für sein allgemeines Wohlbefinden betrachtete. Er konnte sich nicht vorstellen, dass ein unsichtbares Energiezentrum, ein Chakra, etwas mit seinen Problemen zu tun haben könnte. Tatsächlich lachte er sogar über diese Idee, als sie ihm das erste Mal zu Ohren kam. Aber seine Masseurin hatte natürlich Recht. Die meisten unserer Probleme lassen sich auf eines unserer sieben Energiezentren zurückführen. Metaphysisch Bewanderte nennen diese Zentren

Chakras, abgeleitet von dem Hindu-Wort für »sich drehendes Rad«, und so lässt sich ein Chakra vom energetischen Standpunkt aus auch tatsächlich beschreiben.

Hier im Westen betrachten wir uns selbst als feste Körper, während das östliche Denken uns eher als ätherisch wahrnimmt. Wenn Hindus sich einen Menschen vorstellen, dann visualisieren sie seine sieben separaten und doch miteinander verbundenen Energiezentren, von denen jedes für einen bestimmten Bereich menschlichen Wohlbefindens zuständig ist. Dem rationalen westlichen Geist erscheint die Vorstellung solcher Energiezentren weit hergeholt, doch in unserer Sprache spiegelt sich deutlich wider, dass wir uns dieser energetischen Zentren unterschwellig sehr wohl bewusst sind. Wir sagen zum Beispiel:

- dass uns »ein Kloß im Hals steckt«, wenn sich Traurigkeit auf unser Halschakra auswirkt, so dass wir kaum einen Ton herausbekommen
- dass jemand »Gift und Galle spuckt«, wenn er auf der Ebene des dritten Chakras seiner Wut freien Lauf lässt
- dass es uns »völlig umhaut«, wenn etwas Neues, vielleicht eine neue Liebe, uns aus dem Takt bringt und unser erstes Chakra bedroht, unser Fundament, so dass wir das Gefühl haben, den Boden unter den Füßen zu verlieren

Unser Energiesystem bestimmt unser energetisches und psychisches Wohlbefinden. Dieses System umfasst unser Fundament und unseren Überlebensinstinkt, unser Vitalität und unsere Emotionen, unseren Willen und unsere persönliche Souveränität, unsere Fähigkeit, Liebe zu geben und zu empfangen, unseren schöpferischen Selbstausdruck, unsere psychische Bewusstheit sowie unsere persönliche Vision und schließlich auch unsere Fähigkeit, mit unserem Schöpfer in Verbindung zu treten. Es ist die Matrix, die unseren Geist in unseren Körper lenkt und uns eine freie Selbstentfaltung auf der physischen Ebene ermöglicht. Wenn diese sieben Energiezentren sich in einem harmonischen Gleichgewicht befinden, fühlen wir uns geerdet, emotional geborgen, selbstverantwortlich, fähig, Liebe zu geben und zu empfangen, effektiv und kreativ, inspiriert phantasievoll und zutiefst mit dem Universum verbunden und von ihm geführt. Das ist der natürliche Plan für das Menschsein. Ein solches Leben ist aufregend, befriedigend, produktiv und erfüllt und ermöglicht es uns, dem Planeten unser Bestes zu geben. Es ist ein Leben, wie das Universum es uns bestimmt hat. Ein Leben reich an Liebe, Kreativität und Segnungen.

Geraten jedoch eines oder mehrere dieser sieben Chakras aus dem Gleichgewicht und funktionieren nicht mehr so, wie es ihrer eigentlichen Bestimmung entspricht, werden wesentliche Teile unseres psychischen und spirituellen Selbstausdrucks gestört oder behindert. Wenn das geschieht, werden wir unsicher und fühlen uns bedroht. Wir verlieren den Kontakt zu unseren Gefühlen, und es gelingt uns nicht mehr, ihre Botschaften richtig zu interpretieren. Unser Handeln wird von Angst bestimmt, unsere Fähigkeit, Liebe zu geben und zu empfangen, ist reduziert. Wir verlieren unsere Integrität, und unser Reden und Handeln kommt nicht mehr von Herzen. Selbstzweifel befallen uns, oder wir leugnen unseren Wert und unsere Bedeutung. Wir sind nicht mehr in der Lage, die Wahrheit in uns selbst und in der Welt zu erkennen, und im schlimmsten Fall verlieren wir die Verbindung zu unserer Quelle, zu Gott. Statt dass wir erfüllt jeden Tag erfahren, verkommt unser Leben zu dem verzweifelten Versuch, dem Tod zu entrinnen. Es ist ein Leben voller Sorge, Furcht, Isolation, Wut, Unehrlichkeit, Manipulation und Einsamkeit. Das führt zu einem beklagenswerten Verlust für uns selbst und die Welt, denn in diesem Zustand sind wir unfähig, der Welt unsere Gaben zu schenken und unseren einzigartigen und wesentlichen Beitrag zum Ganzen zu leisten. Wir leiden, und die Welt leidet ebenfalls.

Da ich intuitiv und als Heilerin arbeite, besteht meine grundlegende Aufgabe darin, Menschen dabei zu helfen, ihre eigene spirituelle Anatomie zu verstehen. Ich informiere über die Natur dieser Energiezentren und zeige den Menschen, wie sie im Gleichgewicht und in psychischer Harmonie leben können, so dass sie in der Lage sind, uneingeschränkt an der Erfüllung des natürlichen Plans teilzunehmen. Wenn ich Klienten berate, erkenne ich intuitiv, welches ihrer Energiezentren aus dem Gleichgewicht geraten ist und, was noch wichtiger ist, woran das liegt und was sie dagegen tun können. Ich zeige meinen Klienten und Lesern, wie sie sich selbst als feinfühlige, offene energetische Wesen erleben und wertschätzen können, die ebenso viel Fürsorge und Aufmerksamkeit benötigen wie jedes andere Geschöpf der Natur. Wie Blumen und andere Pflanzen brauchen auch wir festen Boden unter den Füßen, Wärme, Sonnenschein und geistige Nahrung, schützende Grenzen, Pflege und Fürsorge, Freiheit für ein uneingeschränktes persönliches Wachstum und umfassende Unterstützung durch das Universum, um unser höchstes Potenzial verwirklichen zu können.

Da die moderne Welt nicht anerkennt, dass wir alle spirituelle Wesen sind, für die spirituelle Gesundheit genauso wichtig ist wie körperliche, verwundert es nicht, dass sich so viele von uns mit Leiden und Störungen in diesem Bereich herumschlagen müssen. Wenn wir unser Bedürfnis nach spirituellem Gleichgewicht ignorieren, müssen wir die Konsequenzen daraus erdulden.

Wenn wir unsere grundlegenden energetischen Rechte in Zweifel ziehen und unsere grundlegenden seelischen Bedürfnisse unerfüllt bleiben, schwinden unsere Kräfte, und wir siechen dahin. Wie eine unzureichend gegossene Topfpflanze, die vernachlässigt in einer Ecke steht, schaffen wir es vielleicht gerade noch zu überleben. Aber wir werden unser Potenzial so kaum zur Blüte bringen und keinen echten Beitrag für die Welt leisten können. Ein solches Leben löst Schmerz aus. Und dieser Schmerz ist unnötig. Das gesamte Universum ist auf unser Wohlbefinden hin angelegt. Unser energetischer Körper verfügt von Natur aus über das angeborene Potenzial, frei alles zu empfangen, was unsere Seele braucht, um zu blühen und zu gedeihen. Unsere Aufgabe liegt darin, unseren Energiekörper verstehen zu lernen und zu begreifen, wie wir ihn funktionstüchtig halten können. Seit über dreißig Jahren besteht meine Arbeit darin, dieses grundlegende Wissen über spirituelles und psychisches Wohlbefinden zu vermitteln.

Nach meinem Gespräch mit Steven keimte in mir ein Gedanke. Mir wurde klar, dass Menschen wie er ein praktisches, vernünftiges Handbuch benötigten, das ihnen erklärt, wie ihr Chakrasystem aufgebaut ist und wie sie es im Gleichgewicht halten können. So beschloss ich, dieses Buch zu schreiben. Da ich im Laufe der Jahre so viele Leute beraten habe, wurde mir auch klar, was Menschen in unserer hektischen Zivilisation tun können, um sich besser um ihre spirituellen Bedürfnisse zu kümmern. Daher entwickelte ich ein leicht anzuwendendes Arbeitsbuch, das jedes der sieben Energiezentren beschreibt – sowohl im ausgewogenen als auch im unausgewogenen Zustand – und praktische Tipps gibt, wie wir unser Leben wieder ins Gleichgewicht bringen können.

Wenn Sie das Gefühl haben, aus dem Gleichgewicht geraten zu sein und das Bedürfnis nach einer psychischen »Fitnesskur« verspüren, können Sie immer wieder auf dieses Arbeitsbuch zurückgreifen. Ich habe eine Vielzahl von Anregungen zur seelischen Harmonisierung aufgeführt, so dass für jede Stimmungslage und jedes Temperament etwas dabei ist. Ich möchte sie jedoch nicht als weitere Punkte auf Ihrer endlosen Liste von geplanten Aktivitäten verstanden wissen, sondern als einfache Praktiken, die nur minimale Aufmerksamkeit erfordern, dabei aber ein Maximum an Erleichterung bringen. Probieren Sie eine davon aus oder alle, je nachdem, wonach Ihnen gerade ist oder welchem Persönlichkeitstyp Sie zugehören. Greifen Sie die Ideen auf, die Ihnen attraktiv erscheinen, und ignorieren Sie die anderen. Manche Vorschläge fühlen sich vielleicht an einem Tag richtig an und an einem anderen nicht. Das ist die Natur des Energiekörpers. Da er sich in einem Zustand ständigen Fließens befindet, müssen Sie mit den einzelnen Tipps im Buch experimentieren, um herauszufinden, welcher bei Ihnen funktioniert. Außerdem ist Vielfalt die Würze des Lebens. Sobald Sie erst einmal erkannt haben, was die verschiedenen Energiezentren brauchen, um im Gleichgewicht zu bleiben, kann es durchaus sein, dass Sie Ihre ganz persönlichen Methoden entdecken, Ihre psychische Harmonie wiederherzustellen!

Einen Anfang machen

Ehe Sie beginnen, schlage ich vor, dass Sie das Buch zuerst ganz durchlesen und jene Abschnitte anstreichen, die Sie besonders ansprechen. Lesen Sie dann die Abschnitte ein zweites Mal, in denen jene Probleme behandelt werden, die Ihnen zu schaffen machen. Normalerweise baut sich unser Energiesystem von unten nach oben auf. Wenn ein Chakra aus dem Gleichgewicht gerät, kann es leicht auch die Balance der benachbarten Chakras stören, so wie ein nicht richtig ausgewuchtetes Rad eines Autos die anderen Räder ebenfalls unrund laufen lässt. Es kann aber durchaus auch sein, dass einige Ihrer sieben Energiezentren sehr gut funktionieren, während andere träge oder unausgewogen sind. Zum Beispiel kann ein Mensch mit einer starken Persönlichkeit über ein gut ausbalanciertes drittes Chakra verfügen, ein Gefühl für die richtige Richtung. Gleichzeitig kann aber sein fünftes Chakra, das Zentrum des Selbstausdrucks, in seiner Harmonie gestört sein. Ein solcher Mensch wirkt dann vielleicht rechthaberisch oder tyrannisch auf andere, womit er sich viele Probleme schafft. Eine andere Person mit einer ausgeprägten Imaginationsgabe mag ein gut ausbalanciertes sechstes Chakra haben, einen guten Sinn für die eigene Lebensvision, jedoch im ersten Chakra schwach sein, so dass ihr das sichere Fundament fehlt, um ihre Vision, ihre Ideen umzusetzen, was dann zu Frustration und Ineffektivität führt.

Im Allgemeinen wird es sinnvoll sein, die Chakras nacheinander zu harmonisieren, sich vom ersten bis zum siebten hochzuarbeiten. Aber wenn bereits offensichtlich ist, dass ein bestimmtes Energiezentrum bei Ihnen massive Probleme verursacht, sollten Sie dieses Zentrum zuerst ausbalancieren, ehe Sie die anderen, systematisch von unten nach oben vorgehend, in Form bringen. Vielleicht möchten Sie auch gleichzeitig an mehreren Chakras arbeiten – zum Beispiel das zweite und dritte zusammen harmonisieren. Wenn Sie aber merken, dass Sie an mehr als drei Chakras zur selben Zeit arbeiten, rate ich Ihnen, doch lieber zum Anfang zurückzukehren und zunächst einmal das erste Chakra auszubalancieren, ehe Sie nach oben weiterschreiten.

Betrachten Sie diese Arbeit als Präventivmedizin für die Seele. Idealerweise sollte dieses Buch Ihnen die Fähigkeit vermitteln, ihren subtilen psychischen Energiekörper mit Intelligenz und Leichtigkeit zu handhaben. Haben Sie erst einmal begriffen, wie Ihre Energiezentren funktionieren und wie Sie sie in Harmonie halten können, versetzt Sie das in die Lage, Ihre Energie zu stabilisieren und Körper, Geist und Seele zu nähren. Wenn dann ein psychisches Problem auftritt, braucht es nur noch einen kurzen Moment des Nachdenkens, um eine brauchbare Lösung zu finden.

Wenn Sie Ihre Chakras harmonisieren, nehmen Sie damit Ihr natürliches Recht in Anspruch und stellen Ihre natürliche innere Ordnung wieder her. Sie beginnen, die Schäden zu beheben, die dadurch entstanden sind, dass Sie Ihr Leben falsch herum gelebt haben – vom Kopf aus, wobei Körper und Seele völlig außer Acht gelassen wurden. Wie alles in der Natur wird auch Ihr Leben verkümmern und seine Vitalität einbüßen, wenn es nicht von einer geerdeten Energiequelle genährt wird. Sie werden lernen, dass es gar nicht so schwierig ist, die Chakras ins Gleichgewicht zu bringen, besonders wenn Ihnen klar wird, dass es darum geht, das Leben nicht einfach nur zu leben, sondern es zu *lieben*!

Dieses Buch möchte Ihnen vermitteln, dass Sie ein Recht auf alles haben, was Sie brauchen, um zu wachsen und zu gedeihen. Ich hoffe, dass es Ihnen in diesem Sinne als ein hilfreicher und nützlicher Leitfaden dienen wird. Legen Sie es sich auf den Nachttisch oder in eine Schreibtischschublade im Büro und schlagen Sie darin nach, wann immer Sie nach einer Lösung für psychische Probleme suchen oder nach Tipps, wie Sie Ihr inneres Gleichgewicht aufrechterhalten können.

Das wertvollste Geschenk, das Sie den Menschen, die sie lieben, und der Welt insgesamt machen können, besteht meiner Überzeugung nach darin, ein rundum glücklicher, harmonischer und ausbalancierter Mensch zu sein. Dann werden Sie in dieser Welt zu einem Lichtträger, einem natürlichen Ausdruck von Gottes Schönheit, und ein Vorbild an Gesundheit und Vitalität für jene, die sich noch in der Dunkelheit abmühen. Wenn Ihre Chakras im Gleichgewicht sind, werden Sie feststellen, dass Ihnen die Führung, die Sie brauchen, um zu Heilung, Licht und innerem Frieden zu finden, ganz natürlich zufließt. Das ist der Göttliche Plan, die Absicht des Universums. Nehmen Sie also Ihr Recht auf eine solche spirituelle Harmonisierung und Ausrichtung in Anspruch und lassen Sie den Balanceakt beginnen!

Erstes Chakra
Ihr Fundament

Unsere persönliche Macht und unser Wohlergehen haben ihren Ursprung im ersten Chakra. Dieses Zentrum, das in dem Energiefeld am Ende des Steißbeins liegt, heißt unsere Seele im Körper willkommen und schafft das nötige Fundament für unsere Reise durchs Leben. Es wird aktiviert, wenn nach der Geburt die Nabelschnur durchtrennt wird, und leitet die Lebenskraft in unseren physischen Körper. Dabei konzentriert es den Fluss dieser Kraft auf den Bereich vom Steißbein bis hinunter zu den Füßen und hilft uns so, mit beiden Beinen sicher im Leben zu stehen und unseren Platz in der Welt einzunehmen. Im Moment der Geburt lösen wir uns vom Versorgungssystem unserer Mutter und werden gleichzeitig an diese spirituelle Versorgungsquelle angeschlossen. Das erste Chakra ermöglicht uns den persönlichen Zugang zu allem, was wir zum Überleben und Wachsen brauchen, und verleiht uns ein grundlegendes Gefühl der Sicherheit. Es vermittelt uns die intuitive Einsicht, das wir Kinder des Universums sind – mit dem vollen Recht, in diesem Leben nach vollkommenem Selbstausdruck zu streben. Im Farbspektrum schwingt dieses Chakra in energetischer Resonanz zur Farbe Rot.

Wenn unser erstes Chakra ausbalanciert und in Harmonie ist, stehen wir auf einem sicheren Fundament. Wir fühlen uns wie gern gesehene und geachtete Gäste beim Bankett des Lebens. Das Leben heißt uns willkommen, umarmt uns und schenkt uns in jeder Hinsicht Nahrung und Unterstützung. Wir vertrauen intuitiv darauf, dass das Leben uns immer neue Chancen eröffnet, so dass für alle unsere Bedürfnisse stets gut gesorgt ist. Ein fest gegründetes psychisches Fundament lässt uns spüren, dass das Leben nicht nur eine Party ist, sondern dass diese Party auch noch für uns veranstaltet wird.

Die Hauptfunktion unseres ersten Chakras besteht darin, uns dabei zu helfen, unsere grundlegenden Überlebensbedürfnisse mit Würde und Leichtigkeit zu befriedigen. Seine Devise lautet: »Ich möchte, ich brauche, gib es mir, gib es mir jetzt!« Es lenkt unsere Aufmerksamkeit auf die Dinge, die wir Tag für Tag zum Überleben brauchen, und stimuliert unsere Fähigkeit, uns diese Dinge zu beschaffen und sie für uns zu beanspruchen. Ein ausgewogenes Fundament ermöglicht es uns, darauf zu vertrauen, dass das Universum mit uns zusammenarbeitet, um unsere Bedürfnisse nach Wachstum und Entfaltung zu erfüllen. Es bewahrt uns davor, das Chaos der Welt zu verinnerlichen, und hält uns davon ab, in den großen Chor des »Ich kann nicht, ich werde nicht, ich habe Angst!« einzustimmen, unter dem so viele Menschen leiden. Es fördert unsere Bindung an unser wahres spirituelles Erbe und erzeugt ein Gefühl der Zugehörigkeit, ein Gefühl, erwünscht zu sein, ein wertvoller Teil der Gemeinschaft des Lebens zu sein. Mein liebstes Bild für ein harmonisches Fundament ist ein Baum, der fest im Boden verwurzelt ist, sicher getragen von Mutter Erde.

Geerdet und ruhig

Auf einer praktischen Ebene bestimmt das erste Chakra über unser Verlangen nach Essen, einem Dach über dem Kopf, Wärme, Behaglichkeit und Schutz vor den feindlichen Elementen der Welt. Im physischen Körper beeinflusst es die Knochen, das Blut, das Immunsystem, den Dickdarm, das Rektum, die Beine und die Füße. Ist das erste Chakra nicht im Gleichgewicht, können sich in diesen Körperbereichen Beschwerden manifestieren.

Ein offenes und gut harmonisiertes Fundament vermittelt Ihnen ein beständiges, tiefes Gefühl der Sicherheit, das auf grundlegende Weise tröstlich und beruhigend wirkt. Ob Sie ein gut ausbalanciertes Fundament haben, können Sie stets daran erkennen, dass Sie sich wenig Sorgen machen. Sie scheinen dann immer das Beste vom Leben zu erwarten, und in der Regel bekommen Sie es auch. Vielleicht kennen Sie jemanden, dessen erstes Chakra ganz im Gleichgewicht ist. Es könnte ein von allen geliebtes kleines Kind sein, das ausgefallene Wünsche vorbringt und erwartet, dass sie unverzüglich erfüllt werden, oder ein »Glückspilz« in Ihrem Freundeskreis, der alles, was er sich wünscht, auf magische Weise anzuziehen scheint. Es könnte sogar jene stille, selbstsichere alte Dame aus der Nachbarschaft sein, die immer lächelt und optimistisch dreinblickt und sich nie um die Zukunft sorgt. Im Idealfall sind Sie selbst ein solcher Mensch. Ganz gleich, ob alt oder jung, Leute mit einem harmonischen, stabilen Fundament erwarten intuitiv, dass das Leben sie stets mit allem versorgt, was sie brauchen. Wenn Sie über ein solches Fundament verfügen, sind Sie ein ruhiger und umgänglicher Mensch und strahlen eine stille Kraft und Zuversicht aus. Dann wirken Sie auch auf andere beruhigend, so dass sie Ihre Gesellschaft als wohltuend empfinden. Wenn Ihr Fundament stark ist, jagen Sie nicht dem Leben hinterher. Stattdessen wissen Sie, dass das Leben Ihnen auf halbem Weg entgegenkommen wird. Und das geschieht dann auch.

Betrachten Sie Ihr Fundament

Vertrauen Sie darauf, vom Leben stets mit allem Notwendigen versorgt zu werden?

Überkommen Sie je Existenzängste?

Fühlen Sie sich gut geerdet?

Kennen Sie einen Menschen, der gut geerdet ist?

Wie würden Sie die Energie eines geerdeten Menschen beschreiben?

Ein aus dem Gleichgewicht geratenes Fundament

Wenn Ihr erstes Chakra geschwächt oder aus dem Gleichgewicht geraten ist, fehlt Ihnen das Gefühl, sicher und gut geerdet zu sein. Statt wie ein fest verwurzelter Baum im Wald, der stark und sicher dasteht, fühlen Sie sich eher wie eine Schnittblume in der Vase, verletzlich, bedroht, vielleicht sogar dem Untergang geweiht. Unbewusst spüren Sie, dass Sie aus schwindenden oder begrenzten Ressourcen schöpfen. Ihre Existenz ist von Furcht bestimmt.

Ein Mensch mit einem schwachen oder unausgewogenen Fundament ist unsicher und ängstlich und hat mit Empfindungen zu kämpfen, die von einem leichten Unbehagen bis hin zu einer voll ausgebildeten Paranoia reichen können. Für Menschen ohne ein fest gegründetes Fundament oder Wurzelchakra ist schon die Deckung ihrer Grundbedürfnisse ein enormer Kampf. Sie denken oft sorgenvoll, dass die Dinge im Leben, die es ihnen ermöglichen würden, sich sicher zu fühlen, wie ein warmes, behagliches Zuhause, finanzielle Unabhängigkeit und sichere emotionale Beziehungen zu anderen Menschen ihnen nicht wirklich zustehen.

Beim Versuch, ein schwaches Fundament auszugleichen, kann ein Mensch überkompensieren, wodurch sein erstes Chakra überaktiv wird. In einem solchen Fall werden Sie sich übertrieben stark auf das eigene Überleben konzentrieren und sich ständig bedroht fühlen. Ihr Bemühen um das eigene Überleben nimmt dann aggressive Züge an. Dieser leidvolle Zustand führt zu einer »Ich zuerst«-Haltung, so dass man sich anderen gegenüber aufdringlich, manipulativ, gierig oder gefühllos verhält. Man nimmt, was man kriegen kann, ohne Rücksicht auf die Konsequenzen für andere.

Alice, eine meiner Klientinnen, besaß ein sehr überaktives erstes Chakra. Unter neun Geschwistern war sie die sechste. Während ihrer Kindheit lebte sie mit ihren Geschwistern in ständiger Konkurrenz und musste sich alles erkämpfen, von ihrem Anteil am Abendessen über Privatheit im Badezimmer bis zur Aufmerksamkeit ihrer Eltern. Da sie so in einem Zustand ständigen Mangels aufwuchs, entwickelte sie die Lebensdevise: »Ich werde um jeden Preis überleben! Ich werde mir nehmen, was mir zusteht, und dann machen, dass ich weiterkomme!« Diese ständig kampfbereite, nur aufs eigene Überleben ausgerichtete Haltung führte bei Alice zu völliger Isolation von ihren Mitmenschen. Ihr ganzes Leben war von diesem ständigen Gefühl der Bedrohung und des Mangels überschattet. Nach ihrer Auffassung gab es niemals genug für alle. Also musste immer jemand der Verlierer sein. Und wenn das schon so war, dann wollte sie zumindest sicherstellen, dass nicht sie zu den Verlierern gehörte. Diese Überzeugung machte sie verzweifelt, gierig, selbstsüchtig und unbeliebt.

Ironischerweise hatte Alices aggressive Persönlichkeit ihr zwar keine Freunde eingebracht, wohl aber ein beträchtliches Einkommen. Doch sie war unfähig, ihren materiellen Wohlstand wahrzunehmen und wirklich zu schätzen. Stattdessen kämpfte sie sich durch ein Leben voller Hindernisse und Gefahren und fühlte sich ständig von Armut bedroht. Trotz ihres abweisenden und distanzierten Benehmens war Alice tief im Innern sehr ängstlich und unsicher. Ihr Wohlstand war keine Beruhigung für sie, und sie spürte instinktiv, dass die Menschen sie wegen ihres Benehmens ablehnten, wodurch sie sich noch isolierter und einsamer fühlte. So führte sie ein sehr trauriges und schmerzvolles Leben, das man niemandem wünschen würde. Schließlich entschloss sie sich, Hilfe zu suchen.

Alice benötigte einige Zeit und ein intensives Training, bis sie ein Gespür für ihr Fundament entwickelte und herausfand, wie sie es harmonisieren konnte. Sie nahm an einer Gruppentherapie teil und erhielt zudem Einzelberatungen. Außerdem schloss sie sich einer fortschrittlichen Kirchengemeinde an, die viele Seminare über Fülle und Glauben anbot. Sie fand ein paar neue Freunde und schaffte es, ihre Alltagskonflikte zu entschärfen. Indem sie sich bewusst machte, dass ihre Probleme vor allem psychisch und energetisch bedingt waren, statt eine unwandelbare äußere Realität darzustellen, errang sie einen dauerhaften Sieg über ihre negativen Glaubenssätze, so dass sie nicht mehr in ihre alten defensiven und aggressiven Verhaltensmuster zurückfiel. Ihre Bemühungen zahlten sich aus. Sie entspannte sich und vertraute stärker darauf, dass es sich in dieser Welt sicher und gut leben lässt. Zum ersten Mal begann sie, sich ihres Lebens zu freuen.

Deutliche Anzeichen dafür, dass das erste Chakra sich nicht im Gleichgewicht befindet, sind nagende und immer wiederkehrende Zweifel und Ängste, vor allem solche, die um das reine Überleben, um Sicherheit und das Bedürfnis nach Unterstützung durch andere kreisen. Wenn Sie sich exzessiv Sorgen um Geld und Sicherheit machen, obwohl Sie objektiv gesehen finanziell gut dastehen, weist das auf ein unausgewogenes Fundament hin. Andere Anzeichen für ein solches Ungleichgewicht sind die Unfähigkeit, befriedigende Beziehungen zu anderen Menschen aufzubauen, Isolationsgefühle und starke Hemmungen, das Gefühl, nirgendwo dazuzugehören, ein ausgeprägtes Misstrauen und der Glaube, die Welt sei kein sicherer Ort. Zu den Symptomen zählen Nervosität, Ängstlichkeit, das Gefühl, von anderen im Stich gelassen zu werden, und vor allem: Sorgen, Sorgen, Sorgen. Eine Störung im ersten Chakra löst in uns Angst und das Gefühl aus, unerwünscht und wertlos zu sein.

Ob unser Fundament nun über- oder unteraktiv ist, in beiden Fällen erzeugt das unausgewogene erste Chakra Furcht und das zwanghafte Bedürfnis, sich in einer scheinbar feindseligen, von Mangel beherrschten und uns gegenüber gleichgültigen Welt ein wenig Sicherheit zu verschaffen. Ein aus einer solchen Perspektive heraus gelebtes Leben ist tatsächlich sehr schmerzlich und furchterregend – doch dieser Schmerz und diese Furcht sind unnötig.

Testen Sie Ihr Fundament

	ja	nein	manchmal
Sind Sie ängstlich und stark auf Ihr persönliches Überleben konzentriert?	☐	☐	☐
Haben Sie das Gefühl, dass die Welt kein sicherer Ort ist?	☐	☐	☐
Fühlen Sie sich unsicher oder dem Alltag nicht gewachsen?	☐	☐	☐
Bedroht, als könnte jeden Moment etwas Schreckliches geschehen?	☐	☐	☐
Isoliert, als ob Sie nirgendwo richtig dazugehörten?	☐	☐	☐
Sind Sie misstrauisch, denken Sie schlecht von anderen?	☐	☐	☐
Glauben Sie, nicht gut für sich selbst sorgen zu können?	☐	☐	☐
Fühlen Sie sich unzufrieden und unerfüllt, ganz gleich, was Sie tun?	☐	☐	☐
Sind Sie geizig aus Angst, dass nie genug für Sie da ist?	☐	☐	☐

	ja	nein	manchmal
Paranoid, so dass Sie glauben, der ganzen Welt misstrauen zu müssen?	☐	☐	☐
Haben Sie Geldsorgen?	☐	☐	☐
Kreist Ihr Denken ständig um Essen, Geld, Kontrolle?	☐	☐	☐
Fühlen Sie sich wertlos und glauben, Ihnen stünde nichts Gutes zu?	☐	☐	☐

Wenn Sie eine dieser Fragen mit Ja beantwortet haben, ist Ihr Fundament nur geringfügig beeinträchtigt. Haben Sie zwei oder drei Fragen mit Ja beantwortet, besteht ein leichtes Ungleichgewicht, und Sie sollten den Vorschlägen zur Behebung eines leichten Ungleichgewichtes am Ende dieses Kapitels folgen. Wenn Sie auf vier bis acht Fragen mit Ja geantwortet haben, besteht ein moderates Ungleichgewicht. Greifen Sie dann die Vorschläge für ein moderates Ungleichgewicht auf. Haben Sie auf neun oder mehr Fragen mit Ja geantwortet, ist Ihr Fundament stark geschwächt, und sie sollten die Vorschläge für ein starkes Ungleichgewicht in die Tat umsetzen, damit eine Heilung möglich wird.

Wie bin ich aus dem Gleichgewicht geraten?

Vieles kann die Harmonie unseres ersten Chakras stören; manches davon hat seine Wurzeln in der Vergangenheit, anderes in der Gegenwart. Das Element mit den stärksten Auswirkungen aus der Vergangenheit ist das familiäre Umfeld, dem Sie in der Kindheit ausgesetzt waren. Wenn Sie in einer liebevollen und stabilen Umgebung aufgewachsen sind, in der Eltern und andere Erwachsene sich großzügig und verlässlich verhielten und gut für Sie sorgten, besteht eine gute Chance, dass Ihr Fundament solide und fest gegründet ist. Leider wurden viele von uns nicht in solche idealen Umstände hineingeboren. Viel weiter verbreitet sind belastete oder gar chaotische Familienverhältnisse, in denen zumindest ein Elternteil überfordert war. Dann erhielten Sie, aus welchen Gründen auch immer, nicht genügend oder keine angemessene Zuwendung, wodurch Ihr psychisches Gleichgewicht gestört wurde. Wenn wir in Kindheit und Jugend Mangel erfahren, Mangel an Geld, Aufmerksamkeit, Raum, Zuneigung, Gemeinschaft oder Trost, kann das unser Fundament schwächen. Ebenso schwächend wirkt es sich aus, wenn Sie der Willkür aggressiver oder nicht vertrauenswürdiger Personen ausgesetzt waren, etwa chronisch wütenden oder unzuverlässigen Eltern. Eine erhebliche Schwächung unseres Fundaments kann auch eintreten, wenn wir unvorbereitet aus unserer vertrauten Umgebung herausgerissen wurden, etwa durch einen Umzug, einen Schulwechsel, ein verändertes soziales Umfeld. Sogar häufige Reisen können unser Fundament beeinträchtigen, und dieselben Auswirkungen kann es haben, wenn wir uns in unbekanntes Terrain begeben müssen, besonders wenn wir noch sehr jung sind.

Zu den Faktoren, die in der Gegenwart unser Fundament erschüttern können, zählen Arbeitsplatzwechsel, Verlust der Arbeit und die damit einhergehenden finanziellen und sozialen Probleme, die Notwendigkeit, eine ungeliebte Arbeit zu tun oder das Gefühl, bei der Arbeit nicht genügend unterstützt zu werden. Heirat, Scheidung, das Ende einer Beziehung, Streitigkeiten, bevorstehender Nachwuchs, ein Unfall, eine Krankheit, eine Affäre oder eine neue Liebesbeziehung, besonders wenn Sie sich dabei unsicher und verletzlich fühlen – all das kann Ihr Fundament ins Wanken bringen. Wenn eine Ihnen nahe stehende Person plötzlich schwer krank wird oder gar stirbt oder wenn Sie einen neuen Chef bekommen, kann Sie das aus dem inneren Gleichgewicht bringen. Dasselbe gilt, wenn Sie plötzlich gezwungen sind, für ein krankes oder behindertes Familienmitglied zu sorgen. Mit anderen Worten: Alles, was Ihr Gefühl von Stabilität, Vertrautheit, Vorhersagbarkeit, Geborgenheit und Sicherheit bedroht, kann zu einer Unausgewogenheit im ersten Chakra führen. Das Leben selbst kann äußerst destabilisierend sein. Alle unerwarteten oder unangenehmen Ereignisse, die »psychischen Erdbeben des Lebens«, können unser Fundament erschüttern und unsere innere Balance gefährden. Die größten Probleme gehen jedoch nicht von tatsächlichen Ereignissen aus. In echten Krisenzeiten erweisen sich die meisten Menschen als außerordentlich belastbar. Am stärksten setzt es unserem Fundament zu, wenn wir über Veränderungen, die noch gar nicht eingetreten sind, nachgrübeln und uns darüber im Voraus Sorgen machen. Das schwächt uns mehr als alles andere.

Meine Klientin Barbara zum Beispiel rief mich seinerzeit an und bat dringend um einen Termin. Sie berichtete, sie habe eine Energieheilerin aufgesucht, da sie in letzter Zeit häufig stürzte, buchstäblich immer wieder über die eigenen Füße stolperte. Dabei zog sie sich zwar nie ernsthafte Verletzungen zu, fand diese häufigen Stürze aber doch sehr beunruhigend. Ihre Heilerin sagte ihr, sie falle so oft hin, weil ihr Fundament unsicher sei und es ihr an Erdung mangele. Barbara hatte keine Ahnung, was die Frau damit meinte, und bat mich um eine Erklärung. Ich wies sie darauf hin, dass eine Person sich häufig dann verunsichert und schlecht geerdet fühlt, wenn sie sich auf unerforschtem Terrain bewegt. Ich fragte sie, ob sie sich in ihrem Leben gegenwärtig mit irgendwelchen Unsicherheiten konfrontiert sähe. »Das erste Chakra ist unsere Verbindung zur Erde«, sagte ich, »und wenn Sie dort Probleme haben, bedeutet das, dass Sie gegenwärtig den sicheren Boden unter den Füßen verloren haben. Wenn Sie nicht genau wissen, wohin die Reise geht und nicht mit festen, sicheren Schritten in die richtige Richtung gehen, wächst das Risiko eines Sturzes. Ist das bei Ihnen momentan der Fall?«

Barbara lachte und fragte: »Könnte es etwas damit zu tun haben, dass ich überlege, nach zwanzig Jahren meinen Job aufzugeben und beruflich eigene Wege zu gehen?«

»Natürlich hat es das«, sagte ich. »Ganz sicher sogar! Genau das ist es, was Sie ins Stolpern bringt. Ein fester Arbeitsplatz bietet Schutz und Sicherheit. Er ermöglicht es Ihnen, Ihre Rechnungen zu bezahlen, und bringt Essen auf den Tisch. Wenn Sie diese Versorgungsquelle aufgeben wollen, führt das zu einer Destabilisierung, vor allem da Sie planen, sich aus einer sicheren Stellung in die Ungewissheit der Selbstständigkeit zu wagen. Ihr Energiefeld spiegelt Ihre psychische Verfassung wider. Sie fühlen sich ungeerdet und aus dem Gleichgewicht. Das erklärt die Neigung zu diesen kleinen Unfällen. Abhilfe können Sie schaffen, indem Sie sich bewusst mit Ihrer Situation auseinander setzen und nichts zu erzwingen versuchen, bevor Sie nicht die dafür notwendige innere Stabilität erreicht haben.«

»Sie meinen also«, sagte sie, »dass ich wegen der geplanten beruflichen Veränderung unsicher bin und deswegen im Moment dauernd hinfalle?« »Ja!«, antwortete ich, »Genau! Wenn Sie einmal begriffen haben, wie Ihr Energiesystem funktioniert, wie es auf Ihre geistige Verfassung reagiert und sogar Ihren physischen Körper beeinflusst, wird das Problem offensichtlich. Um Ihr Gleichgewicht wiederzufinden, müssen Sie den neuen Weg, den Sie einschlagen möchten, innerlich wirklich annehmen. Es ist gar nicht so sehr der Drang nach Veränderung, der Sie destabilisiert, sondern Ihr unsicheres Hin- und Herschwanken. Es ist, als würden Sie beim Autofahren ständig zwischen zwei Fahrstreifen pendeln. Wenn Sie sich nicht für eine der beiden Fahrspuren entscheiden, sondern dauernd das Lenkrad hin- und herreißen, schaffen Sie damit nicht nur Probleme für sich selbst, sondern auch für alle anderen in Ihrer Nähe. Deshalb ist es so wichtig, sicheren Schrittes durchs Leben zu gehen. Sonst drohen unsanfte Stürze.«

Ich fuhr fort: »Sie müssen eine bewusste Entscheidung treffen, ob Sie Ihre Pläne aktiv in die Tat umsetzen oder ob Sie sie einstweilen auf Eis legen wollen, bis Sie sich innerlich wirklich bereit dazu fühlen. Sorgen Sie für innere Klarheit, Barbara, dann wird sich Ihr Fundament stabilisieren, und Sie fassen wieder Tritt.«

Nach diesem Rat entschied sich Barbara, noch etwas länger bei ihrer bisherigen Arbeitsstelle zu bleiben, bis sie sich besser darüber im Klaren war, welchen Weg sie künftig einschlagen wollte. Schon drei Monate später wurde ihr im Rahmen einer Vorruhestandsregelung eine Abfindung angeboten. Mit diesem guten finanziellen Polster konnte sie ihren Job leicht und problemlos hinter sich lassen. Jetzt hat sie eine Teilzeitstelle in einem Blumengeschäft und erlernt die Kunst des Blumenbindens, etwas, das sie immer schon gern tun wollte. Hingefallen ist sie seither übrigens nicht mehr.

Ein Blick in die Vergangenheit

Wie gut geerdet waren die Menschen in Ihrem Elternhaus?

Haben Sie sich während des Heranwachsens sicher und geborgen gefühlt?

Engagierte sich Ihre Familie aktiv in der Kirchengemeinde? In Vereinen? In der Schule?

Sind Sie umgezogen? Mussten Sie die Schule wechseln? Mussten Sie sich an ein neues Viertel oder eine neue Stadt gewöhnen? Wie oft kam das vor?

Ist Ihre Mutter, Ihr Vater oder eine andere nahe Bezugsperson gestorben, als Sie noch sehr jung waren?

Ein Blick in die Gegenwart

Haben Sie in letzter Zeit:

Den Arbeitsplatz gewechselt? ________ Geheiratet? ________ Sich scheiden lassen? ________ Den Wohnort gewechselt? ________ Eine neue Partnerschaft begonnen? ________ Einen nahe stehenden Menschen verloren? ________ Eine neue Aus- oder Weiterbildung begonnen? ________ Ein Haustier verloren? ________

Wenn Sie eine dieser Fragen mit Ja beantwortet haben, ist es gut möglich, dass es Ihnen zur Zeit etwas an Erdung fehlt. Haben Sie mehrere mit Ja beantwortet, stecken Sie unter Umständen mitten in einem energetischen Erdbeben. Halten Sie durch. Seien Sie nett zu sich selbst, und schauen Sie sich die Vorschläge am Ende des Kapitels an. Sie werden Ihnen helfen, wieder sicheren Boden unter die Füße zu bekommen.

Solide, aber nicht starr

Die Bewahrung eines stabilen, gut ausgewogenen Fundaments ist ein immerwährender und manchmal auch schwieriger Prozess. Dabei kommt es darauf an, sich an die ständig wechselnde Natur des Lebens anzupassen, flexibel und elastisch wie die Zweige eines Baumes zu sein und dabei doch nie seine feste Verwurzelung zu verlieren. Obgleich es wichtig ist, in stabilen und vorhersehbaren Umständen zu leben, erweist es sich weder als vernünftig noch realistisch, darauf zu beharren, dass das Leben stabil oder vorhersehbar sein muss, damit Sie sich sicher fühlen können. Denn so ist das Leben nun einmal nicht. Anstatt also zu versuchen, Ihre äußere Umgebung zu kontrollieren, was unmöglich gelingen kann, ist es weit vernünftiger und erdender, eine innere Umgebung zu schaffen, die Sie optimal unterstützt, was jederzeit möglich ist. Achten Sie darauf, was Ihnen innere Ruhe schenkt, Ihrer Seele gut tut und Ihnen hilft, sich in dieser Welt sicher und geborgen zu fühlen. Bewahren Sie diesen inneren Zustand dann, so gut Sie können, und zwar ungeachtet der äußeren Zustände, die Sie im Leben gerade vorfinden.

Ich liebe es beispielsweise, Bücher zu schreiben und mit Menschen zu sprechen. Wenn ich aber auf lange Vortragsreisen gehe oder länger als eine Woche von zu Hause weg bin, beeinträchtigt das, wie ich festgestellt habe, meine eigene Erdung und die Erdung meiner Familie. Schließlich ist eine Familie ein System, und wenn eines ihrer Mitglieder aus dem Gleichgewicht gerät, wirkt sich das zwangsläufig auch auf die anderen aus. Flughäfen, Hotelzimmer, ungesundes Essen, die Anstrengung des Reisens selbst, das alles erschöpft mich und bewirkt, dass mich die Sehnsucht nach der Vertrautheit der eigenen vier Wände überkommt. Meine Abwesenheit destabilisiert auch meinen Mann und meine Kinder, die davon abhängen, dass ich meinen Teil zu der familiären Dynamik beitrage, die sich bei uns entwickelt hat. Nicht, dass ich nicht gern reisen würde – ich liebe es sogar. Aber nach einer gewissen Zeit fange ich an, die tägliche Routine zu vermissen, die mir ein Gefühl der Zugehörigkeit zu meinem Heim und meiner Familie vermittelt. Ich vermisse das köstliche und gesunde Essen, das mein Mann zubereitet. Ich vermisse die familiären Rituale beim Abendessen und vor dem Zubettgehen, die uns das Gefühl eines sicheren, soliden Hafens geben. Ich vermisse die Plauderei mit den Nachbarn und das Abendessen mit Freunden. Obwohl es ein wunderbarer Teil meines Lebens ist, überall im Land Vorträge zu halten und zu unterrichten, habe ich gelernt, klar zu erkennen, wann es genug ist, wann es mir zu viel wird. Und diesen Rhythmus behalte ich seither bei. So schütze ich mein eigenes Fundament: indem ich erkenne, was ich brauche, um mich sicher, stark und wohl zu fühlen, und diese Dinge nie aufgebe, welche Ablenkungen die Außenwelt oder mein eigener Geist mir auch immer präsentieren mögen.

Mark, ein befreundeter Musiker, hat einige einfache Methoden entdeckt, die es ihm ermöglichen, auf Reisen sein Fundament zu schützen und zu nähren. Dazu gehört es, stets genug Beutel Pfefferminztee mitzuführen, zum Frühstück Haferbrei zu essen (der nicht immer leicht zu bekommen ist) und – auch bei großem Zeitdruck – stets ein ruhiges, gleichmäßiges Tempo beizubehalten. Damit bleibt er geerdet.

Je bewusster Sie sich der Rituale und Routinehandlungen werden, die Ihnen helfen, sich gut geerdet zu fühlen, und je konsequenter Sie sie ausführen, desto besser werden Sie sich anpassen können, wenn das Leben Ihnen einen Spielball zuwirft und Sie zu raschen Änderungen zwingt. Dann werden Sie, was auch um Sie herum geschehen mag, Ihr Gleichgewicht bewahren und fest in Ihrer eigenen Energie verwurzelt bleiben.

Das innere Gleichgewicht bewahren

Was sind Ihre bevorzugten Erdungs-Rituale?

Am Morgen?

Am Abend?

Vor dem Schlafengehen?

Probieren Sie's mal!

Würdigen Sie Ihre Füße

Wenn Sie Ihre psychische und emotionale Energie wirklich stabilisieren und harmonisieren möchten, sollten Sie Ihre Füße massieren und gut pflegen. In der Antike galt es als besondere Form der Ehrerbietung, einem anderen Menschen die Füße zu waschen und mit Öl zu salben. Beginnen Sie mit der Massage am Fußballen und gehen Sie dann zur Ferse über. Anschließend widmen Sie sich den Zehen. Zusätzlich sollten Sie Ihren Füßen einmal im Monat eine Pediküre gönnen. Das gilt für Männer genauso wie für Frauen!

Sicher auf den Füßen stehen

Zwar hängt eine gute Erdung in erster Linie vom energetischen Zustand ab, doch für Ihr Fundament spielt auch die angemessene Ernährung eine wichtige Rolle. Wenn Sie zu wenig essen oder Speisen zu sich nehmen, die keine Lebenskraft mehr enthalten, untergraben Sie damit Ihr Fundament. Ihre geistige Einstellung mag noch so positiv sein, wenn Sie Ihr körperliches »Gefährt« nicht ausreichend mit Nährstoffen versorgen, wird das Ihre Energie stark beeinträchtigen und Ihr seelisches Gleichgewicht stören. Eine schlechte Ernährung besteht aus Fast Food und anderen industriell hergestellten Nahrungsmitteln, die zwar den Bauch füllen, jedoch keine Vitalstoffe mehr enthalten. Ich will damit nicht Ernährungsfanatikern das Wort reden, aber Sie sollten sich bewusst machen, was Sie Ihrem Körper jeden Tag zuführen. Ungesundes Essen setzt überdies einen Teufelskreis in Gang. Wenn das Gleichgewicht Ihres Fundaments gestört ist, wird der Hunger des Körpers nach fehlenden Nährstoffen Sie verleiten, zu viel zu essen. Vermutlich werden Sie dann auch versuchen, ein psychisches Verlangen auf körperlichem Wege zu stillen, und Ihr Denken wird ständig ums Essen kreisen. Das könnte zum Entstehen einer Essstörung führen. Die ganze Diät-Industrie lebt von dem Glauben, das es nicht möglich sei, auf den eigenen Körper zu vertrauen und darauf, dass die Nahrungsmittel, die Sie essen, ihn stark und gesund erhalten. In einem Land wie den USA, wo fünfundfünfzig Prozent der Bevölkerung übergewichtig sind, lohnt es sich, einmal über diese Zusammenhänge nachzudenken. Und auch in Deutschland sieht es nicht viel besser aus: Siebenundvierzig Prozent der Bundesbürger haben mit Übergewicht zu kämpfen.

Mein Freund John erzählte mir, dass er in einer Familie mit neun Kindern aufwuchs, wo das Geld und somit auch das Essen immer knapp waren. Die Mahlzeiten bestanden hauptsächlich aus

Fertig-Makkaroni mit Käse. Frisches Gemüse gab es nur selten, und John ging oft mit dem Gefühl, nicht wirklich satt zu sein, ins Bett, manchmal sogar mit echtem Hunger. Zwar gab es immer genug zu essen, um zu überleben, aber die Nährstoffe fehlten, so dass er immer den Drang verspürte, noch mehr zu essen. Dieser ständige Mangel an gesunden Nährstoffen störte Johns Gleichgewicht, und er litt unter ständiger Angst, hungern zu müssen oder gar zu verhungern.

Daher war John auch noch als Erwachsener, als er sein Elternhaus längst verlassen hatte, ständig damit beschäftigt, sich genug zu essen zu beschaffen. Er machte sich schon Gedanken über die nächste Mahlzeit, bevor er die letzte noch richtig verdaut hatte. An dem Tag, an dem ihm sein Gehalt ausbezahlt wurde, ging er sofort in den Supermarkt. Er schnitt Einkaufscoupons aus der Zeitung aus, um Geld zu sparen, und war völlig besessen davon, immer genug Essen im Kühlschrank zu haben. Bei jedem Buffet stand er als Erster in der Schlange, schaufelte sich alles, was sich in Reichweite befand, auf den Teller und aß stets mehr, als ihm gut tat, ohne sich dabei um den Nährstoffgehalt und den gesundheitlichen Wert des Essens zu kümmern. Er verwechselte Quantität mit Qualität. John aß zwar gewaltige Mengen, doch es mangelte seinem Körper dennoch an Nährstoffen. Er wurde dadurch sehr übergewichtig. Sich Essen auf den Teller zu häufen war ein Versuch, sein geschwächtes Wurzelchakra zu stärken und Halt für sein schwankendes Fundament zu finden. Schließlich sah er ein, dass es so nicht weitergehen konnte. Dick, unsicher und einsam ging er zu den Overeaters Anonymous (Anonyme Esssüchtige), wo er lernte, auf eine ausgewogene und vernünftige Weise zu essen. Außerdem lernte er, sich emotionale Lebensumstände zu schaffen, die zu einer Linderung seiner Ängste und Selbstzweifel führten. So gelang es ihm, seinen Körper auf eine neue Weise zu unterstützen. Nach einigen Anstrengungen schwand die aus der Kindheit mitgeschleppte Unsicherheit. John begann, sich geerdet zu fühlen, was eine ganz neue Erfahrung für ihn war. Wie er sagte, war das für ihn, als sei er »der Energiehölle« entkommen. »Zum ersten Mal in meinem Leben habe ich das Gefühl, mich wirklich entspannen zu können.« Der Teufelskreis aus Fressattacken, Diäten und Abscheu über sich selbst war durchbrochen, und heute steht John auf einem wesentlich solideren Fundament.

Wenn Sie die Bedürfnisse Ihres ersten Chakras verstehen, können Sie Ihren Geist liebevoll nähren, indem Sie ihm durch ein angenehmes Zuhause, gutes Essen, liebe Freunde und einen fürsorglichen Umgang mit dem eigenen Körper praktische Unterstützung zukommen lassen. Um Ihr erstes Chakra zu stabilisieren, sollten Sie beginnen, zu festen Zeiten zu essen und daraus jedes Mal ein kleines Ritual zu machen. Vermeiden Sie es, Ihr Essen hastig im Stehen herunterzuschlingen, Mahlzeiten auszulassen oder minderwertige, nährstoffarme Speisen zu verzehren. Nehmen Sie sich die Zeit, das Essen liebevoll zuzubereiten. Segnen Sie die Speisen, bevor Sie essen, bitten Sie darum, dass das Essen Sie gut nähren möge – Ihren Körper, Ihre Seele und Ihren Geist. Lassen Sie Ihr inneres Selbst wissen, dass Sie Ihren Körper wertschätzen und gut für ihn sorgen, so dass Sie sich in Ihrem Körper wohl und geborgen fühlen. Wenn Sie darin konsequent sind, wird Ihr Körper Ihnen schließlich glauben.

Wie fürsorglich sind Sie sich selbst gegenüber?

Was essen Sie normalerweise zum Frühstück? Zum Mittagessen? Am Abend?

Schlingen Sie, wenn Sie in Eile sind, rasch etwas hinunter?

Essen Sie zu viel? Kreist Ihr Denken ständig ums Essen?

Bereiten Sie Ihr Essen mit Sorgfalt zu?

Welche »Nährwerte« führen Sie sich zu – nicht nur mit dem Essen, sondern auch in geistiger und seelischer Hinsicht?

Sicherheit ist wesentlich für ein gutes Fundament

Zu den Elementen eines ausgewogenen Fundaments gehören körperliche und emotionale Sicherheit. Psychische Sicherheit, die Freiheit, man selbst zu sein, ist für die Balance des ersten Chakras genauso wichtig wie physische Sicherheit. Eine Frau erzählte mir beispielsweise, dass sie sich in materieller Hinsicht sehr sicher fühle. Sie besitzt ein schönes Haus und viel persönlichen Luxus. »Aber«, sagte sie, »in meiner Beziehung zu meinen Mann fehlt mir die Sicherheit, offen meine Meinung sagen zu können. Ich habe ihm nie erklären können, wie ich mich wirklich fühle. Er ist ein sehr eigensinniger Mensch, der leicht aus der Haut fährt, und wenn jemand anderer Meinung ist als er, wird er rasch beleidigend. Wenn ich es wage, ihm zu widersprechen, fängt er an herumzuschreien, so dass ich mich fürchte. Ich weiß, dass es nicht gut für mich ist, mich von ihm so behandeln zu lassen, und ich fühle mich in seiner Gegenwart eigentlich ständig unwohl. Aber er bezahlt die Rechnungen und gibt mir ein Zuhause, also habe ich gelernt, dass es am besten ist, wenn ich den Mund halte.«

Viele Menschen leiden unter als psychische Bedrohung empfundenen Zuständen, die ihr Fundament ins Wanken bringen. Dazu gehören missbräuchliche Beziehungen oder Jobs, bei denen wir uns entbehrlich, verletzlich und entwürdigt fühlen. Im Berufsleben sind solche Zustände heute ganz alltäglich, was dazu führt, dass bei einer großen Anzahl der Berufstätigen das erste Chakra geschwächt ist. Ich habe viele Klienten, die unter solchen Bedingungen arbeiten müssen und nicht mehr ein noch aus wissen. Sie sind ängstlich, fühlen sich deprimiert und bedroht. Oft greifen sie zu Alkohol, Drogen oder anderen Suchtmitteln, weil sie glauben, ihren Alltag anders nicht bewältigen zu können. Natürlich funktionieren diese vermeintlichen Krücken nicht, sondern führen in eine Abwärtsspirale, an deren Ende dann oft gerade die schlimmsten Befürchtungen eintreffen: der Verlust von Arbeitsplatz und Einkommen.

Um es erneut zu betonen: Es ist unmöglich, das zu kontrollieren, was um Sie herum vorgeht, aber Sie können sehr wohl kontrollieren, was in Ihnen vorgeht. Keine Situation hat wirklich Macht über Sie, solange Sie ihr diese Macht nicht einräumen. Selbst unter psychisch destabilisierenden äußeren Umständen können Sie sich immer wieder bewusst machen, dass es Ihre eigene Entscheidung ist, sich mit diesen Umständen zu arrangieren (falls Sie das überhaupt wollen), und dass es in Ihrer eigenen Verantwortung liegt, sich die nötige Selbstsicherheit zu verschaffen. Wenn Sie unter einer als bedrohlich empfundenen persönlichen oder beruflichen Situation leiden, können Sie sich stets nach Alternativen umschauen, die Ihnen mehr Respekt, Anerkennung und Sicherheit bieten. Wenn Sie auf Dauer in bedrohlichen äußeren Umständen ausharren, wirkt das sehr destruktiv auf Ihr erstes Chakra. Es ist niemals nötig, in einem Gefängnis zu leben, es sei denn, Sie sind tatsächlich Sträfling in einer Haftanstalt. Aber selbst dann kann niemand Ihren Geist und Ihre Seele einsperren, solange Sie das nicht zulassen. Haben Sie erst einmal bewusst entschieden, dass Sie ein grundlegendes Recht auf persönliche Sicherheit besitzen und die entsprechenden Umstände selbst wählen können, wird das Universum Sie in eine bessere Zukunft führen. Aber es wird Sie nicht dorthin zerren, solange Sie sich schreiend und um sich tretend dagegen wehren.

Fühlen Sie sich sicher?

Zu Hause?

Bei den Menschen, mit denen Sie zusammenleben?

Am Arbeitsplatz?

Falls nicht, haben Sie schon darüber nachgedacht, dort wegzugehen?

Probieren Sie's mal!

Teilen Sie Ihr Heim mit anderen Geschöpfen

Ein besonders erfreulicher Weg, das eigene Fundament zu stärken, besteht darin, anderen Geschöpfen ein Zuhause zu geben. Das können Vögel und Fische, Katzen und Hunde oder andere kleine Tiere sein, aber auch Pflanzen. Lebendige Geschöpfe schaffen eine wohnliche, freudige Atmosphäre, so dass man gern nach Hause kommt. Sie können selbst den grauesten Tag aufheitern. Zusätzlich haben die täglichen Handlungen, die nötig sind, um Pflanzen und Tiere gesund und munter zu halten, eine ausgesprochen erdende Wirkung.

Unser Fundament und zwischenmenschliche Beziehungen

Eine weitere ernsthafte Störung unserer energetischen Basis kann eintreten, wenn wir uns von unserer Familie trennen, besonders wenn dies in einem plötzlichen Wutausbruch geschieht. Jedes selbstgerechte Durchschneiden familiärer Bande kann unser Fundament erheblich aus dem Gleichgewicht bringen oder gar völlig zusammenbrechen lassen. Mir ist aufgefallen, dass bei Menschen, die aus gestörten, mit Alkohol- oder anderen Suchtproblemen belasteten Familien geflohen sind, das Fundament oft stark geschwächt ist. Obwohl es vernünftig und sogar wünschenswert erscheint, wenn Sie den Kontakt zu Menschen abbrechen, die Sie verletzt haben, wird es Ihnen nicht gelingen, Ihr gestörtes inneres Gleichgewicht zurückzuerlangen und Erleichterung zu finden, wenn diese Trennung abrupt und in einem Anfall heftiger Wut erfolgt. Um unser eigenes Fundament dauerhaft zu festigen, müssen wir zu einer gewissen Akzeptanz gegenüber unserer Ursprungsfamilie gelangen. Zweifellos trifft es zu, dass viele Menschen von nahen Verwandten schwer misshandelt und missbraucht wurden und darunter sehr gelitten haben. Hilfreicher als einfach alle Bande zu diesen Menschen zu durchtrennen ist es aber, wenn wir uns einer psychologischen und spirituellen Beratung unterziehen, um so zu einer aufrichtigen und mitfühlenden Vergebung zu gelangen. Dann können Sie sich, wenn das Verhalten anderer Familienmitglieder Gift für Sie ist, auf liebevolle und vernünftige Weise von diesen Menschen lösen. Für jene, die schwer misshandelt und missbraucht wurden, ist das keine leichte Aufgabe, weswegen sie dabei unbedingt die Hilfe eines erfahrenen Therapeuten in Anspruch nehmen sollten.

Um die Wunden im Bereich des ersten Chakras zu heilen, ist es erforderlich, dass wir uns selbst als liebenswert erkennen und akzeptieren und uns das

Recht auf Erfüllung unserer diesbezüglichen Bedürfnisse zugestehen. Es mag nicht leicht sein, zu dieser Einsicht zu gelangen, aber es ist möglich. Der beste Weg, sich helfen zu lassen, besteht in einer Kombination mehrerer Therapieformen, zu denen psychologische Beratung, Körperarbeit oder Massage sowie spirituelle Anleitung und eine spirituelle Praxis gehören sollten. Für die Heilung Ihres Fundaments benötigen Sie möglicherweise die Hilfe aller möglichen Lehrer und Trainer, beispielsweise von Tanztherapeuten, Energiearbeitern, Musiktherapeuten, Massagetherapeuten, Priestern und auch Ärzten. Scheuen Sie sich nicht, alle qualifizierten Leuten aufzusuchen, die Sie brauchen, um die für die Heilung nötige Energie zu erlangen.

Mein bevorzugtes Heilungsprogramm beinhaltet den Hoffman-Prozess, ein achttägiges Seminar zur Heilung der Wunden aus unserer Kindheit; das Hendricks-Foundation-Training, ein dreitägiges Seminar, bei dem Sie lernen, erfüllte zwischenmenschliche Beziehungen zu schaffen; den Avatar-Prozess, ein Seminar, bei dem man die Technik des schöpferischen Erschaffens erlernt, und den Kurs in Wundern, der vermittelt, wie unglaublich machtvoll die Kraft von Vergebung und Liebe sein kann. Alle diese Therapien zeigen Ihnen, wie Sie sich selbst ein guter Vater und eine gute Mutter sein und das innere Kind lieben können, das in Ihnen weint, und wie Sie mit Hilfe des Universums in Ihrem Leben für Unterstützung und Sicherheit sorgen können. Diese Methoden versetzen Sie in die Lage, physische Präsenz und Bewusstheit zu entwickeln und sich liebevoll um Ihre eigenen Bedürfnisse zu kümmern, so dass Ihr inneres Kind freudig am Fest des Lebens teilnehmen kann.

Ein Blick auf Ihre zwischenmenschlichen Beziehungen

Beschreiben Sie Ihr Verhältnis zu Ihrer Ursprungsfamilie:

Beschreiben Sie Ihr Verhältnis zu Ihren Freunden:

Beschreiben Sie allgemein Ihr Verhältnis zu Ihren Mitmenschen:

Beschreiben Sie Ihre Beziehung zu sich selbst:

Fehlgeschlagene Balancier-Versuche

Da wir schöpferische Wesen sind, versuchen wir ständig, für eine Balance unserer Energiezentren zu sorgen, selbst wenn wir uns dessen gar nicht bewusst sind. Weil wir den Grund unserer inneren Unausgeglichenheit nicht richtig verstehen und nicht wissen, wie wir unser Gleichgewicht wiederfinden können, schlagen unsere Versuche jedoch häufig fehl, so dass wir hinterher noch frustrierter sind als zuvor. Als ich beispielsweise zum ersten Mal nach Chicago zog, war ich extrem unsicher und aus dem Gleichgewicht geraten. Um mich heimischer zu fühlen, verfiel ich auf die tolle Idee, mir eine neue Garderobe zuzulegen, um wie eine »flotte Chicagoerin« auszusehen und nicht mehr wie die Provinzlerin aus Denver, als die ich mich fühlte. Im verzweifelten Versuch dazuzugehören investierte ich allwöchentlich meinen Gehaltsscheck in teure Ann-Taylor-Mode. Natürlich funktionierte das nicht. Ich fühlte mich dadurch nur noch schlechter. Obwohl ich gut aussah, war ich immer noch unsicher und obendrein pleite.

Im Lauf der Jahre habe ich beobachtet, dass ich keineswegs der einzige Mensch bin, der sich auf solche Weise zu erden versucht. Hunderte von Leuten mit geschwächtem Wurzelchakra habe ich für materielle Besitztümer ein Vermögen ausgeben sehen in der Hoffnung, dadurch das Gefühl des Ungeerdetseins, der inneren Unsicherheit loszuwerden. Auf der Madison Avenue ist man sich dessen auch bestens bewusst. Die gesamte Werbebranche stürzt sich auf das schwache, instabile Fundament der Menschen, indem sie ihnen verspricht, sich durch den Erwerb eines bestimmten Produkts mehr Selbstvertrauen, Sicherheit, Zuneigung und Macht erkaufen zu können. Wenn Sie – wie ich – dieser Versuchung schon erlegen sind, wissen Sie, dass es nicht funktioniert, obwohl es sehr wohl hilfreich sein kann, sich selbst ab und zu mit einem liebevollen Geschenk eine Freude zu machen. Dabei sollten Sie sich aber bewusst sein, welche Motivation hinter dem Kauf steckt. Ist es eine liebevolle Geste der Anerkennung und Wertschätzung sich selbst gegenüber oder ein verzweifelter Versuch, Sicherheit zu kaufen?

Eine andere weit verbreitete Methode, das eigene Fundament zu stärken, besteht darin, unseren Körper zu kontrollieren und zu disziplinieren. Um uns sicherer zu fühlen, streben wir nach »Muskeln aus Stahl« und einem »Waschbrettbauch« oder anderen unrealistischen Körperidealen. Mein letzter Versuch, mich durch »Körperverschönerung« zu erden, bestand darin, am ersten Tag eines großartigen neuen Trainingsprogramms über zweihundert Mal Fünf-Kilo-Gewichte zu stemmen, um so auszusehen, wie ich mich fühlen wollte – nämlich besser. Stattdessen zog ich mir eine schmerzhafte Schulterzerrung zu. Sie auszukurieren dauerte zehn Wochen, und ich fühlte mich noch unsicherer als zuvor, weil ich mir jetzt auch noch Sorgen machte, dass ich mich erneut verletzen könnte.

Meine jüngere Schwester geriet vor einigen Jahren gleichfalls in diese Einbahnstraße vermeintlicher Sicherheit. Sie lebte damals in einer ungesunden und unsicheren Beziehung mit einem Mann, der sie andauernd kritisierte, besonders ihr Aussehen. Obwohl sie bei einer Größe von einem Meter achtundsechzig lediglich fünfzig Kilo wog, bezeichnete er sie boshaft als »fett«, wodurch sie sich unsicher und ungeliebt fühlte. In einem verzweifelten Versuch, sich mehr Sicherheit zu verschaffen und seine Anerkennung zu gewinnen, kaufte sie sich Vakuumhosen, die angeblich »das Fett ihrer dicken Hüften wegsaugen« sollten. Tapfer trug sie diese Dinger wochenlang. Aber es funktionierte nicht. Er behauptete, ihre Hüften seien immer noch zu dick. Zwar stellte das Tragen der Vakuumhosen einen Versuch dar, ihr inneres Gleichgewicht wiederzufinden, was sie aber wirklich brauchte war jemand, der ihre angeblich zu dicken Hüften umarmte und ihr Liebe schenkte. Sie versuchte, sich zu erden, indem sie ihre physische Realität veränderte, während sie in Wahrheit ihre emotionale und energetische Realität verändern musste.

Doch schließlich trieb es dieser Mann zu weit. In einem hellen Augenblick erkannte sie plötzlich, dass das, was sie wirklich aus ihrem Leben »wegsaugen« musste, dieser lausige Kerl war, der sie ständig verunsicherte und ihr Selbstvertrauen untergrub. Das tat sie dann auch unverzüglich. Der nächste Mann, den sie kennen lernte, verliebte sich bis über beide Ohren in sie. Sie heirateten ein paar Monate später und leben bis zum heutigen Tag glücklich zusammen.

Es klingt verrückt, sich durch so verzweifelte Maßnahmen Erdung verschaffen zu wollen, doch irgendwann im Leben haben wir alle das schon auf die eine oder andere Weise versucht. Wenn die Leute, die mir im Leben begegnet sind – Männer wie Frauen – in etwa der Norm entsprechen, zeigt sich, dass sich jeder von uns bisweilen in solch lächerliche Verhaltensweisen flüchtet. Aber selbst wenn diese Versuche, das innere Gleichgewicht wiederzuerlangen, oft völlig irregeleitet sind, verdienen sie doch Beifall. Sie weisen auf unseren angeborenen Wunsch hin, das seelische Gleichgewicht zu finden, das uns mit vollem Recht zusteht. Wir müssen lediglich lernen, hierzu Methoden anzuwenden, die bessere Resultate hervorbringen.

Welche lächerlichen Dinge haben Sie schon versucht, um sich sicherer und stärker zu fühlen?

Was tun Sie heute Lächerliches, um dieses Ziel zu erreichen?

Ein sicherer Hafen

Ein weiteres wichtiges Element für ein ausgewogenes Fundament ist ein sicheres Heim. Wenn Ihr Zuhause Ihnen ein Gefühl von Sicherheit und Schutz vermittelt, dann wird Ihr erstes Chakra vermutlich kraftvoll und gleichmäßig rotieren, und Sie fühlen sich stabil und gut geerdet. Wenn Sie aber unter Platzmangel leiden oder in einer Wohnung hausen, in der Sie sich unwohl fühlen, oder wenn Sie plötzlich in eine unbekannte Umgebung ziehen müssen, sollte es Sie nicht überraschen, wenn Ihr Fundament unter Druck und aus dem Gleichgewicht gerät. Das kann dann zu körperlicher Verspannung und sogar zu Schmerzen führen, wie ich es auch selbst schon erlebt habe.

Als ich zwanzig war, bewarb ich mich aus einer Laune heraus bei einer Fluggesellschaft. Zu meiner Überraschung stellten sie mich sofort ein, allerdings unter der Bedingung, dass ich innerhalb von zwei Wochen nach Chicago umzog. Ich war begeistert von dieser Chance und nahm die Stelle an. Doch als ich mich auf den Umzug vorbereitete, befielen mich plötzlich unerklärliche Schmerzen, die vom unteren Rücken bis in mein Bein ausstrahlten. Die Schmerzen waren manchmal so schlimm, dass ich kaum laufen konnte. Zeitweise fühlte ich mich völlig gelähmt. Die Ärzte diagnostizierten einen ziemlich ernsten Fall von Ischialgie. Meine Intuition diagnostizierte ein durch das Trauma, einen so großen Schritt so rasch in die Tat umsetzen zu müssen, stark erschüttertes Fundament. Obwohl ich mir wirklich wünschte, auf eigenen Füßen zu stehen und etwas von der Welt zu sehen, machten mir die vielen bevorstehenden Veränderungen dennoch Angst. Glücklicherweise besuchten meine Eltern mich oft in Chicago und ich konnte häufig heimfahren. Außerdem fand ich sehr liebenswerte Mitbewohnerinnen für mein Apartment und einen einfühlsamen Chiropraktiker. Das alles ließ die Beschwerden schließlich abklingen, aber es dauerte eine ganze Weile. Als ich in Chicago dann Wurzeln schlug und begann, mich auch dort heimisch zu fühlen, ließ der Schmerz nach. Doch seit jenem Erlebnis weiß ich, wie wesentlich es für ein solides Fundament ist, sich dort, wo man lebt, sicher und zu Hause zu fühlen.

Im Laufe der Jahre habe ich viele Menschen getroffen, die ebenfalls Bein- und Rückenbeschwerden entwickelten, wenn die Sicherheit ihres Fundaments plötzlich in Frage gestellt war oder sie sich mit Herausforderungen von außen konfrontiert sahen, etwa dem Verlust des Arbeitsplatzes, einem notwendigen Umzug, dem Ende einer Ehe, finanziellen Engpässen, dem Tod eines Haustiers oder auch dem Schwinden ihrer Jugend. Jedes Mal, wenn wir etwas verlieren, was uns ein Gefühl des Dazugehörens und der Sicherheit gibt, wird unser Fundament erschüttert. Daher ist es wichtig, stets nach emotional wie auch ästhetisch möglichst angenehmen und nährenden Lebensumständen zu streben. Ich bin mir durchaus bewusst, dass hierbei auch die finanzielle Lage eine Rolle spielt, aber wenn das Geld knapp ist, kann man immer noch die eigene Phantasie einsetzen. In Discountläden oder beim Durchstöbern von Zeitungsanzeigen lässt sich manches exzellente und preiswerte Schnäppchen ergattern, mit dem Sie Ihr Zuhause verschönern können.

Schaffen Sie mit Hilfe Ihrer Kreativität eine Atmosphäre, in der, wie es meine Mutter ausdrückt, Ihre »wahren Werte zum Ausdruck kommen«. Finden Sie sich nicht mit deprimierenden Wohnverhältnissen ab. Nach Möglichkeit sollten Sie nur mit Menschen zusammenleben, die ausgleichend auf Ihre geistige Verfassung wirken. Mir ist durchaus klar, dass nach diesem Satz die Hälfte der verheirateten Bevölkerung sagen wird: »Dann muss ich mich wohl scheiden lassen«, weil uns – wie wir alle wissen – niemand so leicht aus der Ruhe bringen kann wie unser Partner bzw. unsere Partnerin. Aber bemühen Sie sich nach Kräften um möglichst harmonische Lebensumstände. Sie sollten wirklich nichts unversucht lassen, um sich selbst einen sicheren Hafen zu schaffen, und das gilt auch für Ihre intimsten Beziehungen. Falls es in diesem Bereich Probleme gibt, sollten Sie sie ans Licht bringen und daran arbeiten. Finden Sie sich nicht damit ab, in Angst leben zu müssen. Sie verdienen etwas Besseres. Sie selbst setzen den Standard für Ihre persönliche Sicherheit, und mein Rat lautet: Setzen Sie ihn sehr hoch.

Trautes Heim

Ist Ihr Zuhause:

Attraktiv? ________ Angenehm? ________ Komfortabel? ________

Sauber? ________ Beruhigend? ________ Freundlich? ________

Friedlich? ________ Ein sicherer Ort? ________

Haben Sie Ideen, wie Sie die Energie Ihres Zuhauses verbessern könnten?

____

____

____

____

Probieren Sie's mal!

»Salzen« Sie Ihr Zuhause

Rituale sprechen unmittelbar zu unserem Unterbewusstsein. Hier ist ein altes Ritual zur Erdung eines Hauses oder einer Wohnung, das ich bei meinen osteuropäischen Freunden kennen gelernt habe. Wenn Sie Negativität vertreiben wollen, streuen Sie einfach im ganzen Haus etwas Salz aus, an jedem Eingang, an allen Fenstern, in alle Ecken und bis ins kleinste Kämmerchen. Dabei brauchen Sie keine Riesenmengen zu verwenden. Eine kleine Prise genügt. Dieses Ritual mag ein bisschen bizarr erscheinen, aber Sie werden überrascht sein, wie wirkungsvoll es ist. Salz besitzt erdende Eigenschaften. »Ihr seid das Salz der Erde«, heißt es im Neuen Testament, und damit sind doch gewiss starke und standhafte Menschen gemeint!

Ordnung erdet

Ordnung ist für ein gut ausbalanciertes Fundament ebenfalls wichtig. Chaos erzeugt Stress in Ihrem Energiekörper, und wenn Sie es sich gestatten, im Chaos zu leben, werden Sie kaum in der Lage sein, sich geerdet zu fühlen. Ordnung erzeugt ein Gefühl von Gewissheit und Vorhersehbarkeit. Wenn Sie Ordnung schaffen, beseitigen Sie damit unnötige Ablenkungen, so dass Sie mit dem in Kontakt bleiben, was wirklich gut für Sie ist. Je mehr Ordnung in Ihrem Leben herrscht, desto geerdeter werden Sie sich fühlen. Überprüfen Sie einmal, wie gut Ihr Leben geordnet und organisiert ist. Wenn nötig, sollten Sie so rasch wie möglich für Ordnung sorgen. Wenn das in Ihrem gesamten Zuhause nicht möglich ist, sollten Sie wenigstens einen kleinen Bereich für sich ganz allein reservieren und dort Ordnung schaffen. Ihr Zuhause sollte so angelegt sein, dass Sie ein Gefühl der Erleichterung und des Wohlbehagens verspüren, wenn Sie durch die Tür treten.

Ordnung wird Ihnen auch dabei helfen, die Muster in Ihrem Leben deutlich zu erkennen, so dass Sie sehen, was Ihnen eine Stütze ist und wo Veränderungen erforderlich sind. Ein Gefühl der Sicherheit zu schaffen ist eine spirituelle Handlung, die nicht von äußeren Umständen abhängt. Es geht dabei um den Glauben daran, dass das Leben gut ist und Sie stets beschützt werden. Wenn Sie sich innerlich sicher fühlen, sind Sie frei, ein produktives und schöpferisches Leben zu führen. Dann können Sie mehr von den Dingen verwirklichen, die Ihnen Freude machen. Ordnung bildet das Fundament dieser Art von Sicherheit. Ordnung ist das Fundament Ihres Fundamentes.

Fragen Sie sich:

Gibt es in Ihrem Leben genug Ordnung?

____

Ist es gut organisiert?

____

Können Sie jetzt für mehr Ordnung in Ihrem Leben sorgen? Wie?

____

____

Verantwortung übernehmen

Grundlegend wichtig für ein harmonisches, stabiles energetisches Fundament ist es auch, nicht länger darauf zu warten, dass andere Ihnen geben, was Sie brauchen. Sie müssen lernen, es sich selbst zu geben. Solange Ihnen das nicht gelingt, werden Sie sich niemals sicher fühlen, selbst wenn all Ihre materiellen Bedürfnisse befriedigt sind.

Ich möchte Ihnen die Geschichte von Marty erzählen, der Joanne heiratete, eine erfolgreiche Drehbuchautorin. Joanne war für die Energie und das Geld zuständig, während Marty seine Zeit damit zubrachte, über das Leben zu philosophieren, unsicher und nicht willens, eigene schöpferische Interessen zu verfolgen. Für Joanne war das kein Problem, denn sie ging einer Arbeit nach, die sie glücklich machte, und es gefiel ihr, dass Marty jederzeit für sie verfügbar war. Da ihr finanzieller Erfolg sie selbst überraschte, teilte sie ihn großzügig mit ihrem Mann; ihr war es egal, ob Marty arbeitete oder nicht. Sie erkannte nicht, dass ihre überaus großzügige Natur ihn darin behinderte, sich ein eigenes solides Fundament zu schaffen.

Obwohl Marty ein angenehmes Leben in materiellem Wohlstand führte, fühlte er sich niemals sicher oder glücklich. Er konnte seinen Platz an dem von Joanne so reich gedeckten Tisch innerlich nicht wirklich einnehmen, denn er glaubte, all das nicht zu verdienen, weil er selbst nichts dazu beitrug. Um seine Unsicherheit zu überspielen, kritisierte er ständig an Joanne und ihrem gemeinsamen Leben herum. Anfangs versuchte sie, ihn aufzuheitern und dazu zu ermuntern, sich seinen eigenen kreativen Vorhaben zu widmen, doch er ging nicht darauf ein. Schließlich wurde es ihr zu viel, und nach einem neuerlichen hässlichen Streit sagte sie eines Tages zu ihm: »Weißt du was? Du hast Recht. Weil du nicht die Ärmel hochkrempelst und auch etwas beiträgst, kannst du das Leben mit mir nicht genießen. Also ist es vielleicht das Beste, wenn wir uns trennen.« Und das taten sie dann auch, was meines Erachtens genau richtig war.

So lange Marty nicht selbst die Verantwortung für seine eigenen Bedürfnisse übernahm, blieb er unsicher: Joanne zu verlieren bedeutete auch den Verlust seiner Sicherheit, was eine beängstigende Aussicht war. Und Joanne, die all seine Rechnungen bezahlte und dafür auch noch seinen Groll zu spüren bekam, fühlte sich ebenfalls nicht unterstützt und sicher. Seit ihrer Trennung haben beide zu einem besseren persönlichen Gleichgewicht gefunden. Marty verdient seinen Lebensunterhalt jetzt selbst, und Joanne benutzt ihr Geld nicht mehr, um sich Zuneigung und Gesellschaft zu kaufen.

Am Beispiel dieser Geschichte sehen Sie, dass Sie sich nicht energetisch geerdet fühlen können, solange Sie an den Rockschößen eines anderen hängen, statt sich Ihr eigenes Unterstützungssystem zu schaffen. Sie werden sich erst sicher fühlen, wenn das Fundament, auf das Sie sich stützen, wirklich *Ihr eigenes* ist. Für Ihr Gleichgewicht müssen Sie schon selbst sorgen. Fragen Sie sich: »Was tue ich, um mich selbst zu nähren und zu unterstützen? Welchen Beitrag leiste ich, der mir Freude macht und ein gutes Gefühl vermittelt?« Dabei muss es nicht unbedingt um Geld gehen, aber es sollte etwas sein, bei dem Ihr Engagement und Ihre Talente erkennbar werden.

Ein ausgewogenes Fundament entsteht, wenn Sie Ihrem Bestreben folgen, zu wachsen, sich zu zeigen und Ihren Platz im Leben einzunehmen. Ein Mensch mit einem solchen Fundament sagt: »Ich brauche bestimmte Dinge zum Leben, und ich werde sie durch eigenes Bemühen erlangen.« Er sagt: »Auf mich kann man zählen.« Er übernimmt Verantwortung und ist bereit, alles Erforderliche zu tun, um die angestrebte Sicherheit zu erlangen. Ein Eckpfeiler eines soliden Fundaments ist es daher, dass wir unsere Talente entwickeln. Jedes Talent braucht Zeit und Geduld, um sich entfalten zu können. Zeit ist mit dem ersten Chakra assoziiert, weil energetische Balance wie der Same einer Pflanze Zeit braucht, um zu voller Blüte heranzureifen. Auch unsere Talente sind anfangs lediglich Samenkörner des Möglichen, und wenn wir sie nicht über einen längeren Zeitraum hinweg pflegen und entwickeln, werden sie uns nicht von Nutzen sein. Für alles, was mit unserer irdischen Existenz in Zusammenhang steht, bedarf es einer gewissen Geduld.

Überprüfen Sie also einmal Ihre Arbeitsmoral und fragen Sie sich, ob Sie sich wirklich richtig ins Zeug legen. Sind Sie bereit, die volle Verantwortung für Ihr eigenes Überleben zu tragen? Ist das der Fall, befinden Sie sich auf dem besten Weg zu einem soliden Fundament.

Wie verantwortungsbewusst sind Sie?

____

Übernehmen Sie Verantwortung für sich selbst?

____

Sind Sie in der Lage, Ihren Lebensunterhalt selbst zu bestreiten? Und tun Sie es auch?

____

Beschreiben Sie Ihre Arbeitsgewohnheiten. Würden andere Sie als zuverlässig charakterisieren?

Warten Sie insgeheim darauf, dass ein anderer für Ihren Lebensunterhalt aufkommt?

Halten Sie sich an Absprachen und eingegangene Verpflichtungen?

Angenommen, Sie wären ganz auf sich allein gestellt, könnten Sie dann für sich selbst sorgen? Finanziell? Emotional?

Aufrichtigkeit ist unser Fundament

Die Gewohnheit, Dinge zu nehmen, die uns nicht zustehen, untergräbt und schwächt unser Fundament. Ich kenne genug Gelegenheitsdiebe, die Gegenstände aus dem Büro mitgehen lassen oder bei der Arbeitszeit schummeln, indem sie unangemessen lange in der Mittagspause bleiben. Andere stehlen, indem sie eine schlechte Arbeitsmoral an den Tag legen, sich mit Ausreden und Schuldzuweisungen vor der Verantwortung drücken oder vorgeben, eifrig bei der Arbeit zu sein, während sie in Wahrheit überhaupt nichts tun. In unserem Reifungsprozess machen wir wohl alle bestimmte Phasen durch, in denen wir ausprobieren, was man uns durchgehen lässt. Bei Jugendlichen ist ein solches Austesten der von außen gesetzten Grenzen ganz normal. Wenn Sie sich aber auch als Erwachsener noch vor Verantwortung drücken oder einfach etwas nehmen, was Sie sich nicht wirklich verdient haben, schwächen Sie damit Ihr Fundament – ganz gleich, ob jemand den Betrug bemerkt oder nicht. Auch wenn Sie für Ihr Verhalten allerlei Rechtfertigungsgründe vorbringen mögen, ist es letztlich doch unaufrichtig. Und wenn Sie unaufrichtig und unehrlich sind, verfügen Sie nicht über ein solides Fundament. So einfach ist das. Auch ich habe mich schon dieser Art von Unaufrichtigkeit schuldig gemacht.

Mit Anfang zwanzig ging ich für einen Studienaufenthalt nach Paris. Ich wohnte dort nacheinander bei verschiedenen Familien, die mich alle sehr freundlich aufnahmen und gut umsorgten. Meine Lebensumstände waren insgesamt ziemlich komfortabel. Doch jedes Mal, wenn meine Eltern oder meine Geschwister mich anriefen, jammerte ich ihnen vor, wie schwierig und teuer das Leben in Paris sei und dass ich mich nur mit Müh und Not durchschlagen könne. Zum Teil stimmte das auch. Emotional war das Leben schwierig, und ich fand es frustrierend, nur wenig Geld zur Verfügung zu haben, das ich ausgeben konnte. Aber so schlimm, wie ich behauptete, war meine Lage keineswegs. Da übertrieb ich mächtig, was bewirkte, dass meine Familie mir aus Mitgefühl Geld schickte, weil sie glaubte, mich vor dem Verhungern bewahren zu müssen. Ich jedoch wollte dieses Geld, um es für Einkäufe und Vergnügungen auszugeben. Nachdem ein paar dieser Zahlungen eingetroffen waren, fühlte ich mich schrecklich mies. Jeder neue Scheck, den sie mir schickten, untergrub meine Selbstachtung, weil ich mich vor ihnen als schwach und bedürftig ausgab, obwohl ich im Herzen wusste, dass dies nicht der Wahrheit entsprach. Ich war nicht schwach und bedürftig – ich war schlecht geerdet und pleite, und ich wollte in Paris einkaufen gehen.

Es handelte sich zwar nicht um Riesensummen, aber schließlich fand ich doch, dass der Preis, den ich für mein manipulatives Verhalten bezahlte, zu hoch war. Ich hörte auf, meiner Familie etwas vorzujammern, und suchte mir stattdessen einen Job als Übersetzerin. Das entpuppte sich als die schönste Erfahrung während meines ganzen Paris-Aufenthaltes. Ich übernahm die volle Verantwortung für mich, und es gelang mir sogar, meiner Familie das Geld zurückzuzahlen. Eine solche moralische Selbstprüfung wirkt sehr stabilisierend auf ein geschwächtes Fundament. Wenn Sie so aufrichtig sind, dass Sie zu keiner Zeit etwas vor anderen zu verbergen brauchen, können Sie wirklich stark und sicher im Leben stehen. Und das ist ein herrliches Gefühl.

Wenn Sie in Versuchung geraten, andere zu belügen oder ihnen etwas vorzumachen – und das kommt wohl bei uns allen gelegentlich vor –, sollten Sie innehalten und sich fragen, wie Sie sich dabei innerlich fühlen, auch wenn es niemals ans Licht kommt. Vermutlich fühlen Sie sich schwach, mies und unsicher. In den meisten Fällen lügen wir, weil unsere persönliche Entwicklung ins Stocken geraten ist, oder es handelt sich um eine schlechte Angewohnheit. Wenn Sie erst einmal erkannt haben, wie schädlich sich dieses Fehlverhalten auf Ihr Fundament auswirkt, wird es Ihnen nicht schwer fallen, der Versuchung zu widerstehen. Wenn Unehrlichkeit aber ein großes Problem für Sie darstellt, benötigen Sie vielleicht Hilfe von außen. Gehen Sie zu einem Therapeuten, einem Priester oder in eine Selbsthilfegruppe, etwa ein Zwölf-Schritte-Programm, um sich Rat zu holen. Mit Unaufrichtigkeit und Lügen zu leben lohnt sich nicht. Der Gewinn, den Ihnen die Ehrlichkeit einbringt, wird größer sein als alles, was Sie durch Betrug jemals gewinnen könnten.

Die logische Folge der Unehrlichkeit ist übermäßiges Misstrauen gegenüber anderen – ebenfalls ein Symptom für ein unausgewogenes Fundament. Wenn Sie das Gefühl haben, es sei nicht genug für alle da, werden Sie ständig befürchten, andere könnten Ihnen etwas wegnehmen. Geiz ist eine Variante dieses Fehlverhaltens, bei der wir selbst so wenig wie möglich geben und dafür einen maximalen Ertrag herausschlagen wollen. Das kann sich in Äußerungen manifestieren wie »Ich will nicht schwer arbeiten«, »Was kann ich dafür?« oder »Jeder ist sich selbst der Nächste«. So etwas klingt zwar schrecklich, aber gelegentlich geben wir alle solchen Impulsen nach. Vielleicht haben Sie auf einer Party einen Arzt um ein Rezept oder eine Schnelldiagnose Ihrer Beschwerden gebeten, um die Kosten für einen regulären Praxisbesuch einzusparen. Oder Sie konnten nicht widerstehen, den Anwalt, der nebenan wohnt, um Hilfe bei der Auflösung Ihres Mietvertrags zu bitten. Vielleicht ließen Sie sich auch von einem Kollegen im Wagen mit zur Arbeit nehmen und vergaßen ganz zufällig, ihm Spritgeld anzubieten. Das alles sind Symptome für ein unsicheres, instabiles Fundament, weil sie unsere mangelnde Bereitschaft demonstrieren, die Verantwortung für unsere eigenen Bedürfnisse zu übernehmen.

Keine dieser Verhaltensweisen ist für sich genommen schrecklich, aber wenn man sie regelmäßig einsetzt, wirken sie sich ausgesprochen schädlich aus. Außerdem machen wir uns etwas vor, wenn wir uns einreden, die anderen würden schon nichts merken. Die Menschen sind nicht leicht zu täuschen. Wer manipuliert oder schmarotzt, wird rasch erkannt, auch wenn die Leute oft zu höflich sind, um ihm oder ihr offen die Meinung zu sagen. Wenn Sie diese negativen Eigenschaften an den Tag legen, wird man über Sie reden, dessen können Sie gewiss sein, und für Ihr Energieniveau und Ihre Selbstsicherheit hat das verheerende Folgen. Wenn Sie also an sich die Tendenz bemerken, mehr zu nehmen als zu geben, anderen gegenüber missgünstig zu sein oder sie ständig der Unehrlichkeit zu verdächtigen, sollten Sie unbedingt etwas dagegen unternehmen. Beschließen Sie bewusst, für all Ihre Bedürfnisse die volle Verantwortung zu übernehmen, und hören Sie damit auf, andere Menschen auszunutzen. Sorgen Sie für einen fairen Austausch mit denjenigen, deren Hilfe Sie benötigen. Seien Sie bereit, Ihnen im Gegenzug ebenfalls Ihr Bestes zu geben. Ehrlichkeit verleiht Ihrem Fundament Stabilität. Sie stellt sicher, dass in Ihrem Leben ein ausgewogenes Verhältnis zwischen Geben und Nehmen herrscht, und macht Sie zu einem verlässlichen und angenehmen Menschen. Nichts im Leben ist befriedigender als die Gewissheit, sich auf sich selbst verlassen zu können. Lassen Sie sich durch nichts davon abhalten, sich eine solche unerschütterliche Selbstsicherheit zuzulegen. Die entsprechende Entscheidung müssen Sie aber selbst treffen. Das kann Ihnen niemand abnehmen.

Kritische Selbstprüfung

Betrügen Sie, wenn Sie glauben, dass niemand es bemerkt? (Ganz ehrlich?)

In welchem Lebensbereich ist die Versuchung, unehrlich zu sein, bei Ihnen am größten?

Greifen Sie zu Notlügen? Manipulieren Sie andere? Nehmen Sie sich mehr, als Ihnen zusteht? Wenn ja, in welchen Lebensbereichen?

Wie fühlen Sie sich dabei?

Wenn Sie bei sich Anzeichen eines unausgewogenen Fundaments bemerken, sollten Sie nicht verzagen. Wir alle gehen durch Phasen inneren Ungleichgewichts, besonders im Bereich unseres ersten Chakras. Das liegt daran, dass persönliches Wachstum in sich selbst destabilisierend wirken kann. Es kommt darauf an, dass wir lernen, Disharmonien und Unausgeglichenheiten gleich am Anfang zu erkennen und sie unverzüglich zu korrigieren – und zwar tagtäglich und sogar von einem Augenblick zum anderen.

Es gibt vielfältige Möglichkeiten, wie Sie Ihr erstes Chakra erwecken und harmonisieren können. Da das erste Chakra mit Unterstützung und Lebensunterhalt zu tun hat, können Sie es nähren, indem Sie gut für das sorgen, was Sie in Ihrem Leben erhält und stützt. Dabei sollten Sie bei Ihrem physischen Körper beginnen und sich dann Ihrem Geist widmen. Sie bringen Ihr erstes Chakra ins Gleichgewicht, indem Sie Ihre Haut liebevoll pflegen, etwas für Ihre Füße tun, Ihre Beine kräftigen, Ihren Körper mit gesundem Essen versorgen, sich emotional stabilisieren und Ihrer Seele Mut machen. Gestärkt wird das erste Chakra, wenn Sie in Ihrem Leben für Ordnung sorgen, sich einen sicheren Rückhalt schaffen und sich bei all Ihren Unternehmungen ehrlich und ethisch verhalten.

Ein gutes Fundament schaffen Sie sich, wenn Sie zu hundert Prozent die Verantwortung für Ihr eigenes Leben übernehmen und nicht darauf warten, dass andere für Sie sorgen. Wenn Sie in Ihren ersten Lebensjahren wenig Liebe und Unterstützung erhielten, können Sie sich dafür entscheiden, diesen Mangel zu beheben, und noch heute damit beginnen, sich Ihr eigenes Fundament aufzubauen. Akzeptieren Sie den Umstand, dass Ihre frühen Bezugspersonen Ihnen nicht genug Zuwendung gaben, und lassen Sie die Vergangenheit hinter sich. Es besteht kein Grund dafür, sich selbst auch weiterhin auf die gleiche lieblose Weise zu behandeln. Schenken Sie sich die Fürsorge, die Sie brauchen. Geben Sie sich Löffel, Teller und Gabel. Versorgen Sie sich mit allem, was Sie brauchen, um sich im Leben voll geerdet und präsent zu fühlen. Dadurch heilen Sie Ihr Fundament von alten Wunden und Beschädigungen und bringen sich wieder ins Gleichgewicht, so dass Sie offen werden für die ganze Unterstützung, die Ihnen als Kind des Universums zusteht.

Das Fundament wiederherstellen

Wenn ein leichtes Ungleichgewicht besteht.

- Räumen Sie Ihre Schubladen auf.
- Machen Sie einen gründlichen Hausputz.
- Gehen Sie mit einer Wärmflasche schlafen.
- Tragen Sie gute Socken.
- Tragen Sie gute, solide Schuhe.
- Ziehen Sie die Schuhe aus, wenn Sie nach Hause kommen.
- Kaufen Sie sich Hand- und Badetücher in bester Qualität.
- Belegen Sie einen Kurs in Kickboxen oder Aerobic oder leihen Sie sich ein entsprechendes Lehrvideo aus und üben Sie zu Hause.
- Tragen Sie einen Blutstein (den bekommen Sie in Mineraliengeschäften) in der Hosentasche und halten Sie ihn in der Hand, wenn Sie sich unsicher und schwankend fühlen.
- Reiben Sie sich die Füße mit Wick VapoRub ein und ziehen Sie dann warme Socken an.
- Legen Sie sich auf die Erde, oder rollen Sie sich einen Hügel hinunter.
- Gehen Sie früher ins Bett.
- Essen Sie jeden Tag wenigstens eine ausgewogene, zu Hause zubereitete Mahlzeit.
- Tragen Sie etwas Rotes (Rot ist die Farbe des ersten Chakras).

Wenn ein moderates Ungleichgewicht besteht.

- Kochen Sie selbst; Brot backen oder Kartoffeln schälen erdet besonders gut.
- Leihen Sie sich den Film *Matilda* von Danny DeVito aus.
- Hören Sie auf Ihren Körper und beachten Sie seine Signale.
- Arbeiten Sie im Garten.
- Verbringen Sie ein ruhiges Wochenende zu Hause.
- Bereiten Sie, ehe Sie abends ins Bett gehen, den Frühstückstisch vor.
- Suchen Sie eine Ernährungsberaterin auf und verbessern Sie Ihre Ernährung.

- Unternehmen Sie mindestens einmal pro Woche einen langen, gemütlichen Spaziergang durch die Natur.
- Machen Sie täglich einen kurzen, zügigen Spaziergang durch die nähere Umgebung.
- Veranstalten Sie ein Picknick.
- Zahlen Sie Ihre Rechnungen pünktlich.
- Sagen Sie die Wahrheit.
- Halten Sie sich an Übereinkünfte und gegebene Versprechen.
- Räumen Sie Ihren Schreibtisch auf.
- Essen Sie Rote Bete, Rüben, Kartoffeln, Möhren und anderes Wurzelgemüse.

Wenn ein starkes Ungleichgewicht besteht:

- Schließen Sie sich einer Selbsthilfegruppe wie den Anonymen Alkoholikern, Al-Anon oder dem ManKind-Project (einer Männer-Selbsterfahrungsgruppe; siehe Anhang) an.
- Gönnen Sie sich für mindestens zwei bis drei Monate regelmäßige Massagen bei einem qualifizierten Masseur. Oder stellen Sie sich in einem örtlichen Massage-Ausbildungszentrum freiwillig zum Üben für die Schüler zur Verfügung, was Ihnen zu kostenlosen Massagen verhilft.
- Nehmen Sie an einem Seminar teil, das sich mit Selbstliebe und Selbstfürsorge befasst, etwa am Hendricks-Foundation-Training, dem Avatar-Prozess oder dem Hoffman-Prozess.
- Gehen Sie zu regelmäßigen Sitzungen bei einem Therapeuten/einer Therapeutin.
- Schließen Sie sich einer Kirche an, die ihren Mitgliedern echte Inspiration vermittelt.
- Nehmen Sie an einem Vollwert-Kochkurs teil.
- Schaffen Sie sich ein Haustier an.
- Leisten Sie Wiedergutmachung bei jenen, die von Ihnen belogen oder betrogen wurden.
- Schließen Sie Frieden mit Ihrer Ursprungsfamilie.
- Besuchen Sie einen Kurs für Hobbygärtner.
- Machen Sie sich mit Ihren Nachbarn bekannt.
- Verbringen Sie Zeit mit Ihrer Familie.
- Schaffen Sie sich eine tägliche Routine, die Ihnen Erdung und Sicherheit gibt.

Denken Sie daran, zu einem stabilen Fundament gehören:

Sicherheit
Geborgenheit
Arbeit
Ordnung
Routine
Seelische und geistige Nahrung
Eine gesunde Ernährung
Fairness
Organisation
Aufrichtigkeit
Flexibilität
Verantwortung
Gesundheit

Wenn Sie Ihr Fundament wieder ins Gleichgewicht bringen, wird Ihr Geist Sie zu ganz persönlichen Methoden inspirieren, mit denen Sie dieses Gleichgewicht dauerhaft aufrechterhalten können. Notieren Sie nun alles, was Ihnen hilft, ins Gleichgewicht zu kommen:

Zweites Chakra

Ihre Vitalität

Unser emotionales und sinnliches Wohlbefinden, unsere Vitalität ist im zweiten Chakra angesiedelt. Dieses Energiezentrum liegt im Unterbauch und lockt unseren Geist in die irdische Erfahrung hinein, und zwar durch Emotionen, Begierden, Sexualität, Sinnlichkeit und Freude. Es aktiviert all unsere Sinne sowie unsere intuitiven und emotionalen Gefühle. Auf der physiologischen Ebene leitet dieses Chakra Lebensenergie in die Sexual- und Fortpflanzungsorgane, die Blase und einen Teil des unteren Darms. Wenn Ihr zweites Chakra aus der Balance geraten ist, können in diesen Körperbereichen Beschwerden auftreten. Im Farbspektrum schwingt das zweite Chakra in Resonanz mit der Farbe Orange.

Wenn kurz nach der Geburt Energie aus dem Wurzelchakra aufsteigt, wird dieses Bewusstseinszentrum aktiviert und lässt uns die Freude des Lebendigseins erfahren. Es weckt unsere Lust am Leben, die sich auf physische Belohnung oder auf emotionale Erfüllung richtet. Das zweite Chakra ist Antrieb für unsere Wünsche und unseren schöpferischen Selbstausdruck. Seine Devise lautet: »Ich fühle. Ich spüre. Ich entdecke.« Es erfreut sich an unseren physischen und emotionalen Erfahrungen und ermutigt uns, an den Freuden des Lebens teilzuhaben. Es erweckt unser Bewusstsein für und unseren Wunsch nach Freude in jeder Form. Es dient uns als internes Feedback-System für alles, was uns im Leben begegnet. Wenn unser Fundament stabilisiert ist, reisen wir in dieses zweite Zentrum des Bewusstseins und beginnen zu erforschen, was es mit dem Menschsein auf sich hat. Dieses Energiezentrum ist unser ganz persönliches Forschungslaboratorium. Es ermöglicht es uns, über die Welt der Gefühle zu entdecken, wer wir sind und was Leben bedeutet. Nur durch dieses Bewusstseinszentrum können wir in unmittelbaren Kontakt mit der Welt treten.

Unser Vitalitätszentrum ruft in uns eine gesunde Begeisterung für das Leben an sich hervor. Das Universum möchte, dass wir das Leben auf Erden nicht nur ertragen oder bewältigen, wie uns manche spirituellen Traditionen empfehlen, sondern dass wir es in seiner ganzen Fülle erfahren und genießen. Die physische Welt ist für den menschlichen Geist ein unglaublicher Spielplatz, und gerade durch dieses Energiezentrum können wir unser göttliches Wesen entdecken und zum Ausdruck bringen. Dank dieses wunderbaren Zentrums in uns können wir vom Becher der Fülle trinken und alles genießen, womit das Universum uns so reich beschenken möchte. Das zweite Chakra ist das Zentrum der Fülle, der Großzügigkeit, des Reichtums und des üppigen Fließens.

Sich in seiner Haut wohl fühlen

Eine meiner liebsten Redewendungen lautet: »Ich fühle mich in meiner Haut wohl.« Besser kann man gar nicht zum Ausdruck bringen, was es mit dem zweiten Chakra auf sich hat. Dieses wunderbare Gefühlszentrum ruft, wenn es sich im Gleichgewicht befindet, Leidenschaft für das Leben hervor. Da es vor allem auf physische Erlebnisse ausgerichtet ist, schätzt es Geselligkeit, gemeinsame Erlebnisse mit anderen, gutes Essen, guten Wein, gute Musik, guten Sex und insgesamt eine gute Zeit. Es bringt Humor, Offenheit, Fröhlichkeit und Spontaneität zum Ausdruck. Das zweite Chakra veranlasst uns, gemeinsam mit anderen Menschen das Leben zu feiern. Es erweckt in uns Güte und Zuneigung. Romantik ist eines seiner höchsten Kennzeichen, das Tor zum Herzen, und das Erleben der Sinnlichkeit verführt uns dazu, lieben zu lernen.

Ich stelle mir das Vitalitätszentrum gern als ein warmes, aufregendes und einladendes Feuer in meinem Bauch vor. Es erweckt den Duft, die Farbe, den Reichtum und die Tiefe unserer Seele. Es ist das Zentrum der menschlichen Leidenschaft, und wer dieses Feuer in sich gut am Brennen hält, ist zu unglaublichen Leistungen fähig. Alles, was Schönheit, Intensität und Lebenskraft in unsere Welt bringt, kommt aus diesem Zentrum. Dort spüren wir zum ersten Mal das unvorstellbare Potenzial, zu gestalten und zu erschaffen, das in unserem göttlichen Wesen schlummert. Das zweite Chakra befreit unsere wilde Seite und vermittelt uns die Freiheit zu einem elementaren, aufrichtigen und hellwachen Selbstausdruck zu finden. Aus diesem Zentrum heraus lacht das Kleinkind hellauf, wenn es sich freut, und schreit lauthals, wenn es sich ärgert. Das zweite Energiezentrum ermöglicht es uns, unseren Gefühlen freien Lauf zu lassen – ohne jede Zensur, Analyse oder Zurückhaltung – und akzeptiert alles, was wir fühlen, als Teil unserer göttlichen Natur.

Wunsch und Einfallsreichtum

Unser zweites Chakra, unser Gefühlszentrum, aktiviert Inspiration und Genialität. Von unseren Sehnsüchten angetrieben, regt es unsere Fähigkeit an, die Erfahrungen hervorzubringen, die wir uns herbeiwünschen. Diese Energie wird bereits in einem frühen Entwicklungsstadium in uns allen freigesetzt. Bleibt sie unzensiert und unbehindert, entfacht sie unseren Einfallsreichtum und treibt uns an, auf kreative Weise unsere wahren Wünsche zu realisieren. Der vordringliche Impuls aus diesem Chakra besteht in der Befriedigung unserer Wünsche. Er lässt uns nach allen möglichen Wegen suchen, das ersehnte Ziel zu erreichen. Er ist die Triebfeder unseres Erfindungsreichtums.

Ich möchte Ihnen eine Geschichte von meiner fünfjährigen Nichte Noelle und dem Erfindungsreichtum ihres Vitalitätschakras erzählen. Im Kindergarten befiel sie plötzlich der intensive Wunsch, ein Paar silberne Schuhe zu besitzen. Es war Frühling, und ihre Mutter hätte Noelle diesen Wunsch gern erfüllt, erklärte ihr aber, dass silberne Schuhe wohl doch eher etwas für Weihnachten seien; um diese Jahreszeit gäbe es nur weiße oder gelbe Schuhe. Doch Noelle, die unbedingt silberne Schuhe wollte und nichts anderes, bestand darauf, dass meine Schwester trotzdem mit ihr in ein Einkaufszentrum fuhr, um nach Schuhen in dieser Farbe zu suchen. Gemeinsam durchforsteten sie diverse Läden, jedoch ohne Erfolg. Schließlich blieb ihnen nichts anderes übrig als aufzugeben. Meine Schwester glaubte, als verständnisvolle Mutter nun wirklich ihr Bestes getan zu haben, und hoffte, dass Noelle endlich ihren Spleen aufgeben würde. Am nächsten Morgen musste sie, da sie als Stewardess arbeitete, einen längeren Flug antreten.

Als sie zwei Tage später zurückkehrte, sagte ihr Mann Bud: »Geh mal in Noelles Zimmer und schau dir an, was sie gemacht hat.« Dort in der Ecke des Kinderzimmers stand ein Paar silberne Schuhe! Noelle, die so leicht nicht von ihrem Wunsch abzubringen war, hatte ihre schwarzen Lackschuhe innen und außen mit Alufolie verkleidet und die Folie dann komplett mit Tesafilm bedeckt. Als Noelle sah, wie ihre Mutter ihr Machwerk bewunderte, stellte sie sich stolz neben meine Schwester und sagte: »Sind meine Schuhe nicht toll? Ich habe sie im Kindergarten angehabt, und allen gefielen sie genau so gut wie mir, Mama.« Das ist die Macht des Wunsches in Aktion.

Wie einfallsreich sind Sie?

Was haben Sie in Ihrem Leben verwirklicht, das Ihnen viel Freude gemacht hat? (Das könnte ein Zuhause sein, eine Beziehung, ein Abenteuer, Kunst oder sogar eine Arbeit, die Ihnen gefällt.)

Welche Aktivitäten und Bestrebungen bringen momentan Freude und Zufriedenheit in Ihr Leben?

Nehmen Sie sich Zeit dafür, die Dinge und Erfahrungen zu erschaffen, die Sie sich wirklich wünschen?

Zählen Sie auf, was Sie in Ihrem Leben gern erschaffen und verwirklichen möchten.

Empfinden Sie für diese Wünsche Begeisterung und Leidenschaft?

Falls nicht, was steht dem im Wege?

Das gute Leben

Wenn Sie über eine gut ausbalancierte, harmonische Vitalität verfügen, inspiriert Sie das dazu, die guten Dinge des Lebens zu schätzen und zu genießen, sei es gutes Essen und gute Freunde, Fülle und Wohlstand, Behaglichkeit und Vergnügen oder einfach nur das Lebendigsein an sich. Dieses Energiezentrum aktiviert Ihre Fähigkeit, Ihr Leben zu einem wundervollen Abenteuer zu machen. Es weckt das königliche Wesen in Ihnen und regt Ihre Vorstellungskraft an. Es serviert Ihnen die verlockenden Bonbons, Leckerbissen und Extravaganzen des Lebens. In ihm sind Entdeckergeist, Neugier und Spieltrieb angesiedelt. Es ist Genuss, Reichtum und Süße; es ist der üppige Garten voller Blumen und Früchte.

Menschen mit einem ausgewogenen Vitalitätschakra erkennt man an ihrem wunderbaren Stilgefühl und sicheren Gespür für gute Gelegenheiten. Sie verstehen sich darauf, alltäglichen Routineangelegenheiten durch eine Prise schöpferischer Phantasie eine außergewöhnliche Note zu verleihen. Sie garnieren das Essen liebevoll, ehe sie es servieren; sie stellen Ihnen frische Blumen auf den Nachttisch, ehe sie Ihnen einen Gutenachtkuss geben und schmücken an Festtagen das Haus. Sie machen ohne besonderen Grund wunderschön verpackte Geschenke und vergessen nie, Sie an Ihrem Geburtstag oder anderen Jubiläen anzurufen, sogar wenn Sie selbst gar nicht daran gedacht haben, dass es ein besonderer Tag ist. Sie holen zum Dinner das beste Porzellan und das Silberbesteck hervor und ziehen sich um, bevor sie auswärts zu Mittag essen. Sie sind die Bewahrer der Tradition und schmücken die Jahrestage, die das Verstreichen der Zeit markieren, mit ihrer Eleganz. Dabei verlieren sie nie den Sinn für die Wunder der Welt und sind immer bestrebt, Schönheit hervorzubringen. Ein solcher Mensch kann Ihr Lieblingsonkel, Ihr exzentrischer Nachbar oder die im Ausland lebende Großmutter sein. Und auch Sie selbst können es sein.

Was sind Ihre größten Freuden im Leben?

Wie befriedigen Sie Ihre Leidenschaften?

Wie würden Sie einen sinnlichen, romantischen Abend mit einem oder einer Geliebten verbringen?

Welche Extravaganzen liegen Ihnen am meisten am Herzen?

Wie bewahren Sie Traditionen?

Wie feiern Sie besondere Tage?

Probieren Sie's mal!

Schenken Sie sich Blumen

Schenken Sie sich regelmäßig frische Blumen. Selbst wenn Sie wenig Geld zur Verfügung haben, können Sie das jede Woche tun, wenn Sie auf günstige Angebote in Ihrem Blumenladen achten oder Blumen kaufen, die lange frisch bleiben. Nelken, Gerbera und Astern halten sich in den meisten Fällen über eine Woche und bringen viel Schönheit in Ihr Zuhause, obwohl sie nur ein paar Mark kosten. Auch duftende Rosen, Tuberosen und Lilien sollten Sie sich gelegentlich gönnen. Blumen mögen Ihnen extravagant erscheinen, aber sie nähren unsere Seele auf eine so wohltuende Weise, dass sie ihr Geld unbedingt wert sind.

Beeinträchtigte Vitalität

Wenn Ihr zweites Chakra, Ihr Vitalitätszentrum, aus dem Gleichgewicht gerät, neigen Sie dazu, Ihren Gefühlen auszuweichen, sie zu unterdrücken oder völlig zu ignorieren. Oder aber – was noch schlimmer ist – Sie verlieren völlig den Kontakt zu Ihrer Sinnlichkeit und »leben nur noch im Kopf«. Wenn dieses Zentrum nicht im Gleichgewicht ist, verlieren Sie den Kontakt zu Ihrem Körper und ignorieren seine Botschaften. Sie kümmern sich nicht um seine Bedürfnisse, überfordern ihn und weigern sich, ihn zu nähren und liebevoll mit ihm umzugehen. Wenn das Ungleichgewicht sehr groß wird, können Selbstverleugnung, Selbstverachtung oder Selbstbeschränkung das ganze Leben überschatten. Dann verlieren Sie alle Spontaneität und Lebensfreude. Selbst kleinere Einschränkungen der Lebensfreude – sich nach dem Essen nie einen Nachtisch zu gönnen, nie etwas Nettes zum Anziehen oder zur Verschönerung seines Heims zu kaufen oder das Leben stets nur nach rationalen, praktischen Gesichtspunkten zu betrachten – können Anzeichen für ein unausgeglichenes zweites Chakra sein. Damit will ich nicht sagen, dass Sie jeder Laune und jedem plötzlichen Einfall nachgeben sollen, denn auch das wäre unausgewogen. Doch wenn es Ihnen schwer fällt, sich wenigstens ein bisschen für die Süße des Lebens zu öffnen, befindet sich Ihr zweites Chakra eindeutig im Ungleichgewicht. Menschen, die die Zeit der großen Wirtschaftskrise miterlebten, besaßen oft ein gestörtes zweites Chakra, weil in jenen Jahren das ganze Augenmerk auf das materielle Überleben gerichtet war und Sinnlichkeit und Genuss praktisch keine Rolle spielten. Auch nachdem diese schwere Zeit längst vorüber war, blieb die Erfahrung extremer wirtschaftlicher Not für viele so prägend, dass sie nie darüber hinwegkamen. Sie lebten auch weiterhin so, als müssten sie jeden Wunsch unterdrücken, sich einmal etwas Besonderes zu gönnen. Mein Vater beispielsweise ist ein sehr großzügiger Mann, neigt aber immer noch dazu, seine eigenen Wünsche zu verleugnen; er betont immer sehr schnell, dass er »für sich selbst nichts brauche«. Vielleicht kennen Sie jemanden mit der gleichen Tendenz. Das würde mich nicht überraschen, denn viele von uns sind in einem Umfeld aufgewachsen, wo zwar ihr materielles Überleben gewährleistet war, ihre Wünsche und Sehnsüchte jedoch ignoriert wurden. Und so fahren wir auch als Erwachsene damit fort, sie zu ignorieren. Unsere Vitalität, unsere sinnliche Natur hat aber mit Sparsamkeit und Mangeldenken nichts im Sinn. Sie ist auf Großzügigkeit und Fließen ausgerichtet. Wenn wir uns schwer damit tun, Gutes zu empfangen, blockieren wir den Fluss des Lebens.

Magersucht, Bulimie und andere Süchte sind, ebenso wie Depressionen und sexuelle Störungen, noch schädlichere und einschränkendere Symptome einer unausgewogenen Vitalität. Allen diesen Störungen liegt das Bemühen zugrunde, unsere sinnliche Natur zu unterdrücken oder zu kontrollieren, was unsere emotionalen und physischen Systeme in Chaos und Dunkelheit stürzt. Wenn wir unsere Gefühle und Empfindungen für lange Zeit unterdrücken und leugnen, geraten wir in einen dysfunktionalen Zustand, der uns nicht weniger behindert und einschränkt, als wenn wir unsere Hände und Füße ablehnen und verleugnen würden. Wenn wir unsere Gefühle blockieren, wird unsere Fähigkeit, ein erfülltes und befriedigendes Leben zu führen, regelrecht verkrüppelt, denn wir enthalten uns selbst die Geschenke des Lebens vor.

Probieren Sie's mal!

Schaffen Sie sich Ihre eigene kleine Schönheitsfarm

Nehmen Sie sich einen Morgen oder Nachmittag frei, den Sie ausschließlich damit zubringen, sich selbst etwas Gutes zu tun. Gönnen Sie sich als Erstes eine Gesichtsmaske. Schlamm- oder Seetang-Gesichtsmasken bekommen Sie in Kosmetikgeschäften und Reformhäusern schon für ein paar Mark. Tragen Sie sie auf und legen Sie sich dann in ein warmes Bad, in das Sie zwei oder drei Tassen Mineralsalze gegeben haben (auch sie sind in den meisten Reformhäusern erhältlich). Bleiben Sie mindestens eine Stunde in der Wanne und hören Sie dazu Ihre liebste Klassik-CD. Nehmen Sie anschließend eine kühle Dusche und reiben Sie danach den ganzen Körper mit einer leicht angewärmten Körperlotion ein. Als krönenden Abschluss dieser Kur schlürfen Sie langsam eine Tasse heißen Kakao oder von Ihrem Lieblings-Kräutertee und lesen Sie ein paar Kapitel eines köstlichen Liebes- oder Abenteuerromans.

Sie können auch in den Genuss eines Besuchs im Schönheits- oder Massagestudio kommen, ohne etwas bezahlen zu müssen, wenn Sie sich in einem entsprechenden Ausbildungszentrum den dortigen Schülerinnen und Schülern als Übungsobjekt zur Verfügung stellen. Dabei werden Sie meistens mit großer Sorgfalt behandelt, da die Auszubildenden sehr bemüht sind, alles richtig zu machen.

Schlummernde Schönheit zu Leben erwecken

Einmal kam eine Klientin namens Crystal zu mir, deren flammend rotes Haar ihre leidenschaftliche Sinnlichkeit widerzuspiegeln schien. Doch obwohl Crystals wunderschönes Haar auf sehr intensive Gefühle hindeutete, war sie paradoxerweise von ihrer sinnlichen Seite völlig abgeschnitten. Sie hatte diesen Teil ihres Wesens schon in der frühen Kindheit verkümmern lassen als Reaktion auf ihre Mutter, die Crystals junges Leben mit kalter, nüchterner Distanziertheit verwaltet hatte. In Crystals Elternhaus wurden Gefühle nicht nur ignoriert, sondern sogar verachtet. Nur intellektuelle Werte galten etwas. Das »Mantra« der Familie lautete: »Benutze deinen Kopf«. Es überrascht nicht weiter, dass Crystal glaubte, sich in dieser Umgebung am besten Anerkennung verschaffen zu können, wenn sie ihre Gefühle unterdrückte und sich ausschließlich auf ihre intellektuellen Fähigkeiten konzentrierte. Sie erwarb einen Doktorgrad in Mathematik und den Respekt ihrer Studienkollegen, aber das harte Studium, der unbarmherzige Leistungsdruck und ihre Weigerung, liebevoll mit sich selbst umzugehen, führten schließlich zu Krankheit und tiefer seelischer Erschöpfung. Als sie mich aufsuchte, hatte sie den Kontakt zu ihrem Körper, ihrer Weiblichkeit und ihrer Sexualität völlig verloren. Weil sie ihre Gefühle chronisch unterdrückte und sich selbst die kleinsten Freuden im Leben versagte, war sie sogar magersüchtig geworden.

Als ich Crystal das erste Mal sah, befand sie sich in einem so schlimmen Ungleichgewicht, dass sie dem Hungertod nahe war. Ihre Vitalität brauchte dringend Starthilfe, damit Crystal den Kontakt zu ihrem Körper wiederfand und eine Heilung möglich wurde. Zwar wusste sie, dass sie in ernsten Schwierigkeiten steckte, hatte aber keine Ahnung, was sie dagegen unternehmen sollte. Zuallererst schickte ich sie zu einer wunderbaren Körpertherapeutin, die ihr mit sanften Massagen eine neue Wertschätzung für den eigenen Körper vermittelte. Die Massagen fand Crystal zwar angenehm, doch sie gab sich dem Vergnügen nicht wirklich hin, sondern redete pausenlos und war mit ihren Gedanken ganz woanders. Schließlich forderte die Therapeutin sie auf, während der Massage den Mund zu halten und sich wirklich auf die Empfindungen in ihrem Körper einzulassen. Das war für Crystal ein völlig neues Konzept, und sie brauchte etwas Zeit, um sich daran zu gewöhnen. Wenn sie nicht redete, fühlte sie sich noch verletzlicher und ruheloser. Die Therapeutin erklärte ihr, das komme daher, dass es ungewohnt für sie sei, ihre Gefühle zu erleben. Sie ermutigte Crystal, trotz ihres Unbehagens durchzuhalten. Zuerst wurde Crystal unruhig, dann wütend, dann traurig und schließlich empfand sie tiefes Mitgefühl für sich selbst. Jede Massage setzte eine neue Welle bislang nicht wahrgenommener Gefühle frei, die sich seit Jahren in ihr angestaut hatten.

Nach sechs Monaten intensiver und regelmäßiger Massagetherapie wurde Crystal weicher und entspannter. Sie gewann Vertrauen zu ihrem Körper und entdeckte, dass es sich wirklich lohnte, sich näher mit ihm zu beschäftigen. Nach weiteren sechs Monaten regte sich allmählich ihre Sinnlichkeit. Sie begann sogar, sich sexy zu fühlen! Fasziniert probierte sie weitere sinnliche Therapieformen wie Tanzen, Trommeln und Aromatherapie aus, belegte außerdem Schmink- und Malkurse. Langsam erwachte ihre Vitalität. Crystal beschrieb es so: »Ich bewegte mich aus einer schwarz-weißen Welt mitten hinein in eine Welt voller Farben.« Statt ihren Körper wie früher zu ignorieren und ihn unter trister und formloser Kleidung zu verstecken, begann sie, ihn zu feiern. Sie nahm Yoga-Unterricht. Sie zog sich gut an und ging zum Friseur sowie zur Maniküre. Sie fing an, die Schönheit, Sinnlichkeit und Lebendigkeit zu spüren, die immer schon in ihr verborgen gewesen waren. Auch das Essen machte ihr nun Freude – ein weiteres Wunder, wenn man bedenkt, dass sie über zwanzig Jahre damit auf Kriegsfuß gestanden hatte. Ihre Essstörung verschwand, als sie wieder in Kontakt mit ihrem erdverbundenen eigenen Selbst kam. Sie fing an zu kochen und Freunde und Verwandte zum Essen einzuladen, nicht einfach nur um Nahrung aufzunehmen, sondern um die gemeinsamen Mahlzeiten wirklich zu genießen.

Indem sie ihre Vitalität wiederfand, öffnete sich für Crystal eine Welt, die ihr große Freude bereitete. Das Leben wurde zu einem Wunder. Es ging nicht mehr um das ermüdende und schmerzvolle Dasein, gegen das sie sich innerlich abgeschottet hatte. Das Leben wurde fröhlich, faszinierend, reich, bunt – und mitunter sogar lustvoll. Es ist für Crystal auch weiterhin eine große Herausforderung, ihren Körper und ihre Sinnlichkeit zu würdigen, denn alte Gewohnheiten sind oft hartnäckig. Aber all der Spaß, den sie heute erlebt, motiviert sie enorm! Kürzlich sagte sie zu mir: »Ist es nicht verrückt, dass man mir erst beibringen musste zu fühlen?«

Vitalitäts-Checkliste

	ja	nein	manchmal
Haben Sie Freude an Ihrem Körper?	☐	☐	☐
Sorgen Sie gut für ihn?	☐	☐	☐
Hören Sie auf Ihren Körper?	☐	☐	☐
Achten Sie auf Ihre Gefühle?	☐	☐	☐
Zeigen Sie Ihre Gefühle?	☐	☐	☐
Respektieren Sie Ihre Gefühle?	☐	☐	☐
Nehmen Sie sich die Zeit für gutes Essen und genug Schlaf?	☐	☐	☐
Gehen Sie gut mit sich selbst um?	☐	☐	☐
Pflegen Sie Ihr Äußeres?	☐	☐	☐
Tragen Sie gern attraktive Kleidung?	☐	☐	☐
Genießen Sie Ihre Sexualität?	☐	☐	☐
Feiern Sie sich selbst und Ihre Leistungen und Erfolge?	☐	☐	☐
Genießen Sie gutes Essen und Trinken mit Ihrem Partner/Ihrer Partnerin oder im Kreis von Freunden?	☐	☐	☐
Feiern Sie besondere Anlässe im Leben?	☐	☐	☐
Gestehen Sie sich die eine oder andere kleine Extravaganz zu?	☐	☐	☐
Können Sie Gutes annehmen und sich verwöhnen lassen?	☐	☐	☐
Sorgen Sie für Schönheit in Ihrem Leben?	☐	☐	☐

Wenn Sie auf eine dieser Fragen mit Nein geantwortet haben, ist Ihre Vitalität nur geringfügig beeinträchtigt. Haben Sie zwei oder drei Fragen mit Nein beantwortet, besteht ein leichtes Ungleichgewicht, und Sie sollten die Vorschläge zur Behebung eines leichten Ungleichgewichts am Ende dieses Kapitels aufgreifen. Wenn Sie auf vier bis sieben Fragen mit Nein geantwortet haben, besteht ein moderates Ungleichgewicht. Folgen Sie dann den Vorschlägen für ein moderates Ungleichgewicht. Haben Sie auf acht oder mehr Fragen mit Nein geantwortet, ist Ihre Vitalität stark beeinträchtigt, und Sie sollten die Vorschläge für ein starkes Ungleichgewicht in die Tat umsetzen, damit eine Heilung möglich wird und Sie neue Lebensfreude gewinnen.

Probieren Sie's mal!

Bringen Sie jemandem einen Geschenkkorb

Besonders nährend für unsere eigene Vitalität ist es, wenn wir etwas für das geschwächte zweite Chakra eines anderen Menschen tun. Überraschen Sie jemanden, den Sie lieben, mit einem Präsentkorb voller süßer Leckereien und anderer Genüsse. Sie können zum Beispiel ein wohlriechendes Stück Seife hineinlegen, eine Duftkerze, ein paar Pralinen, eine Dose mit exotischem Kräutertee, ein exotisches ätherisches Öl und sogar eine CD mit Musik, die sinnlich oder sexy ist, vielleicht Jazz oder etwas Französisches. Lassen Sie Ihrer Phantasie freien Lauf, wenn Sie dieses luxuriöse und romantische Überraschungspaket vorbereiten.

Wechselhafte Emotionen

Unser Vitalität, ihrem Wesen nach dem Element Wasser zugeordnet, ist von Natur aus sehr wechselhaft. So wie das Wasser manchmal sturmgepeitscht hohe Wellen schlägt, sind auch unsere Emotionen nicht immer ruhig und sanft. Wenn Menschen heftige Gefühle in sich aufsteigen spüren, unterdrücken sie diese oft, da ihnen beigebracht wurde, unangenehme Gefühle seien etwas Schlechtes. In Wahrheit sind Gefühle an sich weder gut noch schlecht, sondern dienen lediglich dazu, unsere Aufmerksamkeit auf Dinge zu lenken, denen wir Beachtung schenken sollten. Stürme und heftige Regengüsse dienen dazu, die Luft zu reinigen, Altes wegzuwaschen und neues Leben zu ermöglichen. Nicht die Gefühle an sich sind problematisch, sondern unser Umgang mit ihnen – dass wir sie unterdrücken oder verurteilen.

Bob, einer meiner Klienten, war allem Anschein nach der netteste, ausgeglichenste und freundlichste Mensch, den man sich nur vorstellen konnte. Er hatte geschäftlich Erfolg, sah sehr gut aus und erfreute sich bester Gesundheit. Auf alle Welt wirkte er wie ein wirklich toller Typ. Doch trotz all dieser Vorzüge wollte es Bob, so sehr er es auch versuchte, einfach nicht gelingen, eine Partnerin zu finden, mit der er glücklich sein konnte. Weil er zutiefst davon überzeugt war, dass »nett sein« und ruhige Freundlichkeit die einzigen akzeptablen Emotionen waren, fiel es ihm äußerst schwer, eine Frau zu finden, die seinen Erwartungen entsprach. Manchmal ging er mit netten, freundlichen, zurückhaltenden Frauen aus. Doch sie weckten kein dauerhaftes Interesse in ihm, weil es ihnen an Leidenschaft und Intensität fehlte. Von ihrer reservierten Oberflächlichkeit gelangweilt, verließ er sie rasch wieder – auf der Suche nach etwas Aufregenderem. Doch wenn Bob dann mit leidenschaftlichen Frauen ausging, die zu ihrer Meinung standen und starke Gefühle wie Ärger oder Wut auch zum Ausdruck brachten, bekam er schon bald Angst vor ihrer Intensität. Er flüchtete und behauptete, solche Frauen seien ihm nicht »damenhaft« oder »nett« genug.

Bob steckte in einem frustrierenden Teufelskreis. Er sehnte sich nach der Aufregung und Leidenschaft des Vitalzentrums, wollte diesen sinnlichen Energiefluss aber gleichzeitig kontrollieren. Ich versuchte ihm zu erklären, dass sein Problem nicht so sehr darin bestand, nie der richtigen Frau zu begegnen, sondern in seiner Angst vor unangenehmen Gefühlen. Doch das wollte er nicht einsehen. Für ihn lag die Schwierigkeit lediglich darin, die »perfekte Frau« zu finden, eine, die seiner Vorstellung nach höflich, freundlich, damenhaft, zurückhaltend, mütterlich, wild, sexy, mutig und leidenschaftlich sein sollte. Ich wies ihn darauf hin, dass es mehr als unwahrscheinlich war, solche gegensätzlichen Wesenszüge in einem einzigen menschlichen Wesen vereint zu finden, doch er beharrte weiterhin darauf. Seine endlose und vergebliche Suche nach Leidenschaft ohne Gefühl dauert noch immer an. Es klingt verrückt, aber er war inzwischen innerhalb von fast zehn Jahren zehnmal verlobt und setzt seine Suche, die ihn bereits etliche Diamantringe gekostet hat, unerschütterlich fort.

Nur wenn wir die ganze Bandbreite unserer Empfindungen und Gefühle akzeptieren, können wir uns wirklich auf das Leben einlassen. Würden wir immer nur das Gute und Angenehme erleben, beraubte uns das der Chance, zu wachsen, zu entdecken und zu lernen. Unsere dunkleren, schwierigeren Gefühle sind genauso lebenswichtig wie die helleren, leichteren. Gefühle aller Art, hell und dunkel, sind unsere Lehrer. Sie weisen uns auf Chancen hin, unser Verständnis für uns selbst, andere Menschen und die Welt, in der wir leben, zu vertiefen. Ein unangenehmes Gefühl, das wir durchleben, kann sich als echtes Geschenk erweisen. Wenn wir uns an einer heißen Herdplatte die Finger verbrennen, lehrt uns der Schmerz, mit Hitze und Feuer in Zukunft vorsichtig umzugehen. Diese Erkenntnis ist sehr hilfreich, falls wir geplant hatten, uns auf den Herd zu setzen! Schmerz ist ein unvermeidlicher Bestandteil des menschlichen Daseins, und wir sollten seine Botschaften zu schätzen wissen. Problematisch wird das Ganze nur, wenn wir uns an dem Botschafter festklammern und uns weigern, aus seinen Botschaften zu lernen.

Gefühle zeigen uns, wann wir uns nicht in Harmonie mit unserer Seele befinden. Unangenehme Gefühle weisen uns darauf hin, was wir brauchen: Trost, sinnliche Beruhigung und eine Wiederherstellung unseres seelischen Gleichgewichts. Bedauerlicherweise durchleiden viele von uns solche traurigen Phasen passiv und warten darauf, dass ein »Prinz« oder eine »Prinzessin« kommt, der oder die all ihre Bedürfnisse erfüllt, was natürlich niemals geschieht. Was wir in solchen Lebensphasen dagegen wirklich tun sollten, ist, Verantwortung für unsere Gefühle zu übernehmen und zu lernen, gut für uns selbst zu sorgen.

Unlängst traf ich eine Frau, die gerade mitten in der Scheidung von ihrem gewalttätigen Ehemann steckte und außerdem in ihrem Beruf keinerlei Anerkennung fand. Diese doppelte Belastung deprimierte sie und brachte ihr Gefühlszentrum aus dem Gleichgewicht. Eines Tages war sie dieses ständige Gefühl, »nicht gut genug zu sein«, wie sie sich ausdrückte, plötzlich leid. Und so gab sie ihren Dodge für einen wunderschönen roten Sportwagen in Zahlung, und zwar aus keinem anderen Grund als dem, dass sie sich immer schon einen solchen Wagen gewünscht hatte und nicht länger darauf warten wollte, ihn von jemand anderem geschenkt zu bekommen.

Der Kauf dieses Wagens veränderte ihre ganze Perspektive. Die Tatsache, dass sie sich selbst ein so schönes Geschenk gemacht hatte, eines, das auf derartig authentische Weise ihre Sinnlichkeit ansprach, bewirkte, dass sie sich sofort besser fühlte – und noch dazu richtig sexy. Die Neuerwerbung gab ihrem Selbstvertrauen einen kräftigen Aufwärtsschub. Sie bewarb sich für eine andere Stelle und wurde sofort eingestellt. Das verlieh ihr weiteren Auftrieb und neuen Lebensmut. Sie überwand ihre natürliche Zurückhaltung und begann, ihren neuen Kollegen freundlich entgegenzukommen und sich um ein gutes Verhältnis zu ihnen zu bemühen. Nach ein paar Wochen an dem neuen Arbeitsplatz wurde sie von einer Kollegin eingeladen und lernte dort deren Bruder kennen. Zwischen den beiden funkte es. Sie gingen zusammen aus, und ihr Leben nahm eine wirklich schöne Wendung. »Natürlich könnte man sagen, alles läge nur daran, dass ich mir diesen neuen Wagen gekauft habe«, erzählte sie mir, »aber ich weiß, dass das nicht stimmt. Die wirkliche Veränderung geschah, als ich eines Tages aufwachte und beschloss, mein Leben nicht länger mit der ewigen Hoffnung zu vergeuden, dass irgendwann jemand kommen würde, der mir all das geben würde, was ich selbst mir nicht zu geben bereit war. Von dem Tag an, als ich begann, mir selbst gegenüber freundlich und liebevoll zu sein, behandelten mich auch alle anderen auf diese Weise. Der Wagen war nur ein Symbol. Das wahre Geschenk war meine veränderte Einstellung mir selbst gegenüber.«

Dem Sturm trotzen

Sind Sie in der Lage, unangenehme Gefühle zuzulassen, ohne sie zu unterdrücken oder sie als »schlecht« zu verurteilen?

Wie fühlen Sie sich, wenn ein anderer Mensch seine unangenehmen Gefühle zum Ausdruck bringt?

Wie verhalten Sie sich, wenn Sie in einen emotionalen Sturm hineingeraten?

Pflegten die Menschen in Ihrem Elternhaus ihre Gefühle offen zu zeigen?

Würden Sie sich selbst als eine Person beschreiben, die ihre Gefühle offen zeigt, oder sind Sie eher verschlossen?

Kümmern Sie sich auf eine emotional nährende Weise um sich selbst, oder warten Sie darauf, dass jemand anderes Ihnen das abnimmt?

Womit haben Sie sich in letzter Zeit einmal so richtig verwöhnt?

Probieren Sie's mal!

Seien Sie Ihr eigener Prinz oder Ihre eigene Prinzessin

Erfüllen Sie sich einen lang gehegten Wunsch. Das kann eine schöne Uhr sein, ein Daunenkissen, schicke Schuhe oder ein Abend in der Stadt. Legen Sie, falls nötig, jede Woche ein paar Mark für solche kleinen Verwöhn-Aktionen zurück, und haben Sie Geduld, wenn Sie eine Weile dafür sparen müssen. Lassen Sie es nicht zu, dass Ihr rationaler Verstand Ihnen diese besonderen Freuden ausredet. Solche liebevollen kleinen Geschenke, die Sie sich selbst machen, sind Nahrung für die Seele und steigern Ihre Vitalität. Und das sollten Sie sich nun wirklich wert sein!

Probieren Sie's mal!

Beglückwünschen Sie sich selbst

Wenn Ihnen das nächste Mal etwas gut gelungen ist, sei es eine Präsentation in der Firma oder das Mittagessen für Ihre Kinder und deren Freunde, halten Sie inne und sagen Sie laut: »Habe ich das nicht *toll* gemacht?!« Beglückwünschen Sie sich ohne jede Einschränkung. Lassen Sie das ganze Erfolgserlebnis ein paar Mal vor Ihrem inneren Auge ablaufen und genießen Sie das Gefühl. Sparen Sie nicht mit Lob. Geben Sie sich selbst all die begeisterte Anerkennung, die Sie sich insgeheim immer schon von anderen gewünscht haben. Legen Sie alle Bescheidenheit ab und überschütten Sie sich selbst mit Komplimenten.

Probieren Sie's mal!

Wenn Sie richtig sauer sind

Wenn Sie das nächste Mal vor Wut oder Frustration ganz außer sich sind, unterdrücken Sie diese Gefühle nicht. Lassen Sie sie heraus. Türmen Sie in Ihrem Bett einen großen Kissenberg auf und dreschen Sie dann, während Sie sich alles das, was Sie ärgert, bildlich vorstellen, mit den Fäusten kräftig auf die Kissen ein. Schimpfen, fluchen und schreien Sie dabei nach Herzenslust, bis sich alle aufgestauten Emotionen richtig entladen konnten. Je stärker Sie Ihre Gefühle normalerweise zu unterdrücken pflegen, desto heilsamer ist diese Übung für Sie. (Natürlich sollten Sie sie möglichst ausprobieren, wenn Sie allein sind.)

Nachhilfe in Sachen Romantik

Wenn eines unserer sieben Energiezentren nicht im Gleichgewicht ist, streben wir unbewusst immer danach, uns den fehlenden Ausgleich zu verschaffen, auch wenn uns oft gar nicht klar ist, was wir da eigentlich tun. Pamela arbeitete als Lehrerin für verhaltensgestörte Kinder und wohnte mit ihren Eltern in der Bronx. Als sie mich anrief und um ein Gespräch bat, sagte sie: »Sonia, ich brauche dringend einen Rat. Ich glaube, ich wirke abstoßend auf Männer. Ich bin noch nie ausgeführt worden. Ich bringe meine Abende damit zu, fernzusehen oder mit den Nachbarinnen zu tratschen, aber nie passiert etwas Aufregendes. Ich weiß nicht, was mit mir nicht stimmt. Letzten Sommer bin ich nach Rom gereist, und das war wie ein spirituelles Erwachen für mich. Ich habe mich nie zuvor im Leben so inspiriert und lebendig gefühlt. Ich habe alles dort genossen, das Essen, die Kunst, den Wein, die Pasta. Und ich habe in Rom einen Mann getroffen, Alessandro, den ich sehr sexy fand. Er hat mich edel ausgeführt und verwöhnt. Ich weiß nicht, ob ich deswegen glücklich sein oder mich schämen soll, aber ich muss zugeben, dass wir am Tag, nachdem wir uns kennen gelernt hatten, miteinander geschlafen haben, und es war einfach wunderbar. Ich habe das Gefühl, dass er mein Seelengefährte ist, und er geht mir einfach nicht mehr aus dem Kopf. Nichts würde mich glücklicher machen, als seine Frau zu werden. Seit Monaten versuche ich, Kontakt mit ihm aufzunehmen, aber er beantwortet meine Briefe nicht und ruft mich niemals zurück. Wir waren uns so nah, deshalb verstehe ich nicht, dass er sich gar nicht meldet. Ich traue mich kaum, es auszusprechen, aber glauben Sie, er hat mich nur benutzt?«

Nach kurzem Nachdenken antwortete ich: »Nein, Pam, auch wenn es gewiss sehr enttäuschend für Sie ist, dass er Ihre Anrufe nicht beantwortet, glaube ich nicht, dass Sie von ihm ausgenutzt wurden, wie Sie befürchten, auch wenn es sich so anfühlen mag. Selbst wenn die Sache sich nicht so entwickelt hat, wie Sie es sich erhofft hatten, meine ich doch, dass dieses Erlebnis mit ihm für Sie sehr heilsam war.« Verwirrt fragte sie: »Wie meinen Sie das? Warum?« »Nun«, fuhr ich fort, »vor Ihrer Begegnung mit Alessandro fehlte es Ihrem Leben sehr an Sinnlichkeit. Sie arbeiteten in einer sterilen Umgebung, und dass Sie als erwachsene Frau noch bei Ihren Eltern lebten, deutet auf eine verkümmerte Sinnlichkeit und Sexualität hin. Vermutlich waren Sie ziemlich frustriert, und das mag auch der Grund für Ihren Trip nach Rom gewesen sein. Sie suchten nach dem, was in Ihrem Leben bislang viel zu kurz kam – Sinnlichkeit.

Als Sie Ihr Flugticket nach Italien buchten, war das sozusagen die Eintrittskarte in das Reich der Romantik, in die Domäne der Sinnlichkeit. Das war wirklich das ideale Reiseziel für Sie. Der Aufenthalt dort weckte die Sinnlichkeit in Ihnen, und das wurde auch höchste Zeit. Alessandro war lediglich ein Teil dieses wundervollen Erlebnisses. Er spürte intuitiv, dass Sie dabei waren, Ihre leidenschaftliche Natur wiederzuentdecken, und half Ihnen auf sehr erfreuliche Weise bei diesem Prozess. Das war eine sehr positive Erfahrung für Sie. Doch so erfüllend die Stunden mit ihm auch gewesen sein mögen, jetzt kommt es darauf an, dass Sie erkennen, worin der wahre Wert dieses Erlebnisses für Sie bestand. Aufregend an dem Ganzen war gar nicht so sehr Alessandro selbst (auch wenn ich nicht bezweifle, dass er so wunderbar war, wie Sie ihn schildern), sondern das Erwachen Ihrer eigenen wunderbaren Sinnlichkeit und Sexualität. Sie ist ein integraler Bestandteil Ihres Wesens und benötigt weder Alessandro noch einen anderen Mann oder eine bestimmte äußere Situation, um lebendig zu sein. Obwohl die Versuchung groß sein mag, ihm das ganze Verdienst zuzuschreiben, war er in Wahrheit doch lediglich Ihre Muse. Das, was Sie wirklich magisch anzieht, ist Ihr eigenes sinnliches Wesen, das Sie wieder entdeckt haben und mit dem Sie in Verbindung bleiben wollen. Und das können Sie auch. Allerdings wäre es der falsche Weg, Alessandro nachzujagen und ihn zu heiraten, was offensichtlich ohnehin nicht in Frage kommt. Sie müssen lediglich Raum für Sinnlichkeit in Ihrem Leben schaffen. Geben Sie Ihrer Leidenschaft, Ihrer Sehnsucht und Ihrer Weiblichkeit Raum zum Atmen und genießen Sie sie, und zwar in New York, hier und jetzt.«

Mein Rat war nicht gerade das, was Pam sich erhofft hatte. Es wäre ihr lieber gewesen, ich hätte ihr erzählt, dass ihr Prinz doch noch kommen und alles gut werden würde. Aber dann gestand sie mir ein, dass sie, so schmerzlich diese Erkenntnis auch war, tief im Herzen wusste, dass ich Recht hatte. Motiviert durch die wundervolle Zeit mit Alessandro und die schönen Gefühle, die dieses Erlebnis in ihr ausgelöst hatte, ließ sie sich ihre Zähne in Ordnung bringen, besuchte einen Schönheitssalon und kaufte sich etwas Schönes zum Anziehen. Außerdem nahm sie Italienischunterricht, belegte einen italienischen Kochkurs und einen Kurs in Wandmalerei, was sie insgeheim schon immer gern hatte tun wollen. Da es für ihre Eltern unter keinen Umständen in Frage kam, wandmalerische Experimente in ihrem Haus zu dulden, zog Pamela schließlich in eine eigene Wohnung und ließ ihren kreativen Regungen freien Lauf. Der Umzug brachte endlich auch ihr Liebesleben in Schwung. Einige Monate nach dem Erwachen ihrer Sinnlichkeit traf sie Dennis, einen irisch-amerikanischen Maler und Dekorateur, der wie sie den Wunsch nach ein wenig Abwechslung und Romantik verspürte. Er ist kein Italiener, aber trotzdem leidenschaftlich und abenteuerlustig. Als ich zuletzt von den beiden hörte, planten sie gerade eine Reise nach Florenz, und sie sind noch immer leidenschaftlich ineinander verliebt.

Ihr sinnliches Selbst

Haben Sie Ihre leidenschaftliche Seite vernachlässigt?

Warten Sie darauf, dass ein anderer Mensch Abwechslung in Ihr Leben bringt und Ihnen das Gefühl gibt, sexy oder sinnlich zu sein?

Wie bringen Sie gegenwärtig Ihre Vitalität, Sinnlichkeit, Sexualität und Leidenschaft zum Ausdruck? Wie sorgen Sie in Ihrem Leben für Abwechslung und Aufregung?

Probieren Sie's mal!

Kaufen Sie sich erotische Unterwäsche

Ein ausgezeichnetes Mittel gegen einen niedrigen Vitalitätspegel ist erotische neue Unterwäsche. Damit meine ich Wäsche, in der Sie nicht nur sinnlich und sexy aussehen, sondern die sich auch noch edel und wunderbar auf der Haut anfühlt. Kein billiges Zeug. Der zweite Teil dieses Tipps besteht darin, die ganze alte, hässliche, abgetragene und schäbige Wäsche wegzuwerfen, die Sie viel zu lange getragen haben – all dieses Zeug, das Sie, gemäß der Warnung Ihrer Mutter, besser nicht tragen sollten, wenn Sie einen Unfall haben, damit die Sanitäter Sie darin nicht sehen. Diese Empfehlung gilt für Frauen und Männer gleichermaßen.

Romantik

Eine der wunderbarsten Möglichkeiten, unserer Vitalität Ausdruck zu verleihen, ist der berauschende, allumfassende Luxus einer großen Romanze. Im Kontrast zur täglichen Routine halten die romantischen Gefühle, die bei einem solchen Erlebnis freigesetzt werden, die Zeit an. Wir verlassen unseren prosaischen Alltag und betreten das erhabene Reich der großen, unsterblichen Liebespaare aller Zeiten. Romantik ist ein Geschenk, und immer wenn sie in uns erwacht, fühlen wir uns wie in einem süßen Traum.

Jeder Tag kann ein romantischer Tag sein. Dazu braucht es nur die Bereitschaft, sich für die süße und sinnliche Schönheit des Lebens zu öffnen. Romantik hängt nicht so sehr davon ab, einem ganz besonderen Menschen zu begegnen, sondern eher davon, selbst ein besonderer Mensch zu sein. Alle wahren Romantiker nehmen sich immer wieder die Zeit, die Tretmühle ihres rationalen Denkens hinter sich zu lassen und an Rosen zu schnuppern (und sie zu verschenken). Mein Mann Patrick ist mein großer Lehrer in Sachen Romantik. Seit dem ersten Tag unserer Beziehung ist er immer phantasievoll, sinnlich und romantisch gewesen. Einmal bat er mich, mit dem Fahrrad zum Navy Pier an die Seepromenade von Chicago zu kommen, um mich mit ihm zu treffen. Dort überraschte er mich mit einem Picknickkorb, der mit hausgemachten Sandwiches, frischem Obst, Keksen und Schokolade gefüllt war. Und dazu überreichte er mir eine Nelke in einer hübschen kleinen Vase. Dass es in Strömen regnete, machte überhaupt nichts. Patrick hatte einen alten Lastkahn entdeckt, auf dem wir Unterschlupf fanden, und dort saßen wir im trockenen und genossen vergnügt unser kleines Festmahl. Patrick schrieb mir Gedichte und versteckte sie unter meinem Kissen, in meiner Socken-Schublade oder in meiner Manteltasche, wo ich sie dann überraschend entdeckte, wenn ich am wenigsten damit rechnete. Er malte mir mit Wasserfarben kleine Miniaturbilder, oder schlich sich von hinten an mich heran und umarmte mich. Bevor wir uns kennen lernten, träumte ich von Romantik, hätte mir aber nie vorgestellt, dass ich selbst romantisch sein könnte. Patrick inspirierte mich. Jetzt bin ich es gelegentlich, die das Picknick vorbereitet, Blumen schenkt oder die Liebesbriefe schreibt. Und ich versichere Ihnen, dass es ebenso reizvoll ist, sich selbst romantische Überraschung einfallen zu lassen, wie die Beschenkte zu sein.

Dank Patrick habe ich gelernt, dass Romantik eine wirkliche Kunst ist, die Kunstform des zweiten Chakras. Jeder, der sich die nötige Zeit nimmt, kann Mitglied des erlesenen Zirkels werden, der diese Kunst ausübt und sich darauf versteht. Dazu braucht es lediglich den Wunsch, Freude zu erleben und den Menschen, die man liebt, Freude zu schenken. Das ist nicht teuer, erfordert aber Phantasie. Um den Romantiker oder die Romantikerin in sich zu erwecken, müssen Sie Ihre Sinne aktivieren. Fragen Sie sich, was Nahrung für

Ihre Seele ist. Lassen Sie sich dabei von Ihren Sinnen leiten. Was essen und trinken Sie gern? Welche Düfte wirken anregend auf Sie? Welche Farben sind für Ihren Körper angenehm? Welche Musik berührt Ihr Herz? Welche Kunstwerke entführen Sie in andere Welten? Romantik ist eine Explosion der Sinne. Sie ist die Welt der angenehmen Klänge, des Wohlgeschmacks, der schönen Farben, Berührungen, Aromen und Bilder. Sie lässt unseren Blick weich und unsere Bewegungen langsam und fließend werden und erinnert uns daran, den gegenwärtigen Augenblick voll auszukosten. Sie hat ein Gespür für das Feine, das Sanfte und für die Magie, von der wir überall umgeben sind. Sie lockt uns von unserem ewigen inneren Monolog weg in die Gegenwart und überschüttet uns mit den Freuden des menschlichen Daseins. Sie rettet uns aus unseren Alltagssorgen und gewährt uns sicheres Asyl. Sie erschließt uns die vollkommene Welt des Jetzt, einen Ort, wo alles von Natur aus göttlich ist und wo Sie selbst göttliche Wertschätzung erfahren. Wenn Sie Romantik erleben wollen, sollten Sie sich für die Schönheit öffnen und sie mit jemandem teilen, den Sie lieben.

Den Sinn für Romantik wecken

Beschreiben Sie, wie für Sie ein perfekter romantischer Abend aussieht:

____

____

____

____

Beschreiben Sie ein romantisches Erlebnis, das Sie in letzter Zeit hatten:

____

____

____

____

Beschreiben Sie den romantischsten und aufregendsten Ort, der Ihnen in den Sinn kommt:

Hat Ihnen jemals jemand einen Liebesbrief geschrieben?

Haben Sie selbst je einen Liebensbrief geschrieben?

Beschreiben Sie den idealen Geliebten/die ideale Geliebte:

Beschreiben Sie sich selbst als ideale Geliebte/idealen Geliebten:

(Klingt das nicht toll?)

Probieren Sie's mal!

Schwingen Sie das Tanzbein

Ein langsamer Tanz zu zweit ist eine wundervolle Therapie für das zweite Chakra. Wenn Sie hierfür schon einen Partner haben, brauchen Sie nur die Musik einzuschalten, sich eine Rose zwischen die Zähne zu klemmen und loszulegen. Falls Sie solo sind, melden Sie sich für einen Tanzkurs an. In vielen Städten gibt es Kurse für Singles. Wenn Sie noch zögern und ein bisschen Inspiration brauchen, sollten Sie sich in der Videothek den japanischen Film *Shall we dance* ausleihen. Er handelt von einem ausgebrannten Geschäftsmann, der seine geschwächte Vitalität wiederbelebt, indem er nach Büroschluss heimlich tanzen geht. Ich garantiere Ihnen, am Ende des Films wird es Sie regelrecht in den Füßen jucken, selbst das Tanzbein zu schwingen.

Sinnlichkeit kontra Liebe

Im Bemühen, unseren aus dem Gleichgewicht geratenen Chakras Erleichterung zu verschaffen, sind wir Menschen sehr einfallsreich. Allerdings erweisen sich die Maßnahmen, die wir dabei ergreifen, oft als ziemlich ineffektiv. Ein beliebter, aber letztlich verhängnisvoller Glaube besagt zum Beispiel, dass, wenn eine kleine Menge von etwas sich angenehm anfühlt, eine große Menge derselben Sache noch viel besser sein wird. Was unsere Sinne angeht, gilt diese Regel jedoch leider nicht. Statt unsere Freude zu steigern, führen Exzesse in die Sucht und lassen uns frustriert, unerfüllt und krank zurück.

Ein wenig Schokolade ist zum Beispiel wunderbar süß, doch zu viel davon macht dick. Ein wenig Wein ist wohltuend; zu viel macht uns betrunken. Ein wenig Brot mit Käse ist köstlich, doch zu viel davon erzeugt Bauchweh. Viele von uns gehen durch Phasen der Sucht, besonders wenn wir uns neuen Herausforderungen gegenübersehen und nach etwas suchen, das uns Halt gibt. Weil wir unsere eigene Natur so wenig verstehen, verwechseln wir sinnlichen Genuss mit Liebe. Beides erzeugt eine Woge von »Wohlfühl-Energie« in uns. Sinnliches Erleben ist aber sehr körperorientiert und vorübergehender Natur. Es verändert sich von Minute zu Minute, je nachdem, welche äußere Stimulation Sie gerade erleben, während die Liebe spiritueller Natur und beständig ist. Sie ist vollkommen unabhängig von äußeren physischen Reizen. Sinnlichkeit ist im wesentlichen eine körperliche Funktion, Liebe dagegen betrifft die Seele. Wenn wir den Unterschied zwischen diesen beiden Gefühlen nicht erkennen, kann das zu Verwirrung führen. Dann klammern wir uns, statt uns auf die Liebe zu stützen, an äußere

Sinnesreize. Wenn das geschieht, werden wir frustriert, und weil das Gefühlshoch, das wir herbeisehnen, nicht von Dauer ist, kommt es zur Sucht. Wenn wir obsessiv hinter vorübergehenden Freuden herjagen, machen wir uns damit zu Sklaven. Wir werden von dem Zwang getrieben, unsere Gefühle zu kontrollieren, wollen uns immer nur gut fühlen und laufen vor allen ängstlichen, unangenehmen Gefühlen davon. Am Ende bleiben wir betäubt zurück.

Wenn bei Ihnen suchthafte Verhaltensmuster bestehen, bedeutet das, dass Sie sich auf falsche Weise seelische Nahrung zu verschaffen suchen. Die meisten Süchte lassen sich nur überwinden, wenn wir uns andere nährende Quellen erschließen, die jene innere Leere füllen, unter der wir leiden. Zwölf-Schritte-Programme sind für Süchtige ein wahres Gottesgeschenk. Wenn Sie an einer Sucht leiden, ist Ihr Leben einer schrecklichen Belastung ausgesetzt. Doch Sie müssen sich nicht weiter so elend fühlen. Suchen Sie Hilfe. Dann werden Sie den Frieden finden, nach dem Sie sich sehnen.

Stellen Alkohol- oder Drogenmissbrauch, Esssucht, Spielsucht, Arbeitssucht, zwanghaftes Konsumverhalten oder andere Süchte in Ihrem Leben ein Problem dar? Wenn ja, um welche Sucht (welche Süchte) handelt es sich?

____

____

Haben Sie sich deswegen schon einmal in therapeutischer Behandlung befunden oder sich in anderer Weise helfen lassen?

____

Sind Sie sich der Scham und der Isolationsgefühle bewusst, die durch Süchte entstehen?

____

Können Sie sich vorstellen, andere um Hilfe bei der Wiederherstellung Ihres inneren Gleichgewichts zu bitten?

____

Wenn nein, warum nicht?

Wenn Sie wüssten, dass Sie dort Hilfe und Unterstützung erhalten und zugleich Ihre Anonymität gewahrt wird, wären Sie dann zur Teilnahme an einer Zwölf-Schritte-Selbsthilfegruppe bereit?

Spiel

Unsere Vitalität ist das Reich unseres inneren Kindes, und Spielen ist eine wundervolle Möglichkeit, dieses Zentrum ins Gleichgewicht zu bringen. Viele Erwachsene haben die Kunst des Spielens völlig verlernt, vor allem weil ihnen gesagt wurde, es sei Zeitverschwendung. Doch nichts ist von der Wahrheit weiter entfernt. Ungekünsteltes, authentisches Spielen ist eine überaus sinnvolle Art, unsere Zeit zu nutzen. Es regeneriert unser körperliches und sinnliches Selbst und belebt unseren Geist.

Die Freude am Spiel kann auf vielfältige Weise erfahren werden. Männer erleben sie oft beim Sport, sei es aktiv oder als Zuschauer, beim Angeln oder anderen Aktivitäten im Freien. Für Frauen können vertraute Gespräche mit Freundinnen beim Mittagessen, im Schönheitssalon oder beim Einkaufsbummel etwas sehr Spielerisches haben. Beide Geschlechter können spielen, während sie Fahrrad fahren, skaten, Ski fahren oder spazieren gehen. Sie können sich einen Nachmittag frei nehmen, ins Kino oder in ein Konzert gehen oder mit Freunden zu Abend essen. Mit Kindern zu spielen ist ein weiterer Weg, unsere Vitalität zu erwecken. Ich bringe meine Vitalität gern in Schwung, indem ich mit meinen Kindern Scharade spiele oder indem wir einfach in der Küche zusammensitzen und Geschichten erzählen. Wenn die Kinder dann richtig loslegen, wird es immer sehr lustig. Einfach ausgelassen mit ihnen herumzualbern wirkt ganz besonders heilend und harmonisierend auf mein zweites Chakra.

Mein Nachbar Joe schwört darauf, dass für ihn die schönste Art, einen vergnüglichen Abend zu verbringen, darin besteht, mit seiner Frau Scrabble zu spielen. Mein Freund Jim und seine

Lebensgefährtin gehen leidenschaftlich gern zum Bowling, und mein Bruder und seine Frau lieben es, sich schick anzuziehen und tanzen zu gehen. Sie können die Freude des Spielens auch im Stillen genießen, indem Sie künstlerischen oder kunsthandwerklichen Aktivitäten nachgehen. Oder Sie können mit Freunden Volleyball spielen, grillen oder zu Klavier oder Gitarre miteinander singen. Auch eine fröhliche Plauderei mit einem lieben Menschen am Telefon kann etwas sehr Spielerisches und Erfrischendes haben.

Wie verspielt sind Sie?

Wie erholen Sie sich am liebsten?

Wann haben Sie das letzte Mal mit Freunden gespielt? Und was?

Wie viel Zeit gönnen Sie sich für Spiel und Erholung pro Woche? Im Monat? Im Jahr?

Wann hatten Sie das letzte Mal so richtig Spaß? Was haben Sie getan? Mit wem waren Sie zusammen? Wie haben Sie sich dabei gefühlt?

Worüber haben Sie in letzter Zeit richtig lauthals gelacht? Welchen wirklich guten Witz haben Sie in letzter Zeit gehört? Wie haben Sie sich hinterher gefühlt?

Probieren Sie's mal!

Veranstalten Sie einen Spieleabend

Laden Sie ein paar Freunde zu einem Spieleabend ein. Je abwechslungsreicher das Spiel, desto mehr Spaß bringt es. Gut geeignet sind zum Beispiel Scrabble, Trivial Pursuit und Twister.

Liebesspiel

Eine der wunderbarsten Spielwiesen, die uns als Erwachsenen offen steht, ist unsere Sexualität. Wenn wir mit einem anderen liebevollen menschlichen Wesen in intimen Kontakt treten – in einer Atmosphäre der Sicherheit und gegenseitigen Wertschätzung – dann schaffen wir Harmonie in unserem zweiten Chakra und zugleich auch in unserem Herzen.

Der Schlüssel zur heilenden Wirkung des Liebesspiels liegt in jener Atmosphäre der Geborgenheit und gegenseitigen Wertschätzung. Wenn wir den verletzlichsten und empfindsamsten Teil unseres Selbst jemandem öffnen, der dieses Geschenk wirklich anzunehmen versteht, können wir dadurch unsere ganze Seele heilen. Öffnen wir uns hingegen einem Menschen, der uns nicht wirklich liebt und achtet, kann sich das verheerend auf unseren Geist und unsere Seele auswirken, ob wir uns das nun eingestehen wollen oder nicht. Die Sexualität ist die machtvollste Ausdrucksform unserer Lebensenergie, denn sie verleiht uns die Fähigkeit, neues Leben zu erschaffen. Meine Lehrer erklärten mir, dass sich beim Liebesspiel die Lebensenergien beider Partner vereinigen und danach noch für mehrere Wochen verbunden bleiben. Jede Person, mit der Sie sexuellen Kontakt haben, wird während dieser folgenden Wochen ganz real in Ihrem Körper anwesend sein. Wenn dieser Mensch jemand ist, der Sie zärtlich und von ganzem Herzen liebt, kann diese Vereinigung der beiden Energien stärkend und inspirierend wirken. Vereinigen Sie Ihre Energie dagegen mit jemandem, der Ihnen gleichgültig oder lieblos gegenübersteht, kann es sehr schmerzhaft sein, über Wochen mit dieser Energie leben zu müssen. Ob es Ihnen nun gefällt oder nicht, auf der energetischen Ebene gibt es keine folgenlosen One-Night-Stands. Sex ist ein tiefer und lange fortwirkender Austausch, der weitreichende Auswirkungen auf Geist und Seele hat.

In unserer Kultur ist das Genießen der eigenen Sexualität oft eine sehr kurzlebige Erfahrung. Mit etwas Glück erleben manche von uns als Teenager und in den ersten Jahren danach, wenn wir unsere Sexualität entdecken, eine lustvolle Lebensphase. Dann ist unsere Welt von Leidenschaft erfüllt und alles scheint vor Erotik zu knistern. Doch sobald wir heiraten und Kinder bekommen, tauschen wir unsere erotische Energie häufig gegen die »Mama und Papa«-Energie ein, was sich auf Lust und Leidenschaft geradezu tödlich auswirken kann. Unsere Kinder scheinen unser Liebesleben psychisch zu sabotieren. Können Sie sich beispielsweise vorstellen, Ihren Kindern zu sagen, dass Mutti und Vati heute Abend früh ins Bett gehen wollen, um Spaß miteinander zu haben?

Wir müssen uns immer wieder in Erinnerung rufen, dass unser zweites Chakra das Zentrum von Kreativität, Einfallsreichtum und Begierde ist. Sie können all diese Qualitäten nutzen, um für ein aufregendes Liebesleben zu sorgen und diese Leidenschaft über die Jahre lebendig zu erhalten. Dazu müssen Sie sich nur das Recht zugestehen, diesen Aspekt Ihres Wesen uneingeschränkt zu genießen.

Gestatten Sie es sich, Sexualität und Erotik in jeder erdenklichen Weise zu erfahren, die Ihnen gut tut und sich angenehm anfühlt. Erkunden Sie Ihre Sexualität allein und mit Ihrem Partner. Schaffen Sie sich Zeit und Raum, um auf liebevolle und freudige Weise miteinander zu spielen.

Ihr erotisches Selbst

Fühlen Sie sich mit Ihrer Sexualität wohl? Genießen Sie es, erotisch zu sein und sich dementsprechend zu verhalten?

Welche sexuelle Atmosphäre bevorzugen Sie? Gibt es in Ihrem Leben Zeit und die nötige Intimität und Privatheit für sexuelle Spiele?

Wird Ihr Bedürfnis nach Sicherheit und gegenseitiger Achtung und Wertschätzung von Ihrem Partner/Ihrer Partnerin erfüllt?

Und vor allem: Bereitet Ihr Liebesleben Ihnen Freude?

Probieren Sie's mal!

Machen Sie eine Kissenschlacht

Wenn Sie und Ihr Partner das nächste Mal ins Bett gehen, beginnen Sie, statt die Nase in ein Buch zu stecken oder den Fernseher einzuschalten, mit einer Kissenschlacht. Versetzen Sie Ihrem Gefährten oder Ihrer Gefährtin einen spielerischen Schubs mit Ihrem Kissen und fordern Sie ihn oder sie zum Gefecht auf. Eine lustvolle Kissenschlacht ist herrlich fürs innere Kind und mündet oft in höchst sinnliche Freuden.

Das sinnliche Leben

Harmonische Vitalität ist ein Lebensstil. Dazu gehört ein sinnliches waches Lebensgefühl sowie ein ausgeprägtes Gefühl für guten Geschmack. In einem solchen Leben werden Schönheit, Ausgewogenheit und Harmonie gefeiert. Materieller Besitz steht dabei nicht im Vordergrund, auch wenn schöne Dinge eine gut ausbalancierte Vitalität widerspiegeln können. Es geht vielmehr um das Bewusstsein, dass wir zarte und empfindsame Geschöpfe sind, die Süße, Weichheit, Komfort, angenehme Sinnesreize und Schönheit ebenso nötig brauchen wie Sauerstoff und Nahrung.

Alles in Ihrem Leben – von der Kleidung über die Pflege, die Sie Ihrem Körper gönnen, bis zum Zustand Ihrer Wohnung – sollte dieses Bewusstsein zum Ausdruck bringen. Tatsächlich zielt Feng-Shui, die chinesische Kunst der harmonischen Wohnraumgestaltung, darauf ab, eine für das zweite Chakra wohltuende Atmosphäre zu schaffen. Unser Lebensumfeld lädt sich mit Energie auf und entwickelt eine eigene Persönlichkeit, analog zu den Menschen, die dort wohnen oder arbeiten. Denken Sie nur einmal an die Atmosphäre eines Tempels oder einer Kapelle im Vergleich zu der eines Krankenhauses oder einer Arztpraxis. Wir nehmen die atmosphärische Qualität verschiedener Orte durch unser Gefühlszentrum, unser Sinneszentrum auf. Ob wir uns dessen bewusst sind oder nicht, diese jeweilige Qualität hat großen Einfluss darauf, wie wir uns fühlen – und sogar auf unser körperliches Befinden.

Experimentieren Sie damit, indem Sie beobachten, wie sich Ihre Stimmung verändert, wenn Sie in Ihrer Wohnung von Zimmer zu Zimmer gehen. Achten Sie darauf, wie es sich anfühlt, wenn der Raum freundlich und harmonisch wirkt, und wie es Ihnen geht, wenn es sich um ein unaufgeräumtes, unschönes Zimmer handelt. Selbst wenn wir bewusst vielleicht nicht registrieren, welche Wirkung unsere Umgebung auf uns hat, so reagieren wir doch unbewusst darauf. Jedenfalls übt die Atmosphäre meiner Umgebung auf mich einen sehr starken Einfluss aus und kann sich sogar auf meine Gesundheit auswirken. Wenn ich mich in einer behaglichen, warmen und sinnlichen Umgebung aufhalte, spricht mein Körper mit Dankbarkeit und Freude darauf an. Finde ich mich dagegen in einer lieblosen, hässlichen, unharmonischen Umgebung wieder, werde ich gereizt und ängstlich; dann will ich so schnell wie möglich von dort verschwinden.

Versuchen Sie, die Atmosphäre in Ihrem Umfeld stets so schön wie möglich zu gestalten und behalten Sie diese innere Einstellung bei. Sie verfügen über einen sinnlichen Körper, der sich in jeder erdenklichen Weise nach Schönheit und Harmonie sehnt und freudig darauf anspricht. Schönheit ist für uns Menschen außerordentlich wichtig. Mein Lehrer Dr. Trenton Tully sagte einmal zu mir, dass das Erschaffen von Schönheit eine unserer höchsten und segensreichsten Aufgaben sei.

Welche Bedeutung messen Sie in Ihrem Leben der Schönheit bei?

Was ist der unharmonischste oder hässlichste Aspekt in Ihrem Leben?

Können Sie das ändern und die Schönheit wiederherstellen?

Die Vitalität wiederbeleben

Wenn ein leichtes Ungleichgewicht besteht:

- Schauen Sie sich einen romantischen Film an.
- Hören Sie sinnliche Musik.
- Decken Sie den Tisch mit Ihrem besten Geschirr und Silberbesteck, auch wenn Sie niemanden zum Essen erwarten.
- Lassen Sie ein echtes Glamour-Foto von sich machen.
- Essen Sie *ein* Stück richtig gute Schokolade.
- Kaufen Sie sich ein neues Parfüm oder Aftershave.
- Nehmen Sie bei Kerzenlicht ein langes, sinnliches Schaumbad mit Ihrem Lieblings-Badeöl.
- Kaufen Sie sich einen kuscheligen Bademantel.
- Stehen Sie bei Tagesanbruch auf und schauen Sie sich den Sonnenaufgang an.
- Rösten Sie mit Ihren Kindern Marshmallows am Kamin.
- Machen Sie es sich in Ihrem Schaukelstuhl, Ihrer Hollywoodschaukel oder Ihrer Hängematte bequem.
- Besuchen Sie einen Vergnügungspark oder ein Open-Air-Konzert.

Wenn ein moderates Ungleichgewicht besteht:

- Gehen Sie zu einer Theater- oder Ballettaufführung. Auch Amateurtheater- und Schulaufführungen sind durchaus einen Besuch wert.
- Schicken Sie jemand anderem (oder sich selbst) einen Liebesbrief.
- Gönnen Sie sich an einem Nachmittag Pediküre und Maniküre – das gilt für Frauen und für Männer.
- Wenn Sie sich keine professionelle Maniküre oder Pediküre leisten können, schlagen Sie einem guten Freund/einer guten Freundin vor, sich gegenseitig Hände und Füße zu verschönern. (Dieser Tipp zählt doppelt, weil er auch noch die schöne Möglichkeit bietet, daraus ein nettes, spielerisches Erlebnis mit einem anderen Menschen zu machen.)

- Tragen Sie die besten Stoffe, die Sie sich leisten können.
- Gönnen Sie sich einmal in der Woche eine Massage mit Aromatherapie.
- Machen Sie einen Spaziergang im Regen und genießen Sie es, dabei tüchtig nass zu werden.
- Umgeben Sie sich mit Duftkerzen und leiser klassischer Musik.
- Stecken Sie Ihre Nase in einen dicken, romantischen Schmöker.
- Laden Sie einen Menschen, den Sie sehr mögen, zu Brot, Käse, Wein und Dessert ein.
- Laden Sie spontan Ihre besten Freunde zum Essen ein, und schauen Sie sich mit Ihnen eine romantische Komödie an.
- Machen Sie einen Spaziergang durch einen Park oder ein Naturschutzgebiet und hören Sie dazu mit dem Walkman klassische Musik.
- Leihen Sie sich den Film *Out of Rosenheim* von Percy Adlon aus.
- Holen Sie sich Blumen, Düfte, Farben und Kunst ins Haus.

Wenn ein starkes Ungleichgewicht besteht:

- Lassen Sie sich einen tollen neuen Haarschnitt verpassen. (An den meisten Friseurschulen kann man kostenlos Termine bei Hairstylisten erhalten, da dort fast immer Modelle gesucht werden.)
- Reiben Sie ein paar Tropfen der ätherischen Öle Neroli oder Patchouli auf die Innenseiten Ihrer Handgelenke, bis sie sich warm anfühlen, und atmen Sie diesen Duft mehrmals am Tag sanft ein.
- Lassen Sie sich bezüglich Ihrer Garderobe beraten und finden Sie den für Sie optimalen Kleidungsstil.
- Verbringen Sie ein Wochenende auf einer Schönheitsfarm.
- Buchen Sie ein Wochenende in Ihrem Lieblingshotel oder einer Pension auf dem Land. (Achten Sie im Reiseteil Ihrer Tageszeitung auf günstige Wochenendangebote.)
- Verbringen Sie ein Wochenende auf dem schönsten Campingplatz in Ihrer Gegend und nehmen Sie ein paar kulinarische Köstlichkeiten dorthin mit.
- Verschönern Sie Ihr Schlafzimmer und Ihr Bad durch einen neuen Anstrich, sinnliche Bilder an den Wänden und neue Bettwäsche und Handtücher.

- Treten Sie einem Gourmet-, Film- oder Buchklub bei, dessen Mitglieder sich einmal monatlich treffen.
- Spazieren, laufen, radeln oder skaten Sie so oft wie möglich am Ufer eines Flusses, eines Sees oder am Meer.
- Schauen Sie sich still den Sonnenuntergang an.
- Veranstalten Sie für sich eine »War ich nicht toll?!«-Party.

Denken Sie daran, zu Vitalität gehören:

Behaglichkeit
Freude
Romantik
Begierde
Schönheit
Einfallsreichtum
Leidenschaft
Sinnlichkeit
Zuneigung
Stil
Sexualität
Genuss
Süße

Wenn Sie im Bereich Ihres Vitalitätschakras zu neuer Balance und Harmonie gelangen, werden Sie Ihre ganz persönlichen Methoden entdecken, wie Sie diese Harmonie dauerhaft bewahren können. Notieren Sie hier Ihre eigenen Ideen und Einfälle dazu:

Drittes Chakra

Ihre Souveränität

Das dritte Chakra liegt in der Körpermitte, im Solarplexus, auf halbem Weg zwischen dem Bauchnabel und dem Brustkorb. Dieses Chakra herrscht über die Sphäre der Selbstbestimmung, der persönlichen Willenskraft und Entschlossenheit, der physischen Energie und der Selbstkontrolle. Dieses Energiezentrum beeinflusst unser Selbstwertgefühl und spiegelt unsere Fähigkeit wider, unser Leben eigenverantwortlich zu gestalten und mit persönlicher Autorität zu handeln. Es ist das Zentrum, aus dem heraus wir unsere Energie auf persönliche Weise zum Ausdruck bringen. Im Farbspektrum schwingt dieses Chakra in energetischer Resonanz zur Farbe Gelb, wie die Mittagssonne.

Wenn wir das zweite Chakra als das Reich unseres inneren Kindes betrachten, dann entspricht das dritte Chakra dem Bereich unseres Intellekts und unseres inneren Erwachsenen. Wenn wir unsere Vitalität erweckt und ein solides Gleichgewicht im zweiten Chakra geschaffen haben, sind wir fähig, energetisch hinauf ins dritte Zentrum zu reisen. Dort entscheiden wir, welchen Weg wir im Leben einschlagen wollen. Da das dritte Chakra das Reich unserer persönlichen Souveränität ist, verleiht es uns, wenn es gut funktioniert, die Entschlossenheit und Stärke, unserem Kurs treu zu bleiben. Es befähigt uns, »Kapitän unseres eigenen Schiffs« zu werden und unsere Erfahrungen selbst zu steuern. So erkennen wir, worauf es für uns im Leben ankommt, und können kraftvoll und unerschütterlich auf diese Ziele hinarbeiten.

Auf der physiologischen Ebene beeinflusst dieses Chakra den Magen, die Bauchspeicheldrüse, die Nebennieren, den oberen Darm, die Gallenblase und den hinter dem Solarplexus liegenden Teil der Wirbelsäule. Besteht ein Ungleichgewicht im dritten Chakra, können Beschwerden in diesen Bereichen des

Körpers auftreten. Auf intellektueller Ebene bestimmt dieses Energiezentrum, wie es um unsere Entscheidungsfähigkeit, Entschlossenheit und Führungsstärke bestellt ist; emotional inspiriert es die Bereitschaft und die Fähigkeit, unserer Intuition zu vertrauen und entschlossen die Risiken auf uns zu nehmen, die mit einem persönlich befriedigenden und erfüllten Leben einhergehen.

Unsere persönliche Souveränität bestimmt auch unser Selbstbild und unsere Vorstellung davon, wie wir von der Welt wahrgenommen werden. Durch dieses Zentrum entwickeln wir unsere Persönlichkeit und entscheiden, wer wir sein wollen. Hier beschließen wir, welche Masken wir im Leben tragen, in welche Rollen wir schlüpfen und wie wir der Welt begegnen. Die Devise dieses Chakras lautet: »Ich wähle. Ich beschließe. Ich bestimme. Ich will.« Persönliche Souveränität löst in uns die Erkenntnis aus, dass wir selbst es sind, die den Kurs unseres Lebens bestimmen. Sie bewirkt, dass wir unser Glück nicht vom Verhalten anderer Menschen abhängig machen, sondern die Verantwortung dafür selbst übernehmen.

Ihre inneren Glaubenssätze

Das dritte Chakra bestimmt, wie Sie über sich selbst denken. Aus Glaubenssätzen wie »Ich bin erfolgreich«, »Ich bin ein Opfer«, »Ich bin immer hilfsbereit«, »Ich bin eine Arbeitsbiene« oder »Ich bin ein Künstler« formen sich die Konturen Ihrer Persönlichkeit. Wenn Ihre Energie gut ausbalanciert ist, werden Sie sich selbstsicher und wertvoll fühlen und Entscheidungen treffen, die Sie auf Ihrem Lebensweg in optimaler Weise voranbringen. Sie werden in der Lage sein, sich auf Ihre wahren Herzenswünsche zu konzentrieren, und Ihr Verhalten und Ihre Taten werden in völligem Einklang mit Ihren höchsten Zielen stehen. Eine ausgewogene, harmonische Souveränität wird bewirken, dass Sie dem treu bleiben, was für Ihr emotionales, physisches und spirituelles Wohlergehen wesentlich ist. Sie wird Ihnen das Stehvermögen und die Motivation verleihen, sich nicht von Ihrem Kurs abbringen zu lassen, wie auch immer die äußeren Umstände gerade aussehen mögen.

Eine starke persönliche Souveränität sorgt für eine gesunde Selbstachtung, die sich aus Ihrer Entschlossenheit speist, den eigenen Instinkten zu vertrauen und ihnen kompromisslos zu folgen. Sie erzeugt einen hohen Grad an Selbstbewusstsein und die Fähigkeit zu realistischer Selbsteinschätzung. Das wiederum schafft eine solide Grundlage für Integrität und ermöglicht Vertrauen in die eigene und in die menschliche Natur im Allgemeinen Dieses Zentrum ist Ursprung unserer tiefsten Intuition, die uns dazu ermuntert, unser Leben selbst in die Hand zu nehmen und uns dabei völlig auf unsere Eingebungen und leitenden Impulse zu verlassen. Es ist die Quelle von Entschlossenheit und Überzeugung. Ohne diese Energie wären wir nicht in der Lage, das Leben zu führen, das unseren wahren Wünschen entspricht.

Das Souveränitätschakra ist auch die Triebfeder unserer persönlichen Motivation. Dieses Energiezentrum steht in Beziehung zur Lebenskraft der Sonne selbst und belebt unseren physischen Körper. Es fördert unsere Fähigkeit, zielgerichtet und der jeweiligen Situation angemessen zu handeln und unsere Ziele konsequent zu verfolgen. Das dritte Chakra ist zuständig für Entscheidungsvermögen, Hingabe, Ethik, Integrität, Verantwortungsbewusstsein und Tatkraft.

Mut

Wenn Sie über eine gesunde persönliche Souveränität verfügen, versetzt Sie das in die Lage, sich zu behaupten und für Ihre Rechte einzutreten. Dieses Zentrum wird manchmal auch das Krieger-Chakra genannt, weil es uns befähigt, im richtigen Moment Nein zu sagen, uns zu wehren, Grenzen zu ziehen, wütend zu werden, uns gegen Übergriffe zu wehren und Gegnern mutig entgegenzutreten, ohne uns von Furcht überwältigen zu lassen.

Stevens Erlebnis ist ein gutes Beispiel für die Macht persönlicher Souveränität. Steven hatte gerade eine Rückenoperation überstanden und erholte sich allmählich. Eines Abends war er des vielen Herumsitzens müde und ging zu einem Freund, der ein paar Häuserblocks entfernt wohnte. Auf dem Rückweg überkam ihn plötzlich das Gefühl, beobachtet zu werden. Seine Ahnung bestätigte sich, als er einen Mann bemerkte, der plötzlich auf seine Straßenseite herüberwechselte und sich ihm in bedrohlichem Tempo näherte. Stevens erster Gedanke lautete: »Mist! Ich kann wegen meines Rückens nicht schnell weglaufen. Er wird mich überfallen!« Doch dann fiel ihm ein, was ich ihm über die Macht der persönlichen Souveränität erzählt hatte, und er beschloss, dieses Wissen auf die Probe zu stellen. Er legte die Hand auf sein drittes Chakra und stellte sich vor, wie es immer größer und stärker wurde, bis es um ihn herum einen schützenden Energieschild bildete. Sekunden später hörte er hinter sich die rasch näher kommenden Schritte des Mannes. Doch noch ehe er ihn erreicht hatte, drehte sich Steven, der sich jetzt stark und voller Energie fühlte, plötzlich um und stellte sich dem Angreifer entgegen, ohne richtig zu registrieren, dass der eine Pistole auf ihn richtete. Mit einem kräftigen Adrenalinstoß im Blut und im Gefühl völliger Kontrolle über sein drittes Chakra schrie Steven, ohne nachzudenken: »Stopp!

Keinen Schritt weiter! Verschwinden Sie, oder es gibt Ärger!« Der Angreifer war durch Stevens entschlossenes, mutiges Auftreten so geschockt, dass er die Waffe senkte und davonlief.

Kraft schafft Frieden

Souveränität bedeutet Macht und Stärke. Doch wenn dieses Chakra im Gleichgewicht ist, verleiht es uns zugleich auch heitere Ruhe, Sanftheit und Geduld. Dazu kommt es, weil die Energie der Souveränität uns von der Furcht vor anderen Menschen befreit, die uns aggressiv, defensiv und schroff reagieren lässt. Ein wirklich souveräner Mensch ist immer auch ein Friedensstifter, da er sich nicht durch andere bedroht fühlt. Wenn wir unseren Grundsätzen treu bleiben, werden wir auf ganz natürliche Weise die Bedürfnisse und Wünsche anderer Menschen viel stärker wertschätzen und respektieren, weil wir verstehen, wie wichtig dies für unser aller Wohlbefinden ist. Wenn wir uns auf uns selbst verlassen können, können sich auch die anderen auf uns verlassen.

Ein gut ausbalanciertes, harmonisches Souveränitätschakra lässt die Erkenntnis in uns reifen, dass wir nicht allein auf dieser Welt sind; wir müssen mit den anderen zusammenarbeiten und in Frieden leben. Wahre Macht entsteht aus der Einsicht, dass wir alle aufeinander angewiesen sind und dieses Leben gemeinsam leben. Damit überwinden wir unsere selbstsüchtigen Tendenzen, besonders jene, die auf der kindischen Annahme beruhen, andere Menschen seien für unser Glück verantwortlich. Wir erkennen, wie wichtig Kompromissbereitschaft, Zusammenarbeit und Großzügigkeit sind, und entwickeln die Bereitschaft, allen Menschen jenes Recht auf persönliche Erfüllung zuzugestehen, das wir für uns selbst beanspruchen. Uns wird klar, dass andere Menschen weder die Zeit noch die Fähigkeit haben, uns unsere Arbeit abzunehmen. Wenn wir diese Ebene der Verantwortung erreichen, hören wir auf, uns in der Opferrolle zu sehen. Wir entdecken, dass wir aus eigener Kraft in der Lage sind, unsere persönlichen Bedürfnisse zu erfüllen. Dieses Selbstvertrauen ist die Voraussetzung für echte, dauerhafte persönliche Stärke und inneren Frieden.

Wie friedvoll sind Sie?

Haben Sie manchmal das Gefühl, dass andere Ihnen etwas schuldig sind?

Sind Sie willens und in der Lage, selbst die Verantwortung für Ihren Seelenfrieden zu übernehmen?

Sind Sie gegenwärtig in offene oder unausgesprochene Konflikte oder Machtkämpfe verstrickt? Mit wem?

Sind Sie ein Unruhestifter? Brechen Sie Konflikte vom Zaun, um anderen Menschen Ihren Willen aufzuzwingen?

Das Beziehungszentrum

Wenn wir souverän sind, erwecken und stärken wir damit unsere Fähigkeit, aufrecht und unseren Überzeugungen und Wertvorstellungen gemäß zu leben. Ein souveränes Machtchakra verleiht uns Selbstsicherheit, ein gutes Konzentrationsvermögen, Willensstärke, Zuversicht und die ruhige Gewissheit, unser Schicksal selbst bestimmen zu können. Das alles sind unverzichtbare Voraussetzungen für persönlichen Erfolg. Dieses Chakra schenkt uns den Mut, unseren intuitiven Ahnungen zu vertrauen und ihnen gemäß zu handeln. Ein Mensch mit einem authentischen Machtgefühl ist zumeist sehr charismatisch und entwickelt eine unwiderstehliche Anziehungskraft auf andere. Solche Menschen übernehmen oft schon früh im Leben eine Führungsrolle.

Da unsere persönliche Souveränität eine so wichtige Rolle für unsere Beziehung zur Welt spielt, übt dieses Chakra den größten Einfluss auf unser Verhältnis zu anderen Menschen aus, sowohl im privaten als auch im beruflichen Bereich. Authentische zwischenmenschliche Beziehungen hängen zuallererst davon ab, dass wir eine gesunde Beziehung zu uns selbst aufbauen können. Wenn unser Selbstwertgefühl angeschlagen ist, werden auch andere uns nicht respektieren. Wahre Macht gewinnen wir, wenn wir uns selbst uneingeschränkt akzeptieren – und zwar unsere guten ebenso wie unsere schlechten, »hässlichen« Aspekte – und unsere Schattenseiten nicht auf andere Menschen projizieren. Diese Souveränität erlaubt es uns, unser privates »Ich« liebevoll anzunehmen, jenes manchmal ängstliche, schwache, faule, manipulative, kindische »Ich« hinter der Maske, die wir der Öffentlichkeit präsentieren. Das heißt nicht, dass wir diese negativen Aspekte pflegen oder entschuldigen sollen. Es geht vielmehr darum, sie bewusst wahrzunehmen und dann zu überwinden. Meine Lehrer haben mir immer wieder gesagt, dass es schädlich und mitunter gefährlich ist, die eigenen Schwächen zu leugnen. Wir können diese Wesensaspekte, die uns einschränken und an unserer Kraft zehren, nur überwinden, wenn wir ihr Vorhandensein anerkennen. Erst dann gewinnen wir echte Kontrolle über unser Schicksal. So wie eine Armee nur so stark ist wie ihr schwächstes Glied, sind auch wir nur so stark wie unsere persönlichen Schwächen. Solange wir sie nicht anerkennen, können wir uns in diesen Bereichen nicht weiterentwickeln und stärken. Auf dieser Bewusstseinsebene werden wir spirituell reifer und erkennen, dass dies unser Leben ist und dass kein anderer Mensch es für uns leben kann. Wenn wir unsere Schwächen akzeptieren und beginnen, an unserer persönlichen Entwicklung zu arbeiten, spüren wir unsere Macht und unser volles Potenzial, das wir in diesem Leben verwirklichen können. Unser Dasein wird immer aufregender, und die Welt erscheint uns wie ein Ort voller Abenteuer und Wunder.

Mit welchen Teilen Ihrer Persönlichkeit sind Sie unzufrieden?

Sind Sie ein Opfer? Haben Sie das Gefühl, dass die Welt sich gegen Sie verschworen hat?

Sind Sie ein Perfektionist? Glauben Sie, Ihre Schwächen verbergen oder andere Leute auf Distanz halten zu müssen?

Unternehmen Sie konkrete Schritte, um sich Ihren Schwächen zu stellen und an sich zu arbeiten?

Haben Sie schon einmal daran gedacht, bei Ihrer Persönlichkeitsentwicklung und der Überwindung Ihrer Schwächen professionelle Beratung in Anspruch zu nehmen?

Macht und Kontrolle

Jedes Mal, wenn Sie sich mit anderen auf eine psychische Übereinkunft einlassen, die besagt, dass diese anderen mächtiger sind als Sie, geben Sie Ihre Souveränität preis. Sie geben Ihre persönliche Macht an die anderen ab und lassen es zu, dass diese Macht gegen Sie verwendet wird. Manchmal mögen Sie sich dessen bewusst sein, etwa wenn Sie in unerfreulichen Arbeitsbedingungen ausharren, obwohl Sie wissen, dass das nicht gesund für Sie ist. Die meisten Leute sind sich dieser Übereinkünfte, die sie ihrer Macht berauben, jedoch nicht bewusst. Solche Erfahrungen, bei denen die Energie des dritten Chakras unterdrückt wird, stehen hinter den meisten Co-Abhängigkeiten und suchthaften zwischenmenschlichen Beziehungen.

Wenn Sie aus Furcht vor einer Sache oder Person Ihr drittes Chakra blockieren, schwächen Sie damit auch Ihrem Körper. Ihre Nebennieren laufen auf Hochtouren, Ihr Herz rast, ihr Magen krampft sich zusammen und Sie halten den Atem an. Die unvermeidliche Folge ist eine körperliche Schwächung. Wir alle kennen derartige Situationen. Sie werden zu Ihrem Chef ins Büro gerufen, der Sie immer wieder einschüchtert; der lästige Nachbar fängt wieder einmal an, sich zu beschweren, oder Ihr Arzt lässt seine schlechte Laune an Ihnen aus, statt Ihnen mit Aufmerksamkeit und Achtung zu begegnen. In solchen Momenten, wenn wir uns bedroht oder einer Situation nicht gewachsen fühlen, bereitet unser drittes Chakra, das die Kampf-oder-Flucht-Reaktion steuert, uns auf das Schlimmste vor.

Das geschieht beispielsweise bei Gewalt in der Ehe oder gegen Kinder – Delikte, die in Haushalten, in denen Drogen- und Alkoholprobleme bestehen, gehäuft auftreten. Mim, eine meiner Klientinnen, war eine sehr fleißige und talentierte Immobilienmaklerin. Sie hatte eine wirklich glückliche Hand darin, ältere Häuser zu erwerben, sie zu renovieren und dann mit gutem Gewinn weiterzuverkaufen. Mit der Zeit machte sie damit ein Vermögen und fand in ihrer Branche große Anerkennung. Doch trotz ihrer geschäftlichen Erfolge war Mim die geschundene, missbrauchte, verängstigte Ehefrau eines alkoholabhängigen Rechtsanwalts. Obwohl sie über Weitblick und einen scharfen Verstand verfügte, schikanierte er sie mit ständiger Kritik an ihren geschäftlichen Entscheidungen, beschuldigte sie der Inkompetenz und bestand darauf, dass sie jeden verdienten Dollar bei ihm ablieferte. Immer wieder steigerte er sich in heftige Wutanfälle hinein, warf ihr Schimpfnamen an den Kopf, und manchmal schlug er sie sogar. Obwohl sie längst bewiesen hatte, dass sie geschäftlich auf eigenen Füßen stehen konnte, war sie wie gelähmt und unfähig, ihn zu verlassen. Sie war in dem Glauben erzogen worden, eine gute Ehefrau müsse ihrem Mann gehorchen.

Leider kannte Mims Mann weder inneres Gleichgewicht noch Fairness; er war gierig, suchtkrank und ehrgeizig, und es war gefährlich, sich in seiner Nähe aufzuhalten. Zwar sah Mim ein, dass sie sich unbedingt von ihm scheiden lassen sollte, aber ihre persönliche Souveränität war so geschwächt, dass sie ohne seine Erlaubnis keinen Fuß vor die Tür setzte. Erst als er ihr das Nasenbein brach, erwachte schließlich ihr Widerstandsgeist. Sie ging zu einer Selbsthilfegruppe für misshandelte Frauen, begann eine Psychotherapie und nahm sich den besten Scheidungsanwalt weit und breit. Und doch war es immer noch ein schwerer Kampf für sie, ihre persönliche Macht wiederzugewinnen. Schließlich besuchte sie einen Selbstverteidigungskurs. Diese körperliche Kräftigung half ihr, sich auch auf psychischer Ebene besser zu behaupten. Zwei Jahre später, nachdem die Scheidung rechtskräftig geworden war, erkrankte ihr Ex-Mann unheilbar an Leberzirrhose. In der Rückschau erscheint es ihr unbegreiflich, warum sie solche Angst vor ihm hatte und seine Misshandlungen so lange ertrug. Sein Verhalten war jedenfalls keineswegs Ausdruck persönlicher Stärke gewesen. Als sie ihn in seinem jetzigen kranken und elenden Zustand sah, wurde ihr klar, dass er viel schwächer war und sich viel mehr vor dem Leben fürchtete als sie. »Jetzt, wo ich gelernt habe, meine eigene Macht zu spüren und einzusetzen, gibt es kaum noch etwas, wovor ich Angst habe«, sagte sie. »Er hat mich dazu herausgefordert, stärker zu werden, und dafür bin ich ihm dankbar, denn jetzt verspüre ich inneren Frieden und habe keine Angst mehr.«

Fürchten Sie sich vor irgendetwas oder irgendjemandem? Wovor? Vor wem?

Haben Sie das Gefühl, sich den Forderungen oder Drohungen einer Person, mit der Sie zusammenleben, unterwerfen zu müssen?

Haben Sie je Schritte unternommen, der Person oder den Personen, die Sie einschüchtern, mit Souveränität und Stärke zu begegnen?

Haben Sie schon einmal an einem Selbstverteidigungskurs teilgenommen? Wie würden Sie sich verteidigen, wenn Sie in eine bedrohliche Situation gerieten?

Legen Sie selbst einschüchternde Verhaltensweisen an den Tag? Verlangen Sie von anderen, dass sie sich Ihrem Willen beugen? Verletzen Sie die Persönlichkeitsrechte anderer?

Wie habe ich meine persönliche Macht verloren?

Oft fragen mich die Leute: »Wie konnte es geschehen, dass ich meine persönliche Macht verloren habe?« Manche von uns lernen, wie Mim, schon in der Kindheit, sich äußeren Autoritäten zu beugen. Im Kleinkindalter, wenn wir noch nichts von den Gefahren der Welt wissen, ist das zweifellos sinnvoll und notwendig, doch wenn wir heranwachsen, sollten unsere Eltern uns allmählich mehr Raum geben, unsere Macht zu entdecken und unseren eigenen Kurs zu bestimmen. Wenn man uns zwingt, uns ohne vernünftigen Grund einer Autorität zu beugen, die selbstherrlich und willkürlich ausgeübt wird, hemmt das die Entwicklung unserer Souveränität.

Wenn das geschieht, leben wir in ständiger Furcht. Wir hören nicht auf unsere Intuition und versäumen es, dem Ruf unserer wahren Bestimmung zu folgen – aus Angst, auf Ablehnung oder Missbilligung zu stoßen und allein gelassen zu werden. Denn schließlich haben wir genau diese Erfahrung in der Kindheit immer wieder machen müssen.

Die emotionalen Folgen einer schwachen Souveränität sind Co-Abhängigkeit (ein Zustand, in dem es uns wichtiger ist, andere zufrieden zu stellen, als uns selbst), Depression, Sucht und unterdrückte Wut. Das kann zu Verdauungsproblemen, Magengeschwüren, Darmreizungen, Gallenblasenbeschwerden, Fettansatz um die Körpermitte und Appetitverlust führen. Der spirituelle Verlust besteht darin, dass wir unfähig sind, unsere persönliche Wahrheit, unser authentisches Selbst zu leben.

Testen Sie Ihre persönliche Macht

	ja	nein	manchmal
Fällt es Ihnen leicht, Nein zu sagen?	☐	☐	☐
Sind Sie in der Lage, Verpflichtungen zu übernehmen und sie dann auch zu erfüllen?	☐	☐	☐
Sagen Sie offen und ohne Angst Ihre Meinung?	☐	☐	☐
Respektieren Sie die Bedürfnisse Ihres Körpers (Schlaf, wenn Sie müde sind, Essen, wenn Sie hungrig sind, Ruhe, wenn Sie erschöpft sind)?	☐	☐	☐

	ja	nein	manchmal
Basieren Ihre zwischenmenschlichen Beziehungen auf gegenseitiger Achtung?	☐	☐	☐
Können Sie Ihre Bedürfnisse klar und offen ausdrücken?	☐	☐	☐
Können Sie es anderen gestatten, unglücklich zu sein oder sich schlecht zu fühlen, ohne dass Sie versuchen, sie aus dieser Situation herauszuholen?	☐	☐	☐
Tun Sie für sich selbst genauso viel wie für andere?	☐	☐	☐
Können Sie Ihre Grenzen schützen, ohne zu explodieren und übermäßig wütend zu reagieren?	☐	☐	☐
Können Sie Autoritätspersonen ohne Angst gegenübertreten?	☐	☐	☐
Tun Sie im Leben wirklich das, was Ihnen am Herzen liegt?	☐	☐	☐
Sind Sie zufrieden mit den Entscheidungen, die Sie im Leben treffen?	☐	☐	☐
Engagieren Sie sich für Dinge, die Ihnen wichtig sind?	☐	☐	☐
Haben Sie Freunde, von denen Sie sich aufrichtig unterstützt fühlen?	☐	☐	☐
Haben Sie das Gefühl, ein eigenverantwortliches Leben zu führen?	☐	☐	☐
Können Sie für sich selbst sorgen?	☐	☐	☐
Fühlen Sie sich im Umgang mit anderen sicher?	☐	☐	☐

Wenn Sie auf eine dieser Fragen mit Nein geantwortet haben, ist Ihre Souveränität nur geringfügig beeinträchtigt. Haben Sie zwei oder drei Fragen mit Nein beantwortet, besteht ein leichtes Ungleichgewicht, und Sie sollten die Vorschläge zur Behebung eines leichten Ungleichgewichts am Ende dieses Kapitels aufgreifen. Wenn Sie auf vier bis sieben Fragen mit Nein geantwortet haben, besteht ein moderates Ungleichgewicht. Folgen Sie dann den Vorschlägen für ein moderates Ungleichgewicht. Haben Sie auf acht oder mehr Fragen mit Nein geantwortet, ist Ihre Souveränität ernsthaft beeinträchtigt, und Sie sollten die Vorschläge für ein starkes Ungleichgewicht in die Tat umsetzen, damit eine Heilung möglich wird und Sie neue Lebensfreude gewinnen.

Sich seine Macht zurückholen

Wenn unsere persönliche Souveränität aus dem Gleichgewicht geraten ist, können wir dieses Energiezentrum nur schwer aus eigener Kraft heilen. Wir brauchen die Unterstützung und Hilfe anderer, um die Isolation zu beenden, die uns immer weiter schwächt. Manche Menschen sind jedoch so feinfühlig und empfindsam, dass sie oft Mühe haben, ihre eigenen Bedürfnisse von denen der anderen zu trennen, wenn sie ihre persönlichen Grenzen stärken wollen. Sollte das bei Ihnen der Fall sein, brauchen Sie vielleicht für eine Weile therapeutische Hilfe, während Sie daran arbeiten, stärker und souveräner zu werden.

Jennie, eine meiner Klientinnen, arbeitete als Massage-Therapeutin. Sie bat um eine Beratung, weil sie mit finanziellen Problemen zu kämpfen hatte. Obwohl sie sehr schwer arbeitete, war sie nicht in der Lage, ihre Rechnungen zu bezahlen und ihre laufenden Kosten zu bestreiten. Sie war erschöpft, verschuldet und wütend. Wie sich herausstellte mangelte es Jennie ganz erheblich an Souveränität, was dazu führte, dass andere Leute ständig auf ihr herumtrampelten. Freunde baten sie häufig um kostenlose Massagen, die sie natürlich auch erhielten, obwohl Jennie das eigentlich gar nicht wollte. Wenn Klienten sich über die Höhe ihres Honorars beschwerten – Jennie war eine hervorragende Heilerin, berechnete für ihre Dienste aber sehr moderate Gebühren –, ging sie sofort darauf ein und bot ihnen an, dass sie nur so viel zu bezahlen brauchten, wie sie für angemessen hielten. Das führte dazu, dass Jeannie für ihre Arbeit oft überhaupt kein Geld bekam. Andere erschienen verspätet zu Terminen oder – was noch schlimmer war – kamen überhaupt nicht. Wenn sie dann anrief und nachfragte, bekam sie nur lahme Ausreden zu hören.

Zum schlechten Gang ihrer Geschäfte war Jennie obendrein auch noch von einer Schar jammernder »Freunde« umgeben, die sie oft in den ungünstigsten Momenten anriefen, sie um Geld oder sonstige Unterstützung baten und mit allerlei Problemen behelligten, für die Jennie natürlich stets ein offenes Ohr hatte. Kein Wunder, dass sie pleite, überfordert und erschöpft war. Sie führte eine Niedrigpreis-Massagepraxis und betätigte sich nebenbei auch noch als Telefonseelsorgerin. Ihre Unfähigkeit, Nein zu sagen, rechtfertigte sie vor sich selbst damit, dass sie doch schließlich ein »guter, hilfsbereiter Mensch« sei. In Wahrheit verbarg sich darunter jedoch eine deprimierte, wütende Frau, die einen tiefen Groll gegen die Leute hegte, die sie ständig ausnutzten. Vor allem aber war sie wütend auf sich selbst, weil sie das alles mit sich machen ließ.

Ihrem Wesen nach war Jennie Pazifistin. Ihre Fähigkeit, Grenzen zu ziehen, war schwer beeinträchtigt. Eine Konfrontation mit anderen Menschen fand sie so beunruhigend, deren Energie so übermächtig, dass sie jedes Mal ihre guten Vorsätze vergaß und nur darauf bedacht war, den lieben Frieden zu wahren. Später dann, wenn sie wieder allein war, ärgerte sie sich – gewissermaßen in einer Verzögerungsreaktion – heftig über sich selbst.

Unter Berücksichtigung von Jennies Wesen riet ich ihr, die Dinge realistisch zu betrachten und eine andere Herangehensweise zu versuchen. Da es ihr so außerordentlich schwer fiel, ihre Grenzen zu schützen, und das vermutlich auch weiterhin so bleiben würde, empfahl ich ihr, eine Sekretärin einzustellen, die ihr diese Aufgabe abnahm. Dann konnte jemand anders für sie »hart« bleiben, während sie selbst die sanfte Haltung beibehalten konnte, die sie für ihr energetisches Wohlbefinden brauchte. Sie empfand diesen Schritt als ziemlich radikal und machte sich Sorgen, ob sie ihn finanziell verkraften konnte. Doch in der folgenden Woche setzte sie meinen Rat in die Tat um, und das Drama nahm schon bald eine glückliche Wendung. Der Sekretärin fiel es überhaupt nicht schwer, klare Grenzen zu ziehen, und für Jennies Praxis erwies sich das als wahrer Segen. Die Leute sahen ein, dass sie Jennie nur dann aufsuchen konnten, wenn sie die Termine einhielten und sie für ihre Arbeit angemessen bezahlten. Mit Hilfe der Sekretärin lernten Jennies Klienten, Jennie zu respektieren, und Jennie lernte, sich selbst zu achten. Dank dieser klar gezogenen Grenzen nahm Jennies Souveränität spürbar zu, auch wenn sie noch eine Menge lernen musste, was die Erlangung persönlicher Macht anging. Aber immerhin hatte sie nun die richtige Richtung eingeschlagen.

Nennen Sie drei typische Situation, in denen Sie es dulden, dass andere Ihre Grenzen missachten:

1. ____________________

2. ____________________

3. ____________________

Nennen Sie drei Möglichkeiten, wie Sie auf angemessene Weise Grenzen ziehen und Ihre Selbstachtung stärken können:

1. ____________________

2. ____________________

3. ____________________

Ein starkes, stabiles drittes Chakra zeigt sich darin, dass Ihr Leben ziemlich reibungslos verläuft, Sie über Selbstvertrauen verfügen und sich von anderen respektiert fühlen. In welchem Zustand dieses Chakra ist, können Sie auch daran erkennen, wie sehr Wut und Frustration Ihnen zu schaffen machen und wie wohl Sie sich mit den von Ihnen getroffenen Entscheidungen fühlen. Vor allem aber lässt sich das Ausmaß Ihrer persönlichen Macht an Ihrer Fähigkeit ablesen, Grenzen zu ziehen und diese gegen Übergriffe zu sichern.

Wie respektiert fühlen Sie sich?

____

Sind Sie oft wütend oder unsicher?

____

Ziehen Sie anderen gegenüber klare Grenzen?

____

Atem ist Macht

Einer anderen Klientin, Sara, mangelte es ebenfalls an Souveränität und sie litt, wie sie sagte, unter dem »Ich bin in Schwierigkeiten«-Syndrom. Sie war seit fünfundzwanzig Jahren mit einem reichen, aber tyrannischen Mann verheiratet, der sie genauso schlecht behandelte wie früher ihr Vater. Schließlich fand sie heimliche Unterstützung im Internet, wo sie sich einer Chat-Gruppe anderer von ihren Männern schikanierter Hausfrauen anschloss. Eines Tages kam ihr Mann früher als sonst von der Arbeit zurück und ertappte sie dabei, wie sie am Computer saß; als er sah, worüber in dieser Gruppe gechattet wurde, bekam er einen Wutanfall. Er verbot ihr, je wieder den Computer zu benutzen. Doch kaum eine Minute, nachdem er am nächsten Morgen das Haus verlassen hatte, saß sie natürlich wieder vor dem Bildschirm und setzte ihre heimliche Rebellion fort, die ihr nun noch mehr Spaß machte.

Alles ging gut, bis Sara eines Tages – ein paar Minuten, bevor ihr Mann von der Arbeit kam – der Computer abstürzte. Sie geriet in Panik. Dann erinnerte sie sich an einen Hinweis, den ihr eine der Frauen, mit denen sie chattete, gegeben hatte. Diese Frau hatte ihr geraten, sie solle immer, wenn sie sich bedroht oder ängstlich fühle, die Hände in Bauchmitte über ihr drittes Chakra legen und sehr bewusst und langsam atmen, bis sie sich ruhiger fühle. Wenn Sie diesen Rat befolgen, werden Sie sich rasch stärker und besser beschützt fühlen. Der Atem schenkt uns Leben; er ist die Quelle unserer Kraft und unserer Macht. Wenn wir Angst bekommen, halten wir oft unbewusst den Atem an, wodurch unsere Lebensenergie und unserer Kraft vermindert wird. Dem können wir entgegenwirken, indem wir bewusst auf unseren Atem achten und während eines bedrohlichen Erlebnisses – sei es real oder nur in unserer Phantasie – gleichmäßig und tief atmen, bis unser Gleichgewicht und unsere Kraft zurückkehren. Sara hatte diese Methode bislang ziemlich weit hergeholt und albern gefunden, doch jetzt war sie verzweifelt genug, es auszuprobieren. Sie legte ihre rechte Hand auf den Bauch und konzentrierte sich darauf zur Ruhe zu kommen, indem sie tief und gleichmäßig atmete. Schon nach ein paar Sekunden fühlte sie sich tatsächlich besser. Fasziniert atmete sie weiter tief in ihre Angst hinein und drückte versuchsweise ein paar Tasten. Nach dem zweiten oder dritten Versuch erwachte der Computer wieder zum Leben. Mit einem Seufzer der Erleichterung konnte sie ihn abschalten – wenige Sekunden, bevor der Wagen ihres Mannes in der Einfahrt hielt.

Ermuntert durch dieses Erlebnis und ihre neue Methode zur Bekämpfung der Angst, wiederholte sie die Übung nun auch bei anderen Gelegenheiten, wenn sie Angst vor ihrem Mann hatte oder sich von ihm eingeschüchtert fühlte. Immer mehr schwand ihre Furcht vor seinen Wutausbrüchen dahin, und er wirkte auf sie längst nicht mehr so bedrohlich. Bald begann Sara, sein ewiges Schimpfen zu ignorieren, statt darauf zu reagieren. Manchmal amüsierte sie sich sogar darüber. Mit nur zwei Wochen konsequentem Einsatz dieser einfachen Technik gelang es Sara, ein schmerzhaftes Muster zu durchbrechen, mit dem sie sich seit über fünfundzwanzig Jahren herumgequält hatte. Ihr bewusstes tiefes Atmen befreite sie von der Angst und dem Stress, die jeder seiner Wutanfälle in ihr ausgelöst hatte, und schenkte ihr ein neues Leben.

Probieren Sie's mal!

Energetischer Selbstschutz

Wenn jemand sich Ihnen gegenüber aggressiv verhält, so dass Sie sich bedroht fühlen, sollten Sie die Kontrolle über die Situation zurückerlangen. Legen Sie dazu Ihre Hände auf den Solarplexus und stellen Sie sich lebhaft vor, wie Ihr drittes Chakra immer stärker und wärmer wird, bis es Ihre Aura völlig ausfüllt. Atmen Sie so tief wie möglich ein und visualisieren Sie – die Hände weiterhin auf dem dritten Chakra – die aggressive Person. Atmen Sie dann so heftig und kraftvoll aus, wie Sie nur können, so dass es beinahe wie ein wütendes Schnauben klingt. Dabei stellen Sie sich vor, Sie würden den Störenfried regelrecht ausatmen, so dass er mit der entweichenden Luft aus Ihrer persönlichen Sphäre herausgeschleudert wird. Möglicherweise werden Sie sich bei dieser Übung etwas unbehaglich fühlen, aber genau diese Art der Entschlossenheit und Selbstbehauptung stärkt Ihr drittes Chakra und ermöglicht es Ihnen, andere angemessen in ihre Schranken zu weisen.

Probieren Sie's mal!

Die goldene Scheibe

Diese Übung stammt aus den Kampfkünsten und dient dazu, das dritte Chakra auszubalancieren und zu erwecken. Wenn Sie sich ängstlich fühlen oder Ihre Willenskraft stärken wollen, stehen Sie auf, atmen Sie tief durch und legen Sie eine Hand unterhalb der Rippen auf den Solarplexus. Imaginieren Sie möglichst ruhig, wie eine goldene Scheibe diesen Teil Ihres Körpers bedeckt. Stellen Sie sich vor, dass diese goldene Scheibe alle schädlichen Energien abprallen lässt, die absichtlich oder unbeabsichtigt auf Sie gelenkt werden. Atmen Sie dabei langsam und tief.

Setzen Sie diese Übung für mindestens zwei Minuten fort, wenn möglich, noch länger, bis Sie sich ruhig und völlig entspannt fühlen und wieder in Kontakt mit Ihrer persönlichen Kraft kommen.

Probieren Sie's mal!

Schützen Sie Ihren Solarplexus

Eine Variante der goldenen Scheibe besteht darin, dass Sie vor Ihrem Solarplexus, dem Bereich Ihres dritten Chakras, schützend die Hände falten, wenn Sie mit jemandem sprechen, vor dem Sie Angst haben oder der eine negative oder beunruhigende Wirkung auf Sie ausübt. Noch besser ist es, wenn Sie Ihren Körper zusätzlich etwas von der Person wegdrehen, so dass Sie ihr nicht genau gegenüberstehen oder -sitzen; dadurch verhindern Sie, dass die Energie dieser Person durch den Solarplexus in Ihr Energiefeld eindringt. Dies wirkt bei mir wahre Wunder, wenn ich mit einem übermäßig emotionalen Klienten arbeite. Es ermöglicht mir, den Ablauf ruhig zu beobachten, ohne die Energie des Klienten aufzunehmen. So kann ich mit ihm arbeiten und ihn beraten, ohne mich von seiner Negativität anstecken zu lassen. Diese Technik wird auch bei Ihnen funktionieren, besonders wenn Sie es mit einem schwierigen Menschen zu tun haben oder sich eingeschüchtert fühlen. Als zusätzliche Schutzmaßnahme sollten Sie liebevolle Gedanken auf die andere Person ausstrahlen, damit sie spürt, dass von Ihnen keine Bedrohung ausgeht.

Lachen ist die beste Medizin

Ein weiteres unglaublich wirkungsvolles Tonikum für das dritte Chakra ist es, wenn Sie über das Leben lachen, besonders über jene lästigen und ärgerlichen Dinge, die sich Ihnen auf dem Weg zu Ihrem wahren Selbst als Hindernisse in den Weg stellen.

Mein Rhetoriklehrer an der High School empfahl uns, wenn wir uns beim Sprechen vor Publikum ängstlich oder eingeschüchtert fühlten, wir sollten uns vorstellen, dass alle diese Leute in Unterwäsche dasäßen. Diese Vorstellung war so komisch, dass sie die Welt wieder ins richtige Lot rückte. Wir verloren unsere Angst und machten bei öffentlichen Vorträgen von da an meistens eine gute Figur.

Wenn Sie über etwas lachen, verliert es seine Macht über Sie. Diese Erfahrung machte ich schon in der Grundschule, als ich schreckliche Angst vor unser Direktorin Schwester Mary Norbert hatte. Sie war eine riesengroße, Düsternis ausstrahlende deutsche Nonne, die niemals lächelte und von allen Schulkindern gefürchtet wurde. Im Frühjahr meines ersten Schuljahres, während unserer Karnevalsfeier, geriet meine Freundin Susie mit einem kandierten Apfel in der Hand ins Stolpern und fiel von hinten gegen Schwester Norbert. Ihr Apfel blieb am Schleier der Nonne kleben. Als Susie versuchte, ihn wieder wegzuziehen, löste sich der ganze Schleier, und darunter kam Schwester Norberts fast völlig kahler Kopf zum Vorschein. Ich fand das Ganze so komisch, dass ich mich vor Lachen krümmte. Die Schwester rannte aufgeregt in ihr Büro, um sich dort wieder herzurichten – mein heftiges Lachen hatte sie wohl gar nicht bemerkt. Von diesem Moment an konnte ich vor Schwester Norbert einfach keine Angst mehr haben.

Wenn Sie das Gefühl haben, dass eine Situation Sie schwächt und verunsichert oder dass Sie sie zu ernst nehmen, sollten Sie bewusst versuchen, sich zum Lachen zu bringen. Sie können sich im Kino einen lustigen Film anschauen oder sich ein entsprechendes Video ausleihen. Sie können mit einem Freund den Live-Auftritt eines Komikers oder Kabarettisten anschauen, ein witziges Buch lesen oder ins Boulevardtheater gehen. Zu den Lieblingssprüchen meiner Mutter gehörte: »Die Lage ist kritisch, aber nicht ernst.« Mit anderen Worten: Mit einer Prise Humor lässt sich jede schwierige Situation besser meistern.

Probieren Sie's mal!

Lachmedizin aus der Videothek

Wenn Sie sich wieder einmal total niedergeschlagen und humorlos fühlen, sollten Sie in Ihrer Videothek einen Blick in das Regal mit den Komödien werfen. Da finden Sie neben neueren Komödien auch Klassiker wie *Eine total, total verrückte Welt* oder *Manche mögen's heiß*. Auch alte Laurel & Hardy-Klamotten oder die Filme der Marx Brothers eignen sich gut für diesen Zweck.

Des Guten zu viel

So wie ein Mangel an Souveränität Probleme schafft, ergeht es uns auch mit dem Versuch, durch Überkompensation diese Energie auszubalancieren. Unser Machtzentrum kann sich übermäßig aufblähen, wenn wir krampfhaft versuchen, unser Leben unter Kontrolle zu bekommen. Überkompensation kann einen Menschen engstirnig, verbohrt, unnachgiebig und geistig unbeweglich machen. Im Extremfall kann sie auch zu einschüchterndem, tyrannischem, aggressivem und gefühllosem Verhalten führen. In unserer konkurrenzorientierten Gesellschaft werden solche Eigenschaften als durchaus nützlich und wünschenswert betrachtet. Menschen mit einem aufgeblähten dritten Chakra steigen häufig in einflussreiche Führungspositionen auf, wo sie Macht über andere ausüben können.

Im Hinblick auf weltliche Erfolge und Leistungen ist ein hyperaktives drittes Chakra also von Vorteil. Aus einer höheren Perspektive betrachtet, verursacht ein aufgeblähtes Machtzentrum aber Probleme. Solche Menschen werden leicht zu Workaholics oder neigen zu Dogmatismus und Herrschsucht. Auch handeln sie sich damit, dass sie meist nur ihre eigene Meinung gelten lassen, viele zwischenmenschliche Probleme ein. Es fällt ihnen oft schwer, sich in andere Menschen hineinzuversetzen oder Situationen richtig zu beurteilen. Auch wenn sie zweifellos »Macher« sind, glauben sie häufig, dass nur das, was sie wollen, zählt. Menschen mit einem überentwickelten Machtzentrum sind oft genauso ängstlich wie jene mit einem schwachen dritten Chakra. Allerdings packen sie das Leben, statt sich von ihm niederdrücken zu lassen, kurzerhand bei den Hörnern. Das ist sicherlich die wünschenswertere Methode, es sei denn, man umklammert die Hörner so fest, dass man sich gar nicht mehr traut, sie loszulassen. Wenn das geschieht, schränkt man die eigenen Erfahrungsmöglichkeiten beträchtlich ein.

Ein weiteres Anzeichen für ein überentwickeltes Machtzentrum ist eine autoritäre Persönlichkeit. Ein stark ausgedehntes Energiefeld übt einen großen Einfluss auf andere Menschen aus, jedoch oft auf wenig wünschenswerte Weise. Manchmal verraten manipulative Verhaltensweisen dieses Ungleichgewicht, wenn etwa Schmeicheleien und Geschenke dazu benutzt werden, Kontrolle über andere auszuüben und sich dadurch sicherer zu fühlen, oder wenn sich jemand übertrieben höflich verhält (solange man tut, was er von einem verlangt).

Ein aufgeblähtes Souveränitätschakra verleitet dazu, extrem hart zu arbeiten, und die Leistungen solcher Menschen können wirklich eindrucksvoll sein. Selbst die »Macher«- und Führungsrolle innezuhaben und nicht bloß ausführendes Organ für andere zu sein, vermittelt ihnen ein Gefühl der Kontrolle. Es überrascht nicht, dass viele von ihnen zu Workaholics werden, die ihre Arbeit dazu benutzen, sich gegen unangenehme Gefühle abzuschotten oder sich selbst und anderen ihren Wert zu beweisen. In Wahrheit laufen diese Leute aber gar nicht souverän an der Spitze – vielmehr jagt das Leben sie vor sich her. Es fällt ihnen sehr schwer, ihr Tempo zu drosseln und sich zu entspannen. Das mag für Sie schrecklich klingen, und Sie fragen sich vielleicht, wer schon freiwillig ein solches Dasein führen möchte. Und doch gehören dazu gewiss auch Menschen, die Sie schätzen und bewundern. Es könnte der Schuldirektor sein, der Trainer der örtlichen Fußballmannschaft oder die Sekretärin, die sich noch nie im Leben krank gemeldet hat. Diese Leute sind selbst ihre schlimmsten Feinde. Ich kann das beurteilen, denn ich gehöre auch dazu.

Mein Machtzentrum tendiert sehr dazu, sich übermäßig aufzublasen, denn als Kind wurde ich immer dafür belohnt, ein gutes, fleißiges Mädchen zu sein. Wie viele Kinder hatte ich Angst davor, nicht geliebt und respektiert zu werden. Als eines von sieben Geschwistern lernte ich früh, dass ein guter Weg, Aufmerksamkeit zu erhalten, darin bestand, in die Rolle der »fleißigen Biene« zu schlüpfen. Ich wurde ziemlich erfolgreich und genoss es, gute Noten zu bekommen und die beste Schülerin, die beste Cheerleaderin, die beste Losverkäuferin, die beste Babysitterin und überhaupt bei allen Aufgaben die Beste zu sein. Das ständige Machen, Machen, Machen – und es dann auch noch besonders gut zu machen – verlieh mir ein Gefühl der Stärke und Kontrolle und brachte mir Anerkennung ein. Doch leider kann der Motor der »Macherin« heißlaufen, und heute muss ich bei meiner Arbeitsauffassung einen Gang zurückschalten und lernen, mich zu entspannen – vor allem, da ich meine Arbeit wirklich liebe. Aber ich liebe auch meine Familie, und sie leidet unter meiner Arbeitswut; mein Mann und meine Kinder möchten, dass ich mich für ihre Erfahrungen und ihre Bedürfnisse ebenso interessiere wie für meine eigenen, und das zu Recht. Was das Harmonisieren meines dritten Chakras angeht, sind meine Kinder meine Lehrmeister. Sie verlangen, dass ich mich für ihr Leben interessiere; sie wollen, dass ich mit ihnen spiele und die Zügel des Lebens für ein Weilchen loslasse. Und das ist auch richtig so. Wahre Stärke und wahres Vertrauen entstehen, wenn wir uns unserer Grenzen ebenso bewusst sind wie unserer Möglichkeiten. Mein Lehrer sagte einmal zu mir: »Manchmal ist es das Wirkungsvollste im Leben, nichts zu tun.«

Sind Sie ein Workaholic? Bürden Sie sich ständig zu viel auf?

____

Können Sie sich zwischendurch entspannen und das Leben genießen?
Auf welche Weise?

____

____

Was tun Sie gern, wenn Sie nicht arbeiten? Wie häufig gönnen Sie sich das?

Die Macht der Entscheidung

Das dritte Chakra ist mit der Willenskraft und unserer Fähigkeit, unser Leben selbst zu bestimmen, verbunden. Wir können unsere Souveränität daher ganz besonders stärken, indem wir uns bewusst machen, dass – was uns auch im Leben widerfahren mag – unsere größte Macht und Kraft in unserer Entscheidungsfreiheit liegt. Was auch immer Herrschaft über uns auszuüben scheint, diese Unterdrückung resultiert daraus, dass wir uns an irgendeinem Punkt damit einverstanden erklärt haben. Das Leben kann uns physische Einschränkungen und Grenzen auferlegen, aber niemand ist in der Lage, unseren Geist einzusperren oder herabzuwürdigen, solange wir dem nicht zustimmen.

Eines der ergreifendsten Beispiele für die Macht des dritten Chakras ist das inzwischen berühmte Bild eines einzelnen unbewaffneten Studenten, der sich während des chinesischen Studentenaufstands von 1989 auf dem Tiananmen-Platz einem ganzen Panzerbataillon entgegenstellte. Allein die Macht seiner Überzeugung führte dazu, dass er nicht nur nicht überrollt wurde, sondern es sogar schaffte, die Panzer zu stoppen. Studenten wie er waren in der Lage, die Armee zur Umkehr zu bewegen. Die Soldaten zogen sich von dem Platz zurück, und die Studenten blieben zumindest für zwei weitere Wochen unbehelligt.

Welche drei Entscheidungen können Sie heute treffen, um in Ihrem Leben für mehr Souveränität zu sorgen?

Im Beruf?

Zu Hause?

Im Umgang mit Freunden?

Probieren Sie's mal!

Schlüpfen Sie in eine andere Rolle

Wenn Sie das nächste Mal allein mit einem fremden Menschen sind, etwa während einer Bahnfahrt, versuchen Sie einmal, sich anders als sonst zu verhalten: wie jemand, der Sie immer schon gern sein wollten. Wenn Sie beispielsweise eher zurückhaltend und schüchtern sind, tun Sie während Ihrer Begegnung mit dem fremden Gegenüber so, als ob Sie gesellig und extrovertiert wären. Wenn Sie eigentlich eher laut und ein Draufgänger sind, schlüpfen Sie in die Rolle eines stillen, heitere Ruhe ausstrahlenden Menschen. Wenn Sie richtig abenteuerlustig sind, können Sie sogar behaupten, einem anderen Beruf nachzugehen, als es in Wahrheit zutrifft. Dass ich diese Methode zur Harmonisierung des dritten Chakras vorschlage, hat mir schon Kritik eingebracht, da es so wirkt, als würde ich die Leute zum Lügen ermuntern. Dem halte ich entgegen, dass alles, was aus uns herauskommt, immer ein realer und authentischer Teil von uns ist. Es geht hierbei nicht darum, einen anderen Menschen zu täuschen, sondern auf spielerische Weise neue Aspekte in uns selbst zu entdecken. Jedes Kind unter zehn Jahren wird Ihnen bestätigen, wie viel Spaß es macht, so zu tun, als sei man jemand ganz anderes. Entkrampfen Sie sich also innerlich, und denken Sie daran, wie vergnüglich solche Rollenspiele sein können. Besonders befreiend wirken sie auf Menschen, die sich in ihrer alten, uninteressanten Persönlichkeit regelrecht gefangen fühlen und nicht wissen, wie sie sich daraus befreien können.

Integrität

Wenn wir unser drittes Chakra harmonisieren wollen, sollten wir außerdem unbedingt ganz aufrichtig in Bezug auf unsere Absichten und Motive sein. Viel zu oft bringen wir uns dadurch in Schwierigkeiten, dass wir etwas in die Wege leiten, ohne wirklich dahinter zu stehen, und dann von anderen erwarten, dass sie uns aus der Patsche helfen. Ich lernte beispielsweise einmal einen jungen Chiropraktiker namens Dr. Morris kennen, der in Minneapolis ein Heilungszentrum eröffnet und sich mit einer Gruppe ganz ausgezeichneter alternativer Therapeuten umgeben hatte. Doch trotz der anfänglich großen Begeisterung beklagte sich Dr. Morris ständig, dass er nicht genug Geld verdiente. Er verlangte, dass die bei ihm angestellten Therapeuten Gehaltskürzungen akzeptierten, Überstunden machten und für höhere Erträge sorgten. Er selbst hingegen erschien immer seltener in der Praxis und erwartete von seinen Mitarbeitern, dass sie ohne ihn zurechtkamen. Natürlich dauerte es nicht lange, bis sein mangelndes Engagement für die Praxis auf die Angestellten abfärbte und einer nach dem anderen kündigte. Nach noch nicht einmal zwei Jahren war das Therapiezentrum bankrott. Dr. Morris wollte einfach nicht verstehen, warum es zu diesem Fehlschlag gekommen war. Er machte aus seinem Groll gegen seine früheren Mitarbeiter keinen Hehl, wodurch sein Ansehen bei Berufskollegen und Patienten jedoch noch mehr litt. Eines Abends, in einem Augenblick der Wahrheit, gab er gegenüber einer meiner Klientinnen zu, dass er die Chiropraktik insgeheim hasste und diesen Beruf nur ergriffen hatte, um seinen Vater zufrieden zu stellen. »Ich glaube, dieser Bankrott geschieht mir ganz recht«, sagte er. »Vielleicht ist er sogar ein Segen. Ich trage mich mit dem Gedanken, Landschaftsarchitektur zu studieren, etwas, das ich immer schon gerne tun wollte. Jetzt habe ich Gelegenheit dazu.«

Welchen Aktivitäten oder Zielen widmen Sie sich mit Hingabe?

Welche Hindernisse stellen sich Ihnen dabei in den Weg?

Was sind Sie zu tun bereit, um Ihre Ziele zu erreichen?

Wie ernsthaft übernehmen Sie die Verantwortung für Ihre Träume?

Bleiben Sie Ihren Zielen und gewählten Aufgaben treu?

Der Schwebebalken des Geistes

Unsere Souveränität ist der Schwebebalken unseres Lebens. Sie bildet die Brücke zwischen unserem Fundament und unserer Kreativität und der Umwelt. Sie verkündet, wer wir sind und was wir im Leben zu tun beabsichtigen. Dieses Energiezentrum verleiht uns die Kraft, aktiv auf die Verwirklichung jener Ideale und Vorstellungen hinzuarbeiten, die uns am stärksten inspirieren. Es ist der Motor unserer persönlichen Macht und Kraft. Wenn dieser Motor einen Defekt hat, tritt unser Leben auf der Stelle. Wenn Ihre Souveränität nur schwach ausgeprägt ist, so dass Sie sich passiv, lethargisch, müde und lustlos fühlen und nur wenig Engagement aufbringen, sollten Sie unbedingt dafür sorgen, dass Sie aufwachen! Niemand anders kann Ihr Leben für Sie leben! Wenn Sie nach den Idealen anderer zu leben versuchen, ist das eine kolossale Zeitverschwendung. Denn die anderen werden das niemals wirklich zu schätzen wissen, und auch für Sie selbst wird ein solches Leben sich nie auszahlen, weder jetzt noch in einer erträumten Zukunft. Für das Aufgeben Ihrer Souveränität, für die Unterwerfung unter den Willen anderer zahlen Sie einen schrecklichen Preis, der dem Tod Ihrer Psyche gleich kommt. Schärfen Sie Ihr Bewusstsein. Leben Sie in der Gegenwart. Halten Sie inne. Schauen Sie genau hin. Lauschen Sie auf die Welt um sich herum. Wenn Sie merken, dass Sie oft ganz in Gedanken verloren sind, sollten Sie diese Angewohnheit unbedingt ablegen. Lassen Sie nicht zu, dass die Gespenster der Vergangenheit oder die angstvollen Bilder einer Phantom-Zukunft Ihnen das Heute und das Potenzial stehlen, in der Gegenwart Ihre Bestimmung zu erfüllen. Holen Sie sich Ihre Macht zurück. Sie können es.

Sich der Führung durch eine höhere Macht anvertrauen

Wenn Sie zu einer ausgewogeneren persönlichen Souveränität finden, werden Sie feststellen, dass wir zur höchsten Form persönlicher Macht gelangen, indem wir unsere begrenzte eigene Macht einer Höheren Macht überantworten und das Universum um Führung bitten. Es ist durchaus wichtig, dass wir selbst unseren Teil zum erstrebten Glück beitragen. Manchmal schränken wir unser Potenzial jedoch erheblich ein, indem wir uns an den Glauben klammern, Erfolg heiße, dass die Dinge sich genau nach unseren Vorstellungen entwickeln müssten und jede Abweichung davon ein Fehlschlag sei. Diese Sichtweise begrenzt unsere Macht, weil wir uns dann nicht vom Universum helfen lassen. Meine Lehrer haben mir vermittelt, dass wir unsere Willenskraft dazu gebrauchen sollen, das Universum um das zu bitten, was wir uns wünschen. Wir sollen ihm aber niemals vorschreiben, auf welche Weise es diese Bestellung ausführt. Mit unserer begrenzten Sicht können wir nie wirklich wissen, was unserem höchsten Wohl dient. Ich selbst erinnere mich mit Grausen an Zeiten, als ich in einer Liebesbeziehung oder einem Job etwas Bestimmtes unbedingt erreichen wollte, später aber erkennen musste, welche schlimmen Folgen die Erfüllung dieser Wünsche letztlich gehabt hätte. Gott sei Dank brachte meine Mutter mir schon früh bei, beim Beten um die Erfüllung meiner Wünsche oder »etwas noch Besseres« zu bitten. Voller Dankbarkeit kann ich heute sagen, dass ich fast immer dieses »noch Bessere« bekommen habe.

Wenn Sie die größte Macht erfahren wollen, die es überhaupt gibt, sollten Sie sich bewusst darin üben, alle ihre persönlichen Angelegenheiten dem Universum anzuvertrauen. Vergessen Sie nie, dass Sie in Wahrheit göttlicher Natur sind, ein Kind Gottes. Das gesamte Universum liebt Sie und möchte Ihnen helfen, das Leben in seiner ganzen Schönheit zu erfahren. Hören Sie ein für alle Mal auf, Ihren persönlichen Wert in Frage zu stellen, und öffnen Sie sich für die göttliche Intervention. Richten Sie sich ganz auf den Schöpfer aus, und legen Sie Ihre Träume in Gottes Hand. Vertrauen Sie darauf, dass das Universum bessere, großartigere und wundervollere Pläne mit Ihnen hat, als Sie selbst es sich je erträumen könnten. Wie eine alte Redensart besagt: »Wenn Gott mit dir ist, wer könnte dann gegen dich sein? Es gibt keine größere Macht als Gott.«

Unter der Führung der göttlichen Macht zu leben heißt, dass wir jede persönliche Kontrolle aufgeben, unser Bedürfnis nach Garantien hinter uns lassen und voller Vertrauen den Sprung ins Unbekannte wagen. Das wird uns wesentlich leichter fallen, wenn wir unsere höchsten Ziele mit Hingabe und Treue verfolgen und nicht darauf warten, dass andere Menschen sich um uns kümmern. Wenn wir mutig zu unseren Herzenswünschen stehen und alles Notwendige tun, um unseren Kopf und unsere Füße mit unserem Herzen in Einklang zu bringen, dann kommt uns das Universum zu Hilfe. Doch solange wir nicht selbst unseren Teil dazu beitragen, kann das Universum nichts für uns tun. Wenn wir unseren Willen uneingeschränkt auf das ausrichten, was uns wirklich am Herzen liegt, kommt uns das Universum auf halbem Weg entgegen und geleitet uns zum Sieg.

Die persönliche Macht wiedererlangen

Wenn ein leichtes Ungleichgewicht besteht.

- Schreiben Sie auf, worin Sie Ihre Bestimmung auf Erden sehen.
- Stärken Sie Ihr Identitätsgefühl, indem Sie sich darin üben, in möglichst schöner Schrift Ihren eigenen Namen zu schreiben.
- Schließen Sie bei Bedarf Ihre Schlafzimmertür ab.
- Ehe Sie eine Aufgabe übernehmen, sollten Sie eine Nacht darüber schlafen.
- Üben Sie sich darin, Nein zu sagen.
- Leihen Sie sich die Filme *Die sieben Samurai* von Akira Kurosawa oder *Der Mann, der König sein wollte* von John Huston aus.
- Schaffen Sie sich einen Tagesplaner an und benutzen Sie ihn.
- Notieren Sie jeden Morgen Ihre Ziele für den Tag.
- Notieren Sie jeden Abend Ihre Erfolgserlebnisse.
- Kleben Sie Affirmationen und motivierende Sätze an den Badezimmerspiegel und das Armaturenbrett im Auto, und lesen Sie sie laut vor.
- Kaufen Sie sich Ihre ganz persönliche Kaffee- oder Teetasse.
- Loben Sie sich selbst und andere ohne Vorbehalte, und üben Sie sich in Bewunderung, statt eifersüchtig zu sein.
- Gönnen Sie sich mindestens einmal im Monat einen ganz besonderen Tag nur für sich.
- Besuchen Sie eine aufregende Sport- oder eine andere Wettkampfveranstaltung.
- Lesen Sie Bücher über Zeit-Management und Führungsqualitäten.

Wenn ein moderates Ungleichgewicht besteht.

- Gönnen Sie sich ganz ohne Schuldgefühle einen wohlverdienten und lang ersehnten Urlaub.
- Nehmen Sie an einem Kurs teil und setzen Sie sich das Ziel, dabei ausgezeichnet abzuschneiden.
- Beginnen Sie ein Projekt und führen Sie es zu Ende.
- Heuern Sie einen persönlichen Trainer an.

- Lesen Sie Biografien einflussreicher Menschen, für die Sie Bewunderung empfinden.
- Bleiben Sie fair und lassen Sie sich von Menschen inspirieren, die stärker oder erfolgreicher sind als Sie.
- Schließen Sie Verträge mit sich selbst ab und erfüllen Sie sie Punkt für Punkt.
- Streichen Sie Ihr Büro oder Ihren Arbeitsplatz gelb an (Gelb ist die Farbe der Macht und der Motivation) und stellen Sie Sonnenblumen auf Ihren Schreibtisch.
- Engagieren Sie sich als Sprecher in Vereinen oder Bürgerinitiativen.
- Spielen Sie Tennis oder Squash.
- Nehmen Sie an einem Trainingsseminar für mehr Selbstbewusstsein teil.
- Lernen Sie Bauchtanz.
- Verbrennen Sie Weihrauch, um bewusst eine heilige Atmosphäre zu schaffen.
- Lassen Sie sich eine Liste Ihrer Telefongespräche ausdrucken, um einen besseren Überblick zu bekommen.
- Sprechen Sie Ihren Namen immer wieder laut aus, bis Sie das Gefühl bekommen, dass er wirklich Ihnen gehört.

Wenn ein starkes Ungleichgewicht besteht:

- Gehen Sie auf eine Visionssuche.
- Belegen Sie einen Kurs in Boxen, Karate oder Tai Chi.
- Wenn Sie sich in einer schwierigen Gesprächssituation befinden, sprechen Sie deutlich, atmen Sie dabei tief, und legen Sie in Ruhe Ihren Standpunkt dar.
- Essen Sie viele Kohlenhydrate, da diese Ihnen reichlich Energie liefern.
- Finden Sie ein Vorbild oder einen »Ich kann es!«-Mentor und holen Sie sich bei ihm Rat.
- Engagieren Sie einen persönlichen Motivationstrainer oder besorgen Sie sich durch Teilnahme an einer Selbsthilfegruppe mit Zwölf-Schritte-Programm einen Sponsor.
- Sprechen Sie nur mit Menschen, von denen Sie sich aufrichtig unterstützt fühlen, über Ihre Pläne.

- Nehmen Sie an einem Improvisations- oder Schauspielkurs teil.
- Machen Sie die Übungen aus meinem Buch *Your Heart's Desire*.
- Trainieren Sie für einen Marathonlauf oder einen Benefiz-Lauf und nehmen Sie dann auch wirklich daran teil.
- Hören Sie sich Motivationskassetten an.
- Lassen Sie sich im Hinblick auf Ihre Karriere und Ihre zwischenmenschlichen Beziehungen psychologisch beraten.
- Beginnen Sie ein tägliches zwanzigminütiges Fitness-Programm und bleiben Sie bei der Stange.
- Übernehmen Sie eine ehrenamtliche karitative Aufgabe, etwa in der Betreuung von Asylbewerbern oder Aussiedlern, und engagieren Sie sich dort für mindestens drei Monate.
- Tun Sie, was Sie können, und übergeben Sie die Dinge dann der Höheren Macht.

Persönliche Souveränität beinhaltet:

Konzentration
Hingabe
Grenzen ziehen
Autorität
Kooperation
Integrität
Bewusste Wahl
Entschlossenheit
Disziplin
Mut
Glauben
Absicht
Bereitschaft
Frieden
Autonomie

Wenn Sie im Bereich Ihres dritten Chakras zu neuer Balance und Harmonie gelangen, werden Ihnen eigene Möglichkeiten in den Sinn kommen, wie Sie diese Harmonie dauerhaft bewahren können. Notieren Sie hier Ihre diesbezüglichen Ideen:

Viertes Chakra
Ihr Herz

Das vierte Chakra liegt in der Nähe des Herzens, in Brustmitte. Wenn dieses Zentrum erwacht und ausbalanciert ist, inspiriert es uns zu Mitgefühl, Vergebung, Verständnis, Großzügigkeit, Empathie, Fürsorglichkeit und Liebe. Das Herz ist die Domäne der zwischenmenschlichen Nähe; es aktiviert Zuneigung, Wärme, nährende Unterstützung, Freundschaft und Vertrautheit. Auf der energetischen Ebene verbindet es das Ego oder physische Selbst mit der höheren Seele oder dem spirituellen Selbst. So wie das Herz das wichtigste Organ im Körper ist, stellt auch das vierte Chakra, unser spirituelles Herzzentrum, das wichtigste Energiezentrum in unserem psychischen System dar, denn bei der Liebe handelt es sich um die größte Macht in unserem Leben. Sie ist der höchste uns zugängliche Kanal für die Lebensenergie. Im Farbspektrum schwingt dieses Chakra in energetischer Resonanz mit der Farbe Grün. Seine Devise lautet: »Ich gebe. Ich kümmere mich. Ich empfange. Ich liebe.«

Das Herz ist der Sitz der Seele, unseres spirituellen und göttlichen Wesenskerns. Haben wir unsere persönliche Souveränität erst einmal entwickelt und harmonisiert, sind wir in der Lage, energetisch hinauf in dieses vierte Energiezentrum zu reisen, wo wir beginnen, unser Herz zu öffnen und in Verbindung mit unseren Mitmenschen zu treten. Hier im vierten Chakra werden wir fähig, Freude, Verbundenheit, Lachen und Liebe zu fühlen und diese Segnungen mit den Menschen in unserer Umgebung zu teilen. Das vierte Chakra entfacht unsere höchsten Ideale und Wünsche; jene, die nicht nur unserem eigenen Wohl dienen, sondern auch dem Wohl unserer Mitmenschen und der ganzen Welt. Wenn unser Herz im Gleichgewicht und offen ist, spüren wir einen natürlichen Energiefluss in unserem Leben, der unser Wohlbefinden steigert und uns ein sicheres Gespür für unsere spirituelle Bestimmung auf Erden vermittelt. Wir erkennen unsere Verbundenheit mit allem, was ist, und beginnen, uns selbst und anderen echtes, tiefes Vertrauen entgegenzubringen. Wenn unser Herzzentrum im Gleichgewicht ist, können wir die Segnungen des Universum dankbar annehmen und diesen Reichtum großzügig mit allen teilen.

Auf der emotionalen Ebene ist das Herz die Domäne des Verständnisses, der Empathie und der Anteilnahme am Schicksal unserer Mitmenschen. Als Zentrum der Liebe wird das Herzchakra natürlicherweise mit Familie, Partnerschaft, Freundschaft, aber auch mit unserer spirituellen Familie im weiteren Sinne und sogar mit unserer Beziehung zu Tieren in Bezug gesetzt. Wenn das Herz offen und in Harmonie ist, verhalten wir uns anderen gegenüber rücksichtsvoll und streben danach, auf positive, unterstützende Weise mit ihnen in Kontakt zu treten. Dieses energetische Zentrum ermutigt uns, unsere Einstellung zu verändern: vom egoistischen »Ich gegen den Rest der Welt« hin zu der großzügigeren, freundlicheren Haltung des »Ich als Teil der Welt«. Wir stellen eine engere Beziehungen zu unseren Mitmenschen her, respektieren deren Meinungen, empfinden Mitgefühl, und das Wohl der anderen liegt uns nun ebenso am Herzen wie unser eigenes. Das vierte Chakra ist das Zentrum der Berührung und des Nährens und weckt in uns den Wunsch nach Zärtlichkeit und liebevoller Fürsorge. Dieser Wunsch findet in Zuneigung und Güte seinen Ausdruck.

Auf der physiologischen Ebene bestimmt dieses Chakra über das Herz, den Kreislauf, die Brust, die Adern und die Durchblutung. Wenn sich unser Herzchakra im Gleichgewicht befindet, wird das Blut gleichmäßig durch den Körper transportiert, unser Herzschlag ist regelmäßig, und unsere Arterien sind offen und elastisch. Die Gesundheit unseres physischen Herzens und unserer Brust hängt sehr stark von unserem spirituellen Herzzentrum ab. Viele Menschen, denen es schwer fällt, Liebe zu geben und zu empfangen, oder die sich ungeliebt fühlen, leiden unter Erkrankungen und Beeinträchtigungen im Bereich des Herzens und der Brust. Wenn Ihr spirituelles Herz verschlossen ist, spüren Sie Enge und Druck in der Brust; Ihre Atmung ist behindert, oder Sie nehmen zu viel Sauerstoff auf.

Ein weites, harmonisches Herzzentrum macht uns großzügig, einfühlsam, gütig, nachsichtig, vergebungsbereit, tolerant und sanft. Es befähigt uns, in die Herzen anderer zu blicken und das grundsätzlich Gute in allen Menschen zu erkennen, auch wenn sie sich falsch oder rücksichtslos verhalten. Solche Liebe zeigt sich bei Eltern, die ihr Kind auch dann lieben, wenn es sich launisch und ungezogen aufführt, oder bei Lebensgefährten, wenn zum Beispiel ein Partner den anderen trotz dessen Alkoholkrankheit liebt. Wenn unser Herz offen ist, sehen wir über die Schwächen anderer hinweg und freuen uns an ihren Stärken.

Resonanz

Wenn unser Herzzentrum sich in harmonischem Gleichgewicht befindet, stellen wir eine echte energetische Resonanz mit anderen Menschen her. Wir beginnen, mit ihnen auf einer gemeinsamen Frequenz zu schwingen. Dann können wir mit ihnen auf einer höheren Ebene kommunizieren, jenseits dessen, was durch Worte übermittelt werden kann. Wir stehen in einem unmittelbaren energetischen Kontakt, der auf grundlegendem Verständnis und gegenseitiger Akzeptanz beruht. Wir alle haben schon solche Begegnungen von Herz zu Herz erlebt, etwa wenn wir jemanden treffen, bei dem wir sofort das Gefühl haben, ihn von früher her zu kennen. Diese Art von Rapport ist oft das Tor zu einer Liebesbeziehung. Erinnern Sie sich noch an die Aufregung, die Sie verspürten, als Ihr heutiger Partner oder Ihre Partnerin Ihnen zum ersten Mal begegnet ist? Wie Sie oft beide das Gleiche zu denken schienen und sich gleichsam ohne Worte verständigen konnten? Wenn das geschieht, findet eindeutig ein Kontakt auf der Herzensebene statt.

Dank seiner anziehenden, magnetischen Eigenschaften schafft ein offenes und ausbalanciertes Herzzentrum Synchronizitäten, durch die scheinbar mühelos alle Ihre Bedürfnisse erfüllt werden. Das Universum ist ein Hologramm und sich stets all seiner Teile bewusst. Wenn wir unser Herzchakra öffnen, treten wir ein in diese holographische Schwingung. Das ermöglicht es dem Universum, jede Leere zu füllen, die sich in unserem Leben zeigt. So erhalten wir genau das, was wir brauchen, und unsere Herzenswünsche gehen in Erfüllung.

Das Herzchakra lässt uns auf eine tiefgründige Weise erkennen, welcher Platz im größeren Plan des Lebens für uns vorgesehen ist; es sorgt für Harmonie und Gleichgewicht und verleiht uns die Fähigkeit, eine umfassende Perspektive einzunehmen. Wenn sich das Herz öffnet, begreifen wir, dass wir zwar in einem physischen Körper leben, in Wahrheit aber spirituelle Wesen sind – mit allen anderen Menschen verbunden durch unseren Atem, den wir miteinander teilen. Wir erkennen nach und nach, dass das Leben eine Schule ist und dass wir alle hier sind, um zu lernen. Auf lange Sicht verfehlt niemand von uns das Unterrichtsziel: bedingungslos lieben zu lernen.

Wenn das Herz im Gleichgewicht ist, erkennen wir, dass wir keine unwerten

Kreaturen sind, die es nicht verdienen, geliebt zu werden, sondern kostbare Kinder des Universums. Wir beginnen, uns selbst auf eine zutiefst mitfühlende, bedingungslose Weise zu lieben. Das versetzt uns in die Lage, diese Liebe auch auf unsere Umwelt auszustrahlen. Weil das Herz nur offen bleiben kann, wenn Gleichgewicht herrscht, müssen wir unbedingt lernen, das Gute, das wir geben, auch selbst bereitwillig anzunehmen. Damit Ausgewogenheit herrscht, muss die Liebe in beide Richtungen fließen können.

Eines meiner liebsten chinesischen Sprichwörter lautet: »So lange du nicht bereit bist, das zu empfangen, was du gibst, und das zu geben, was du empfängst, verstehst du die Liebe nicht.« Das ist die entscheidende Botschaft des Herzens: Wir müssen lernen, in der Liebe zu einem ausgewogenen Verhältnis von Geben und Nehmen zu finden, rückhaltlos und frei von Hintergedanken.

Ein harmonisches, offenes Herz ermöglicht es uns, Liebe von anderen anzunehmen. Es bringt uns Erleichterung, denn nichts ist so heilsam für uns wie das Gefühl, liebenswert zu sein und trotz unserer Schwächen geliebt zu werden. Tatsächlich glauben viele Metaphysiker, ich eingeschlossen, dass die Wurzel aller emotionalen und sogar physischen Leiden in dem Gefühl zu suchen ist, ungeliebt zu sein, oder präziser: in dem Glauben, Liebe nicht zu verdienen. Wenn das Herz im Gleichgewicht ist und die Liebe fließt, beginnen unsere emotionalen Wunden zu heilen. Dann können wir auch die negativen Verhaltensmuster durchbrechen, die uns in die Isolation und Einsamkeit treiben und uns daran hindern, auf andere zuzugehen, um Hilfe zu bitten und Hilfe anzunehmen.

Liebe ist – im Gegensatz zu Sinnlichkeit oder Sexualität – eine ruhige und kontemplative Energie. Diese Energie strömt aus unserem spirituellen Herzen in unser physisches Herz und strahlt von dort nach außen aus. Liebe ist die stärkste Energie, die es überhaupt gibt – eine inspirierende, beruhigende, Vertrauen schaffende Schwingung, die selbst jenen Linderung bringt, die unter besonders schweren traumatischen Erfahrungen zu leiden haben. Erinnern Sie sich noch an die Zeit, als Sie das letzte Mal verliebt waren? Wissen Sie noch, welche Freude, welches Wohlgefühl dieser Zustand in Ihnen ausgelöst hat? Wenn Ihr Herz wirklich offen ist, werden Sie sich an jedem Tag Ihres Lebens so fühlen, als seien Sie frisch verliebt.

Wenn ein Mensch aus dem Herzen heraus lebt

Wenn Ihr Herz in harmonischem Gleichgewicht schwingt, akzeptieren Sie sich selbst und andere, ohne zu urteilen. Sie nehmen die Schönheit und das Göttliche in allen Menschen wahr und sehen über ihre Schwächen hinweg. Sie sind gütig und versöhnlich, nörgeln nicht herum und verzeihen schnell. Ein offenes Herz macht tolerant, optimistisch, freigiebig und humorvoll. Als ein solcher Mensch hegen Sie nur positive Absichten, und Ihre Großzügigkeit ist natürlich und aufrichtig. Die Gegenwart eines Menschen mit harmonischem Herzchakra wirkt auf andere heilend und tröstlich, weil man sich bei ihm sicher fühlt, bedingungslos akzeptiert und gemocht. Ist Ihr Herz offen, richten Sie den Blick auf Lösungen statt auf Probleme und erwarten stets das Beste. Sie scheinen die guten Dinge des Lebens magnetisch anzuziehen, so dass andere Sie für einen »Glückspilz« oder für »gesegnet« halten.

Menschen mit einem harmonisch ausbalancierten Herzen sind leicht zu erkennen. Sie sind unbeschwert, offen, taktvoll, und man fühlt sich in ihrer Nähe wohl. Sie besitzen eine natürliche Ausstrahlung, die den anderen anzieht wie ein wärmendes und heilendes Feuer. Wenn sie einen Raum betreten, scheinen sie die Atmosphäre mit Sauerstoff anzureichern. In ihrer Gegenwart scheinen alle tiefer und freier atmen zu können. Ein harmonisches Herz weckt in anderen Glücksgefühle und Freude. Wenn Ihnen solch ein liebevoller Mensch begegnet, empfinden auch Sie gleich mehr Liebe und fühlen sich liebenswerter. Das spürt man besonders im Brustbereich, wo die Ängstlichkeit nachlässt, Enge verschwindet und positive Energie in den Körper strömt.

Ich hatte einmal eine Klientin, die genau so ein Mensch war. Maureen war etwa fünfzig Jahre alt, von unscheinbarem Äußeren, klein, mit vielleicht dreißig Pfund Übergewicht und nicht gerade modisch angezogen. Eigentlich gab es keinen Grund, sie eingehender zu betrachten – wäre da nicht dieses Leuchten gewesen, das von ihr ausging und es schwierig machte, den Blick von ihr abzuwenden. Sie strahlte! Maureen arbeitete zwei Tage pro Woche an einer Heißmangel, doch ihre wirkliche Aufgabe bestand in der Betreuung von todgeweihten Aids-Babys in einer staatlichen Kinderkrippe. Die Hingabe und die grenzenlose Fürsorge, die sie diesen kleinen Waisen entgegenbrachte, waren wirklich atemberaubend. Sie kümmerte sich ständig um zwei oder drei dieser Babys und versorgte sie alle mit bedingungsloser Liebe und Akzeptanz. Erstaunlicherweise wirkte Maureen trotz des immensen Stresses, der mit dieser Arbeit einherging, stets vergnügt und aufrichtig dankbar für jede Segnung, die Gott ihr schenkte. Sie war dankbar für den Sonnenschein. Sie war dankbar für den Regen. Immer sah sie einen Silberstreif am Horizont und beklagte sich niemals. Mit anderen Worten: Sie war ein Engel auf Erden. Ihr harmonisches

Herz war weit offen, und in ihrer Gegenwart öffnete sich auch das meine ein wenig mehr. Immer wenn ich mit Maureen sprach, fühlte ich mich durch ihre Energie zutiefst inspiriert und hatte anschließend das Gefühl, selbst eine Heilbehandlung erhalten zu haben.

Menschen wie Maureen sind ein Geschenk für uns alle. Ich glaube, dass Gott diese heimlichen Engel zu uns schickt, um uns an das Wichtigste im Leben zu erinnern – daran, Liebe zu geben und zu empfangen. Indem wir mit ihnen in Kontakt treten, nehmen wir gleichzeitig wieder Verbindung zu unserem eigenen Herzen und unserem Höheren Selbst auf. Diese Macht geht von einem geöffneten Herzchakra aus. Wie ein altes Sprichwort sagt: »Alle Welt liebt die Liebenden.« Das ist wahr. Kein Mensch wirkt auf uns so anziehend wie jemand, der in unserem Herzen die Liebe weckt.

Ist Ihnen schon einmal ein Mensch mit wirklich liebendem Herzen begegnet?

Haben Sie je aus vollem Herzen einem anderen Menschen geholfen oder sich einer guten Sache verschrieben?

Das schützende Herz

So, wie das Leben nun einmal ist, werden wir unvermeidlich immer wieder in Situationen geraten, die Angst und Schmerz hervorrufen. Um uns vor diesem Schmerz zu schützen, aktivieren wir das – wie es in der Esoterik heißt – »schützende Herz«. Dabei handelt es sich um einen energetischen Schutzschild über unserem Herzzentrum, der alle schmerzlichen Erfahrungen abblockt. Dieser Schutzschild kann von uns bewusst aktiviert werden, und das geschieht häufig, besonders wenn wir jung und äußerst verletzlich sind. Leider besitzt dieses schützende Herz keinerlei Unterscheidungsfähigkeit. Wenn es unser Herz erst einmal umhüllt, filtert es alles heraus. Wie bei einer totalen Sonnenfinsternis sind wir von allen Empfindungen und Regungen abgeschnitten – den guten wie den schlechten.

Dieser Herzschild schützt uns vor dem quälenden Schmerz eines gebrochenen Herzens und ist in einer Krise durchaus hilfreich, da er es uns ermöglicht, trotz unseres Kummers weiterhin unseren Verpflichtungen nachzukommen. Aber er ist als vorübergehender Schutz gedacht; wenn wir unser Herz permanent mit einem solchen Schild umgeben, werden wir unnahbar und schotten uns von unseren Mitmenschen ab.

Ich hatte einen guten Freund, Mike, dessen Mutter plötzlich starb, als er erst zehn Jahre alt war. Ohne auch nur zu ahnen, dass sie schwer krank war, kam er eines Tages aus der Schule und fand das Haus ohne sie vor. Sein Vater und seine Tanten erzählten ihm, seine Mutter habe eine kurze Reise angetreten, werde aber bald zurückkommen. Als dann die Vorbereitungen für die Beerdigung begannen und ihm plötzlich klar wurde, dass sie nie wieder nach Hause kommen würde, war er völlig verwirrt und erschüttert. Dass man ihm nicht die Wahrheit gesagt hatte, sollte vermutlich seinem Schutz dienen, doch es machte den Verlust noch viel schlimmer. Nun hatte er nicht nur seine Mutter verloren, sondern außerdem das Vertrauen in seinen Vater und seine Tanten; in gewisser Weise hatte er dadurch seine gesamte Familie verloren. Um die anderen für seinen Schmerz zu bestrafen, beschloss er, nie wieder seine wahren Gefühle zu zeigen. Er nahm sich vor, bei der Beerdigung seiner Mutter nicht zu weinen, und das tat er dann auch nicht.

In dem Moment, als Mike diese Entscheidung traf, aktivierte er den Schutzschild um sein Herz und verankerte ihn dort ganz fest. Das half ihm, mit dem Verlust fertig zu werden, doch unglücklicherweise legte er den Schild nachher nie wieder ab. Die Unfähigkeit, sein Herz zu öffnen, verhinderte künftig jede wirkliche Nähe zu anderen Menschen. Es war, als sei sein Herz hinter einer dicken Isolierschicht verborgen, die niemand zu durchdringen vermochte. Als er erwachsen geworden war, fanden die Frauen, die sich mit ihm einließen, die Beziehung zu ihm äußerst frustrierend, und nach einer Weile verließen sie ihn. Er war nicht gemein oder bösartig, doch sein nicht verheiltes Kindheitstrauma bewirkte, dass er sich immer distanziert verhielt und keine emotionale Nähe aufbauen konnte. Mike verstand nie, warum all seine Freundinnen ihn nach kurzer Zeit mit der Begründung verließen, er sei ihnen zu kalt und unnahbar. Das empfand er selbst überhaupt nicht so. Doch der aktivierte Schutzschild seines Herzchakras bewirkte, dass Mikes Wärme nicht nach außen drang. Und da auch er selbst diese Wärme nicht spürte, wusste er gar nicht, was fehlte. Seine Intuition sagte ihm aber, dass seine Ex-Geliebten Recht haben mussten. Nach vielen Brüchen und zwei Scheidungen war Mike schließlich bereit, sich einer Selbstprüfung zu unterziehen. Und so begann für ihn das Abenteuer, sein Herz wiederzuentdecken. Die Hilfe eines talentierten spirituellen Beraters, viele Seminare und Bücher und eine äußerst hartnäckige und dennoch geduldige dritte Ehefrau waren nötig – von seiner Einsamkeit ganz zu schweigen – um ihn schließlich dazu zu bewegen, den Schutzschild seines Herzens zu durchbrechen.

Dazu kam es eines Tages ganz spontan, während er mit seiner Frau im Garten Narzissen und Tulpen pflanzte. Als sie ihm gerade eine Blumenzwiebel zum Einsetzen reichte, überfiel ihn plötzlich die Erkenntnis, wie tief er seine Frau liebte und wie gern er ihr das zeigen wollte. Statt sich wie gewohnt in die Sicherheit seiner Isolation zurückzuziehen, ließ er es diesmal zu, dass seine Gefühle ihn durchströmten, und innerhalb von Sekundenbruchteilen brach sein Herzzentrum weit auf. Er fühlte sich, als hätte jemand mit einem Ruck die Vorhänge weit geöffnet und Licht hereingelassen. All der Schmerz und die Traurigkeit, die er die ganzen Jahre über mit sich herumgeschleppt hatte, schmolzen dahin, und darunter kam sein liebevolles und zerbrechliches Selbst zum Vorschein. In dieser Verletzlichkeit konnte er endlich seine Verbundenheit zu seiner Frau spüren, und ebenso zu dem Garten, der Erde, den Blumenzwiebeln, seinem Leben. Zum erstenmal seit seiner Kindheit war er wieder in der Lage, wirklich frei durchzuatmen. Das Gefühl war so wunderbar, so lebensbejahend, dass es ihn völlig überwältigte. Die Einsamkeit schwand, und damit auch seine Angst. Wie ein sanfter Regen, der Jahre der Traurigkeit, des Schmerzes und der Isolation fortwusch, begannen seine Tränen zu fließen und wollten gar nicht mehr aufhören. Sein Herz öffnete sich immer mehr, und mit einem tiefen, reinigenden Atemzug kehrte Mike ins Leben zurück. Seine Frau begriff intuitiv, was in ihm vorging. Sie sprachen beide kein Wort. Es waren keine Worte nötig. Sie hielten einander einfach in den Armen und weinten.

Welche Ereignisse oder Erfahrungen haben bei Ihnen bewirkt, dass Sie den Schutzschild Ihres Herzens aktiviert haben?

____

____

____

Ist Ihr Schutzschild gegenwärtig immer noch aktiviert?

Welche Versuche haben Sie unternommen, um Ihren inneren Panzer zu durchbrechen und Ihr Herz wieder zu öffnen?

Ist Ihnen das gelungen? Wie fühlt sich Ihr Herz jetzt an?

Ein verschlossenes Herzchakra

Wenn das Gleichgewicht Ihres spirituellen Herzens gestört oder seine Energie blockiert ist, tendieren Sie dazu, Intimität und zwischenmenschlicher Nähe auszuweichen. Vielleicht verhalten Sie sich auch extrem abweisend und stoßen andere Menschen absichtlich zurück. Wenn das Herz verschlossen ist, kann die Welt nicht hinein. Sie geraten in Isolation und schneiden sich von Ihren Quellen liebevoller Zuwendung ab. In einem solchen energetischen Lähmungszustand erscheint die ganze Umwelt bedrohlich und gefährlich, so dass Sie immer extrem vorsichtig und wachsam sind. Da Sie keine Verbindung und Nähe zu Ihren Mitmenschen empfinden, kann es sein, dass Sie eine betont kritische, misstrauische und abwehrende Haltung entwickeln, wodurch sich Ihr Problem noch verschärft. Ein verschlossenes Herz bewirkt, dass Sie bei anderen rasch auf Ablehnung stoßen. Wegen Ihrer Unzugänglichkeit fühlen andere sich in Ihrer Nähe unbehaglich und gehen ihrerseits in Abwehrhaltung. Vielleicht werden Sie sogar paranoid und glauben, die ganze Welt sei gegen Sie.

Nahezu alle Menschen mit verschlossenem Herzchakra sind in Wahrheit ängstlich und verletzt. Sie versuchen, ihre Verletzungen hinter einer schützenden Fassade der Härte zu verbergen. Ihr verschlossenes Herz setzt immer neue Teufelskreise in Gang, bei denen ihre Furcht vor Zurückweisung bewirkt, dass sie sich ihrerseits abweisend gegenüber anderen verhalten. So reagieren dann auch die anderen mit Zurückweisung, was die Betroffenen immer stärker in ihre verschlossene, abweisende Haltung hineintreibt. Sie gleichen darin einem verwundeten Tier. Wenn ein normalerweise liebevolles und friedfertiges Tier sich eine Verletzung zuzieht, verhält es sich plötzlich aggressiv, weil es Schmerzen hat und sich vor weiteren Verletzungen fürchtet. Wenn unser Herz verletzt wird, können wir ebenso heftig und abwehrbereit reagieren wie ein in die Enge getriebenes Tier, oder sogar noch aggressiver.

Wenn Ihr Herz sich völlig verschließt, neigen Sie womöglich zu Heimlichtuerei, Intrigen, stark erhöhter Abwehrbereitschaft, Sabotage und Verrat. Süchte, insbesondere nach Alkohol und anderen Drogen, schneiden Sie sofort von Ihrem spirituellen Herzen ab, und Ihre Fähigkeit, die eigenen Gefühle oder die Gefühle anderer wahrzunehmen, nimmt drastisch ab. Ein verschlossenes Herzchakra ist in der Regel die Folge von Missbrauch in der Kindheit, exzessivem Materialismus, emotionaler Gleichgültigkeit der Eltern bis hin zum völligen Im-Stich-Lassen der Kinder, zerbrochenen Familien, Drogen- oder Alkoholmissbrauch, anderen Suchterkrankungen und Geisteskrankheit. Es versteht sich von selbst, dass verschlossene Herzchakras weltweit in epidemischem Ausmaß anzutreffen und für die schlimmsten Verletzungen verantwortlich sind, die wir Menschen einander zufügen. Ob das Herzchakra eines Menschen verschlossen ist, können Sie daran erkennen, wie aufrichtig und offen er sich verhält. Wenn jemand sich verstellt oder hinter Oberflächlichkeit verschanzt, wissen Sie, dass seine Herzenergie blockiert ist.

Menschen mit einem verschlossenen Herzchakra sind emotional verletzt. Der einzige Schutzmechanismus, den sie kennen, besteht darin, keine emotionale Nähe zuzulassen. Unter ihrem Schutzschild sind sie so liebenswert wie alle anderen, sie machen es ihren Mitmenschen nur sehr schwer, zu ihnen durchzudringen.

Die berühmteste Geschichte über ein verschlossenes Herzchakra ist Charles Dickens' Erzählung *Ein Weihnachtslied in Prosa* über den Geizkragen Scrooge. Ich glaube, in uns allen steckt zuweilen ein solcher Scrooge, denn wir alle haben Momente, in denen wir möchten, dass alle anderen sich ebenso schlecht fühlen wie wir selbst, damit wir uns nicht so allein fühlen. Wenn Sie jemanden mit verschlossenem Herzchakra kennen oder selbst ein solcher Mensch sind, kommt es vor allem darauf an, liebevoll zu sein und sich in Akzeptanz zu üben. Wenn ein einzelner Mensch leidet, so leiden – auf einer unbewussten kollektiven Ebene – wir alle mit ihm mit.

Wie offen ist Ihr Herz?

	ja	nein	manchmal
Ich bin fröhlich.	☐	☐	☐
Ich lasse andere gerne an meinem Leben teilhaben.	☐	☐	☐
Ich bringe anderen Vertrauen entgegen.	☐	☐	☐
Ich helfe meinen Mitmenschen gern.	☐	☐	☐
Es fällt mir leicht zu verzeihen.	☐	☐	☐
Ich bin nicht leicht zu beleidigen.	☐	☐	☐
Ich bin von Natur aus geduldig.	☐	☐	☐
Ich mag mich.	☐	☐	☐
Ich widme mich Beschäftigungen, die mir Freude machen.	☐	☐	☐
Ich kann aus praktisch jeder Situation eine angenehme Erfahrung machen.	☐	☐	☐
Ich lache gern und viel.	☐	☐	☐
Ich vertraue darauf, dass meine Herzenswünsche in Erfüllung gehen.	☐	☐	☐
Ich erinnere mich gern an die Vergangenheit.	☐	☐	☐
Ich bin großzügig und mache gerne Geschenke.	☐	☐	☐
Ich sorge gut für mich und behandele mich selbst liebevoll.	☐	☐	☐

Wenn Sie auf eine dieser Fragen mit Nein geantwortet haben, ist Ihr Herzchakra nur geringfügig beeinträchtigt. Haben Sie zwei oder drei Fragen mit Nein beantwortet, besteht ein leichtes Ungleichgewicht, und Sie sollten die Vorschläge zur Behebung eines leichten Ungleichgewichts am Ende dieses Kapitels aufgreifen. Wenn Sie auf vier bis sieben Fragen mit Nein geantwortet haben, besteht ein moderates Ungleichgewicht. Folgen Sie dann den Vorschlägen für ein moderates Ungleichgewicht. Haben Sie auf acht oder mehr Fragen mit Nein geantwortet, ist Ihre Herzenergie ernsthaft blockiert, und Sie sollten die Vorschläge für ein starkes Ungleichgewicht in die Tat umsetzen, damit Ihr Herz geheilt wird und Sie wieder engagierter am Leben teilnehmen können.

Sich für etwas Besseres halten

Ein Symptom eines unausgewogenen spirituellen Herzens besteht darin, dass wir uns für besser halten und uns anderen überlegen fühlen. Dieses Ungleichgewicht schlägt sich in Rassismus, religiösen Vorurteilen und ethnischer Ausgrenzung nieder, um nur einige Beispiele zu nennen. Möglicherweise sind Sie sicher, dass dergleichen auf Sie niemals zuträfe. Doch auf subtile Weise neigen wir alle gelegentlich dazu, unser Herz zu verschließen und unser Ego zu nähren, indem wir uns von anderen abgrenzen und uns für etwas Besonderes halten. Haben Sie beispielsweise wirklich noch nie, wenn Sie einen Bettler auf der Straße sitzen sahen, einen Anflug von Geringschätzung gespürt und ihn dafür verachtet, dass er keiner Arbeit nachgeht? Oder eine »Sozialhilfe-Mutter« dafür verachtet, dass sie »so viele Kinder in die Welt setzt«? Haben Sie nicht auch schon die Nase eine Spur höher getragen, weil Sie einen Hochschulabschluss besitzen, auf einer ganz besonderen Schule waren oder in einem ganz besonderen Beruf arbeiten? Ich selbst habe einmal eine ziemlich selbstgefällige Überlegenheit empfunden, einfach nur, weil ich als Stewardess für TWA flog und diese Fluggesellschaft im Vergleich zu American Airlines (wir sprachen diesen Namen mit Verachtung aus!) die angeblich »professionelleren« Uniformen hatte. Ich hielt mich also – so lächerlich das erscheinen mag – für einen besseren Menschen als meine Kolleginnen von American Airlines, einfach weil meine Uniform besser aussah!

Wie absurd! Doch wir alle begehen solche Dummheiten. Ob wir uns nun wegen des Wagens überlegen fühlen, den wir fahren, wegen des Hauses, das wir bewohnen, der Kleidung, die wir tragen, oder wegen irgendwelcher anderer Äußerlichkeiten: Tatsache ist, dass wir es tun, und zwar ziemlich oft! Doch wir schaden uns damit selbst, denn solch ein elitäres Denken verschließt unser Herz und bewirkt, dass wir uns vom freien Fluss der universellen Liebe abschneiden. Wenn wir uns von anderen distanzieren, verrät das mehr darüber, was wir von uns selbst denken, als darüber, was wir von anderen denken. Dieses trennende Verhalten ist durch Furcht motiviert. Es zeigt, dass wir uns unserer selbst nicht sicher sind und uns insgeheim für wenig liebenswert halten. Dann versuchen wir, unser geringes Selbstwertgefühl aufzupolieren, indem wir andere herabsetzen. Doch je mehr wir das tun, desto stärkeren Schmerz fügen wir damit uns selbst zu. Auch wenn es uns vorübergehend von unserer Selbstablehnung ablenkt, ist diese Ablenkung doch nie von langer Dauer.

Je mehr wir uns von anderen distanzieren, desto wertloser fühlen wir uns insgeheim. Dadurch setzen wir einen Teufelskreis in Gang. Heilen und öffnen können wir unser Herz nur, indem wir aufhören, Unterschiede zwischen »denen« und »uns« zu beschwören, und stattdessen das betonen, was uns mit allen anderen Menschen verbindet.

Laurie, eine meiner Klientinnen, war eine echte Primadonna – eine »jüdisch-amerikanische Prinzessin«, wie sie selbst es ausdrückte. Sie war die einzige Tochter eines reichen Immobilienmaklers in Chicago und behandelte andere Leute, vor allem Männer, mit großer Herablassung – besonders dann, wenn diese Männer nicht wie sie jüdischer Herkunft waren. Es überrascht nicht, dass diese Haltung ihr Liebesleben außerordentlich beeinträchtigte.

Wir sprachen häufig über ihre Ansichten und darüber, wie sie sich dadurch emotional abkapselte, aber Laurie schien einfach unfähig zu sein, ihre Überzeugungen zu ändern. Sie hielt sich wirklich für etwas Besonderes! Stellen Sie sich ihre Überraschung vor, als sie sich plötzlich sehr zu ihrem neuen Nachbarn hingezogen fühlte, einem Mann namens Donald, der zufälligerweise ein aus der Mittelschicht stammender irisch-katholischer Schullehrer war. Gemessen an Lauries Standards war er als Partner völlig inakzeptabel, denn »um Gottes Willen, er ist weder reich genug noch gebildet genug, und obendrein ist er kein Jude!« Doch die beiden fühlten sich trotzdem unwiderstehlich zueinander hingezogen und fingen an, zusammen auszugehen. Sie verliebten sich so glühend, dass Donald ihr nach nur vier Monaten ganz spontan einen Heiratsantrag machte. Damit hatte Laurie nicht gerechnet, und nun war sie plötzlich im Netz ihrer eigenen Vorurteile gefangen. Der einzige Grund, der dagegen sprach, seinen Antrag anzunehmen, war Lauries diskriminierende, überhebliche Einstellung.

»Das ist eine komplette Katastrophe!«, erzählte sie mir. »Da erlaubt sich Gott wirklich einen schlechten Scherz mit mir. Ich werde Donald niemals heiraten können«, fuhr sie fort, obwohl sie ihn ganz offenkundig liebte.

»Warum nicht?«, fragte ich.

»Weil er nicht gut genug für mich ist!«, gab sie zu. »Ich will jemanden mit Geld, einem schönen Auto und einem Harvard-Abschluss, und er muss Jude sein! Ich weiß, dass das nicht richtig ist, aber ich brauche jemanden, der so ist wie ich. Er muss Klasse und Status besitzen. Sonst würde eine Ehe niemals funktionieren!«

»Aber Sie lieben ihn doch! Das haben Sie selbst gesagt.«

»Ja, aber das allein genügt nicht!«

»Wovor haben Sie denn eigentlich Angst?«, hakte ich nach.

»Meine Freunde! Meine Familie! Sie werden denken, dass ich nicht standesgemäß heirate!«, rief sie aus. »Das wäre so beschämend!«

»Und Sie selbst? Was denken Sie?«

»Ich denke, dass er mich sowieso nicht mehr lieben wird, wenn er herausfindet, wie meine Familie denkt und was für schrecklich oberflächliche Leute wir alle sind!«

»Dann befürchten Sie also, dass er, wenn er Sie erst näher kennt und wenn er Ihre Familie und Ihre Freunde kennen lernt und feststellt, welche Vorurteile Sie alle hegen, Sie nicht mehr lieben wird? Verstehe ich das richtig?«

»Ja«, sagte sie, »wenn ich genauer darüber nachdenke, ist es genau das, wovor ich mich fürchte.«

»Laurie, wahre Liebe ist treu und stark«, entgegnete ich. »Ich glaube, diese Dinge werden überhaupt keine Rolle spielen. Die aufrichtige Liebe, die Sie beide füreinander empfinden, wird gewiss über die Meinung der anderen triumphieren und alle Vorurteile überwinden, auch Ihre eigenen. Folgen Sie Ihrem Herzen, nicht Ihrer Furcht.«

Damit, dass sie Donald begegnete und sich in ihn verliebte, hatte das Universum Laurie wirklich ein großes Geschenk gemacht. Sich in jemanden zu verlieben, den sie unter anderen Umständen als minderwertig abgetan hätte, bot ihr die Chance, wahre Liebe zu erfahren und nicht bloß eine festgefahrene Vorstellung von Liebe. Dadurch wurde es ihr auch möglich, ihr mentales Gefängnis hinter sich zu lassen und sich dem Rest der Menschheit anzuschließen. Glücklicherweise hörte Laurie auf ihr Herz, änderte ihre Einstellung und heiratete Donald. Neun Jahre später sind die beiden nach wie vor ein glückliches Paar und inzwischen Eltern von zwei Kindern. Und Donald ist für Lauries Eltern jetzt der Lieblings-Schwiegersohn. Wie sich zeigte, hatte Lauries Familie mit Donalds Herkunft viel weniger Probleme, als Laurie sich eingebildet hatte. Als Laurie ihren Überlegenheitskomplex aufgab, verhalf ihr das zu einem liebevollen und treuen Ehemann, auch wenn dieser ganz und gar nicht ihren einstigen Vorstellungen entsprach. Heute veranstalten Laurie und Donald gemeinsam Seminare für Paare mit unterschiedlicher Konfession und empfinden es als spirituell sehr bereichernd, ihre eigenen Erfahrungen an andere Ehepaare weiterzugeben, die sich ähnlichen Herausforderungen gegenübersehen.

Welche Werturteile hegen Sie insgeheim, mit denen Sie sich von anderen Menschen abgrenzen?

____

____

Welche diskriminierenden Auffassungen waren in Ihrem Elternhaus üblich?

____

____

In welchen Lebensbereichen kommen Ihre eigenen Überlegenheitskomplexe zum Vorschein?

____

____

In welchen Lebensbereichen kommen Ihre Minderwertigkeitskomplexe zum Vorschein?

____

____

Denken Sie an eine Person, der Sie sich über- oder unterlegen fühlen. Notieren Sie alles, was Sie mit ihr gemeinsam haben:

____

____

Ein allzu mitfühlendes Herz

Ebenso wie ein verschlossenes kann auch ein zu weit geöffnetes Herz Probleme verursachen. Ein solches Herz bewirkt, dass Menschen allzu sensibel auf die Energien der anderen reagieren. Das geht so weit, dass sie die Energie anderer Menschen regelrecht absorbieren, was zu psychischer und physischer Erschöpfung führen kann, besonders wenn diese Energie unstimmig und voller Wut ist. Bei zu großem Einfühlungsvermögen gehen Sie unterschiedslos mit allen Menschen in Resonanz. Wenn jemand glücklich ist, fühlen auch Sie sich glücklich. Fühlt sich jemand elend, fühlen auch Sie sich elend. Dann sind Sie den Gefühlen anderer auf Gedeih und Verderb ausgeliefert; Sie fühlen, was die anderen fühlen, ob Sie wollen oder nicht – wie ein Blitzableiter in einem Gewitter. Wenn sich Energie entlädt, ziehen Sie sie zwangsläufig an.

Da ich ein intuitiv begabter Mensch bin, litt ich jahrelang unter diesem Problem. Arbeitete ich mit einem fröhlichen, friedlichen Menschen, war das sehr angenehm. Hatte ich es dagegen mit einem Klienten zu tun, der wütend, verängstigt oder deprimiert war, geriet ich zwangsläufig in dessen emotionales Fahrwasser – und ging darin unter. Erst nach jahrelangem Studium bei meinen spirituellen Lehrern gelang es mir, die Energie der anderen nicht mehr zu absorbieren und stattdessen in meinem eigenen Herzen verankert zu bleiben. Dazu musste ich lernen, zwischen Liebe und Sentimentalität zu unterscheiden. Sentimentalität, so fand ich heraus, macht uns zu Mitgliedern im »Wollte/sollte/könnte«-Club, wo es immer sanft und lieb und verständnisvoll zugeht und wir nur die angenehmen Gefühle akzeptieren. Sentimentalität möchte das Leben weißwaschen und missachtet die Leidenschaft und den Schmerz, die mit persönlichem Wachstum einhergehen. Die Liebe dagegen ermöglicht es uns, einen anderen Menschen zu achten und zu unterstützen, ohne uns in sein Leben einzumischen oder Werturteile zu fällen. Wir können der Versuchung, andere zu retten, widerstehen – so schwer es uns auch fallen mag, ihnen bei ihrem persönlichen Entscheidungsprozess zuzuschauen, ohne einzugreifen. Wenn ich auf der sentimentalen Ebene mit jemandem in Resonanz gehe, will ich, dass es ihm so schnell wie möglich besser geht. Doch in Wahrheit nützt das weder ihm noch mir, sondern befreit mich nur davon, seinen Schmerz spüren zu müssen.

Zwar mögen wir uns sagen, dass es gütig und liebevoll ist, wenn wir den Schmerz anderer aufnehmen, doch in Wahrheit handelt es sich dabei lediglich um einen Versuch, unser eigenes Unbehagen zu lindern. Wirkliche Liebe lässt uns erkennen, dass alle Lebenserfahrungen, auch die schmerzlichen, gewürdigt und respektiert werden müssen und dass wir lernen müssen, dabei in unserem eigenen Energiefeld zu bleiben. Wir dürfen nicht versuchen, den Wachstumsprozess eines anderen Menschen zu kontrollieren, und uns schon gar kein Recht auf Einmischung anmaßen. Um zu lernen, müssen wir alle unsere eigenen Erfahrungen machen. Wenn wir hier bei einem anderen Menschen störend eingreifen, und sei es auch in bester Absicht, behindern wir damit sein Wachstum.

Wenn Sie empathisch veranlagt sind, ist es gut möglich, dass Sie sich manchmal fühlen wie eine Schildkröte ohne Panzer, verletzlich und den Elementen ausgeliefert. Doch Sie brauchen unter den energetischen Gewittern der anderen nicht zu leiden. Andernfalls besteht die Gefahr, dass Sie krank werden. Ich hatte einmal einen Klienten namens Ramon. Er war Heiler und ein hochsensibler und sehr liebevoller Mensch. Jedes Mal, wenn er mit dem Schmerz, der Traurigkeit oder dem Unbehagen eines anderen Menschen konfrontiert wurde, löste das bei ihm eine starke körperliche Unruhe aus. Dabei spielte es keine Rolle, von wem diese Emotionen ausgingen – es konnte ein Bankangestellter sein, die ärgerliche Verkäuferin im Lebensmittelgeschäft oder seine leidenschaftliche und manchmal auch launische Lebensgefährtin. Ramon war so empfänglich für diese Energien, dass sie jedes Mal einen regelrechten Schock in seinem Nervensystem auslösten. Die Belastung wurde so stark, dass er schließlich ein sehr unangenehmes Ekzem entwickelte. Er versuchte alles nur Erdenkliche, um seinen Zustand zu bessern, doch da er nicht genug innere Distanz zu den Menschen seiner Umgebung schaffen konnte, hielt sich das Ekzem hartnäckig. Als er die psychischen Hintergründe seiner Beschwerden begriffen hatte, wurde ihm klar, dass er sich – zusätzlich zu Therapien wie Hypnose, Meditation und einer konventionellen medizinischen Behandlung – vor allem bewusst von den Schwingungen anderer Menschen distanzieren musste, da sonst keine Heilung möglich war. Dank großer Disziplin und viel Bewusstseinsarbeit begann sich Ramons Zustand schließlich zu bessern. Verärgert über die heftigen Reaktionen, die manche Menschen trotz allem immer noch bei ihm auslösten, fragte er mich eines Tages: »Sonia, ich sehe ja ein, dass ich mich nicht in die Lektionen anderer Leute einmischen soll. Aber wie kann ich es vermeiden, ihre Frustration mitzuempfinden, besonders bei jemandem, mit dem ich täglich zusammen bin, wie zum Beispiel meiner Freundin? Ich schaffe es immer noch nicht richtig, ihre Energie herauszufiltern, und das zehrt an meinen Kräften.«

Ich gab ihm den gleichen Rat, den meine Lehrer mir erteilt hatten, als ich damit begann, mediale Beratungen für andere abzuhalten, und mich von deren Emotionen überwältigt fühlte: »Wenn Sie das Gefühl haben, die Energie eines anderen aufzunehmen, können Sie immer Ihre Füße gebrauchen und weggehen. Ziehen Sie sich aus der Situation zurück, und senden Sie dem Betreffenden dabei Ihren Segen und Ihre Gebete. Das wird Ihnen helfen, sich innerlich vom Lernprozess des anderen zu lösen und sich nicht einzumischen. Und dabei können Sie trotzdem eine liebevolle Haltung einnehmen.«

Die Antwort schien ihm so offensichtlich, dass er laut auflachte. »Natürlich«, sagte er, »warum eigentlich nicht?« Ich pflichtete ihm bei: »Gönnen Sie sich eine Pause, etwas Abstand. So einfach ist das.« Oft ist es gar nicht nötig, dass wir uns das Leben schwer machen. Es braucht seine Zeit, aber langsam bekommt Ramon sein Energiefeld unter Kontrolle und sein Herzchakra ins Gleichgewicht. Außerdem hat er sich ein Paar Joggingschuhe gekauft, und das Laufen hilft ihm, wenn alles andere versagt. Seine Haut heilt nun allmählich.

Wie empathisch sind Sie?

Wirken die Stimmungen anderer Menschen sich auf Ihr körperliches Wohlbefinden aus? Gilt das generell oder nur bei bestimmten Menschen? Welche körperlichen Reaktion treten auf?

Was tun Sie, wenn Sie negativer Energie ausgesetzt sind?

Spüren Sie, dass sich in Gegenwart bestimmter Menschen oder an bestimmten Orten Ihre Stimmung verändert?

Welche Situationen oder Personen wirken besonders stark auf Sie? Was bringt Sie aus der Ruhe?

Probieren Sie's mal!

Nehmen Sie ein harmonisierendes Bad

Eine Möglichkeit, Ihre Aura von den Schwingungen anderer Leute zu reinigen und wieder ins Gleichgewicht zu kommen, ist ein Bad mit Bittersalz. Schütten Sie zweihundert Gramm Bittersalz in eine Wanne mit lauwarmem Wasser. Geben Sie ein paar Tropfen eines ätherischen Öls hinzu (vorzugsweise Rosenöl, das beruhigend und harmonisierend auf das Herz wirkt) und baden Sie für mindestens zwanzig Minuten. Da Bittersalz die Haut stark austrocknet, sollten Sie sich hinterher kurz abduschen. Diese Reinigung wirkt wahre Wunder, wenn Sie zu stark mit fremder psychischer Energie aufgeladen sind. (Wenn Sie das Gefühl haben, dass Bittersalz zu stark austrocknet, können Sie stattdessen Natron – Natriumbikarbonat – verwenden. Es wirkt genauso gut.)

Die Macht der Anziehung

Wenn das Herz offen und im Gleichgewicht ist, ziehen wir unwillkürlich alles an, was wir brauchen, denn die Energie der Liebe ist magnetisch und harmonisch. Sind unsere Herzen offen, ziehen wir positive Erfahrungen geradezu magisch an. Obendrein entsprechen sie oft genau dem, was momentan gerade am besten für uns ist. Dieses Phänomen – dass wir zur richtigen Zeit am richtigen Ort sind – wird oft als Synchronizität bezeichnet. Ich nenne es Resonanz: »Gleiches zieht Gleiches an.«

Eine Zeitlang besuchte Don meine Seminare, ein Teilzeit-Taxifahrer aus Chile. Ihm ging es damals furchtbar schlecht; er kam finanziell kaum über die Runden, lebte allein und drohte bei seinen Weiterbildungskursen zu versagen, weil er unter solchem Stress stand. Er spürte, dass es so nicht weitergehen konnte, und dachte, ich könnte ihm vielleicht helfen.

Als er von den Chakras und deren Funktionsweise erfuhr, gefiel ihm die Vorstellung ganz besonders, dass die Öffnung des Herzchakras ein Weg ist, mehr positive Erfahrungen anzuziehen. »Ich muss einfach etwas ändern«, sagte er. »Ich bin pleite, habe schreckliche Angst, meine Prüfungen nicht zu schaffen, und fühle mich sehr einsam. Vielleicht bessert sich meine Lage, wenn ich mein Herz öffne. Schaden kann es jedenfalls nicht. Schlimmer als jetzt können die Dinge sowieso nicht mehr werden.«

Und so fing er an, jeden neuen Fahrgast, der zu ihm ins Taxi stieg, mit einem herzlichen Lächeln und echter Freude zu begrüßen. Er hörte seinen Passagieren mitfühlend zu, selbst wenn sie schimpften und fluchten. Er fuhr vorsichtig, hielt sein Taxi sauber und war freundlich – drei unter den Taxifahrern Chicagos nicht sehr verbreitete Vorzüge.

Gleich im ersten Monat, in dem er seine neue Haltung echter Herzensoffenheit praktizierte, veränderte sich seine Lage zum Besseren. »Es war verblüffend!«, erzählte er. »Wie durch Magie stand jedes Mal, wenn ich einen Fahrgast irgendwo absetzte, gleich der nächste für mich bereit, gerade so, als hätte er speziell auf mich gewartet. Ich machte überhaupt keine Leerfahrten mehr, während ich zuvor manchmal eine halbe Stunde hatte herumkurven müssen, um einen neuen Fahrgast zu finden. Noch dazu nahm ich mehr als zweitausend Dollar an Trinkgeldern ein. Das größte war eine Hundertdollarnote von einer Frau, die verspätet zu einem Hauskauf unterwegs war. Ich hatte sie während eines Wolkenbruchs aufgelesen, als weit und breit kein anderes Taxi zu finden war. Ein anderer Fahrgast, dem offenbar mehrere Nachtklubs in der Stadt gehören, bot mir eine Stelle als Chauffeur an. Er mag mich offenbar. Nach meiner Abschlussprüfung werde ich mich bei ihm vorstellen. Da ich endlich mehr Geld verdiente, konnte ich es mir leisten, etwas früher als sonst Feierabend zu machen, so dass ich endlich Zeit zum Lernen hatte. Dadurch fiel eine Menge Druck von mir ab. Und das Beste kommt noch: In einem Schneesturm fuhr ich eine junge Frau zum Flughafen O'Hare. Wir kamen ins Gespräch und entdeckten, dass wir beide an der Universität Kurse in Einwanderungsrecht belegt haben. Und stellen Sie sich vor: Sie fragte mich, ob ich mit ihr ausgehen möchte! Als sie zehn Tage später nach Chicago zurückkehrte, rief sie mich tatsächlich an. Wir verabredeten uns auf einen Kaffee, und es hat mächtig gefunkt zwischen uns. Ich weiß noch nicht, ob eine feste Sache daraus wird, aber meinem Selbstbewusstsein hat dieses Erlebnis natürlich kräftig Auftrieb gegeben. Ich fragte sie, ob sie sich je zuvor mit einem Taxifahrer verabredet hätte. Sie sagte: ›Nein, noch nie. Aber ich fand dich so offen und vertrauenswürdig, und da dachte ich, ich versuch's mal.‹«

Bei Dons Erfahrungen handelt es sich keineswegs um Zufälle oder blindes Glück. Vielmehr zeigt sich daran, welche magnetische Kraft ein offenes Herzchakra ausstrahlt. Unbewusst sind wir alle auf der Suche nach Liebe. Wenn wir ihre Gegenwart spüren, werden wir davon unwillkürlich angezogen. Es gibt auf der Welt keine wirksamere Kraft als die Liebe. Wenn ein Mensch sich liebevoll verhält, macht ihn das für andere unwiderstehlich.

Was möchten Sie gern in Ihr Leben ziehen?

Wie erfolgreich ist es Ihnen bisher gelungen, Erwünschtes anzuziehen?

Können Sie ein liebevolles Bild Ihrer Herzenswünsche entwerfen?

Liebe kommt von innen

Zu den größten Mythen im Bereich der Liebe gehört der Glaube, wenn wir uns verlieben, sei es möglich, von da an für alle Zeit glücklich zusammen zu leben. Diese irrige Annahme ist nicht weiter erstaunlich, wenn man bedenkt, dass wir mit zahllosen Märchen groß geworden sind, die uns einreden, dass all unsere Probleme sich auf wundersame Weise in Luft auflösen, wenn wir nur den richtigen Gefährten oder die richtige Gefährtin finden. Immer wieder wird uns aufgetischt, es gäbe diese eine Person, die unsere innere Leere füllen, uns glücklich machen und uns das Gefühl vermitteln wird, geliebt zu werden. In meinem eigenen Leben stand dieses Programm schon fest, als der Arzt mir aufs Hinterteil klopfte und sagte: »Es ist ein Mädchen!«

Für so viele von uns ist Liebe in Wahrheit nichts als die gut getarnte Forderung: »Kümmere dich um mich, und zwar gefälligst besser als meine Eltern!« Dieser unrealistische Anspruch ist die wahre Ursache aller Beziehungskrisen und gebrochenen Herzen. Solange wir glauben, Liebe bedeute, ein anderer Mensch müsse dafür sorgen, dass es uns gut geht, werden wir das Wunder echter Liebe niemals erfahren; wir werden weiterhin deprimiert, frustriert und enttäuscht sein. Andere Menschen sind nämlich leider niemals in der Lage, unsere innere Leere zu füllen. Bestenfalls können wir miteinander die Vereinbarung treffen, Gefährten und Freunde zu sein, während jeder von uns seinen eigenen Weg der Selbstentdeckung und -entfaltung geht. Wahre Liebe ist kein Versprechen, dass ein anderer uns vor unseren inneren Dämonen retten wird. In Wirklichkeit geht es bei wahrer Liebe überhaupt nicht um uns selbst. Es geht vielmehr um die Entscheidung, mit einem anderen Menschen so liebevoll und fürsorglich umzugehen wie mit uns selbst und ihn so zu akzeptieren, wie er ist – ohne Bedingungen, Ausnahmen oder Werturteile. Das ist eine ziemlich große Aufgabe, und wir werden sie kaum bewältigen können, solange wir nicht akzeptieren, dass wir für unser eigenes Glück ganz allein verantwortlich sind. Wir können uns nicht an einen anderen Menschen klammern, auch wenn wir dieses Verhalten als »Liebe« tarnen.

Wir können nur dann wirklich lieben, wenn wir darauf verzichten, den Partner an uns zu binden, zu kontrollieren und zu manipulieren, um uns selbst dadurch sicherer zu fühlen. Wir müssen bereit sein, auf unseren eigenen Füßen zu stehen. Mit anderen Worten, wir müssen fähig sein, uns selbst zu lieben – bedingungslos und treu. Gewiss können wir uns gegenseitig bei unserem persönlichen Wachstum helfen, aber die eigentliche innere Entwicklungsarbeit müssen wir selbst tun, das können uns andere niemals abnehmen. In jeder Beziehung, in der es als Liebe getarnte Abhängigkeiten gibt, wird einer der Partner früher oder später zu rebellieren beginnen, und emotionales Chaos ist unausweichlich. Interessanterweise scheint kein Mensch dieser Lektion entrinnen zu können, da es für unser eigenes spirituelles Glück und für die Evolution des Planeten unerlässlich ist, sie zu begreifen. Tatsächlich sind wir gerade, um diese Lektion zu lernen, hierher auf die Erde gekommen.

Wenn wir uns in einen Menschen verlieben, beginnt, sobald die Romantik abgeflaut ist, die eigentliche Arbeit der Liebe. Leonore, eine meiner Klientinnen, war seit fünfunddreißig Jahren mit Rob, einem reichen Arzt, verheiratet. Die beiden hatten sich schon als Teenager ineinander verliebt. Sie arbeitete schwer in allen möglichen Jobs, während Rob studierte, sein Examen machte und schließlich ein Vermögen verdiente. Dann blieb sie zu Hause, zog ihre drei Kinder groß und konzentrierte sich völlig darauf, »eine gute Hausfrau und Mutter« zu sein. Sie hatte schon fest damit gerechnet, auf diese Weise »glücklich bis an ihr Lebensende« weitermachen zu können, als Rob sich plötzlich auf eine Affäre mit einer jüngeren Frau einließ und obendrein noch ein kleines Vermögen verlor. Als Leonore mich aufsuchte, war sie völlig verzweifelt und beschuldigte Rob immer wieder, er hätte ihr Leben ruiniert. Sie schwankte hin und her zwischen heftigem Hass auf ihn und der Angst, er könnte sich wegen der anderen von ihr scheiden lassen. Vor allem aber fragte sie sich, wie sie – falls das wirklich geschehen sollte – künftig für ihren Lebensunterhalt aufkommen und Verantwortung für sich selbst übernehmen sollte.

Leonore, die offenbar damit gerechnet hatte, dass ich in ihre Schimpftirade auf ihren Mann mit einstimmen würde, war verblüfft, als ich ihr sagte, diese Ereignisse seien als Aufruf des Universums an sie zu verstehen, lieben zu lernen. Sie entgegnete: »Was meinen Sie damit? Ich habe ihn mein ganzes Leben lang geliebt! Ich habe alles für ihn getan! Er verdankt mir so viel!«

»Das ist es ja gerade. Sie haben das alles nur in der Erwartung getan, dass er Ihnen die Verantwortung für Ihr Leben abnimmt. Indem Sie ihm dienten, haben Sie in Wahrheit Ihre geheime Angst beschwichtigt, nicht selbst für sich sorgen zu können. Das hat er instinktiv gespürt. Robs Fehltritt ist in Wirklichkeit ein Anstoß für Sie, sich nicht länger an ihn zu klammern und sich von Ihren Ängsten zu befreien. Statt Rob aus Angst, ohne ihn nicht überleben zu können, alles recht zu machen, bietet sich Ihnen nun die Chance, sich ein Leben schaffen, das Ihnen echte Erfüllung schenkt. Auf eine zugegebenermaßen etwas seltsame und verzerrte Weise ist sein Verhalten liebevoll, denn auf der Seelenebene weiß er, dass mehr in Ihnen steckt als das, womit Sie sich bislang zufrieden gegeben haben.«

Eine solche Deutung ihrer Situation hatte sie nicht erwartet, aber dann gestand Sie: »Sie haben Recht! Es ist lange her, dass ich zum letzten Mal wirkliche Liebe für ihn empfunden habe. Ich bin bei ihm geblieben wegen des Geldes, der Bequemlichkeit und Überschaubarkeit dieser Ehe. Ich habe das Gefühl, dass mein eigenes Leben zu kurz gekommen ist, und darüber ärgere ich mich, ehrlich gesagt, am meisten. Wenn er sich jetzt scheiden lässt, bekommt sie alle Vorteile, und ich lande auf der Straße!«

Ich empfahl Leonore, sich statt auf Rob und seine Geliebte besser auf ihr eigenes ungelebtes Leben zu konzentrieren. Sie konnte den ganzen Tag jammern und auf ihn schimpfen, aber das half ihr nicht im Geringsten dabei, heiler und selbstständiger zu werden. »Gehen Sie wieder zur Schule und entwickeln Sie Ihre Talente«, schlug ich vor. »Während Ihre Kinder heranwuchsen, haben Sie Ihre schriftstellerischen Ambitionen aufgegeben. Dabei haben Sie auf diesem Gebiet wirkliches Talent. Schaffen Sie sich Ihr eigenes Leben und einen eigenen Freundeskreis. Erwarten Sie nicht länger, dass Rob für die Abwechslung in Ihrem Alltag sorgt. Stellen Sie sich auf eigene Füße, und setzen Sie sich eigene Ziele.«

»Ich weiß zwar, dass Sie Recht haben, aber es klingt nach einer ziemlichen Herausforderung. Ich muss zugeben, dass ich Angst davor habe. Ist das nicht erbärmlich?«

»Nein, keineswegs«, beruhigte ich sie. »Sie haben all die Jahre sehr zurückgezogen gelebt. Unabhängigkeit ist neu für Sie. Beginnen Sie mit kleinen Schritten, dann wird es leichter.« Ich ermutigte sie, ihre Rückkehr in die Welt in die Wege zu leiten, indem sie begann, stundenweise in der örtlichen Buchhandlung zu arbeiten und einen Kurs für kreatives Schreiben belegte.

»Was ist mit der Scheidung? Und was ist mit der anderen Frau?«, beharrte sie.

»Vergessen Sie das einstweilen. Statt Rob den Krieg zu erklären, sollten Sie sich sagen: Jeder muss selbst sehen, wie er glücklich wird. Und handeln Sie nicht aus dem Motiv heraus, Rob etwas beweisen oder heimzahlen zu wollen. Tun Sie Dinge, die gut für Sie selbst sind und Ihnen Freude machen. Und warten Sie ab, was geschieht.«

Da Leonore erleichtert war, ein paar neue Impulse erhalten zu haben, und nicht wirklich eine Scheidung wollte, befolgte sie meinen Rat und suchte sich noch in derselben Woche einen Job. Der Kurs in kreativem Schreiben, an dem sie teilnahm, machte ihr so großen Spaß, dass sie gleich noch einen weiteren an der örtlichen Universität belegte. Da sie nun ganz mit eigenen Aktivitäten ausgefüllt war, dachte sie tagsüber kaum noch an Rob – ein beträchtlicher Fortschritt, wenn man bedenkt, dass sie während ihres ersten Besuchs bei mir noch geradezu von ihm besessen gewesen war. Da ihr neues Leben ihr so viel Freude machte, verhielt sie sich Rob gegenüber jetzt viel freundlicher, wenn sie sich sahen. Er war plötzlich auf ganz neue Weise von ihr fasziniert, weil sie nicht mehr ständig verfügbar war und er nun nicht mehr die Bürde tragen musste, ihr Ein und Alles zu sein. Im Gegenzug musste er lernen, für sich selbst zu kochen und seine Wäsche zu waschen; er musste jetzt sogar mit seinen eigenen Kindern reden, da sie ihm das nun nicht mehr abnahm!

Sie spürten beide ganz spontan, dass die Dinge sich zum Besseren wendeten, als Rob, während sie gemeinsam den Frühstückstisch abräumten, etwas Albernes sagte und sie beide laut loslachen mussten und gar nicht wieder aufhören konnten. In diesem Moment löste sich Leonores und Robs seelische Erstarrung, und ihre Herzen öffneten sich wieder füreinander. Als seien sie aus einem bösen Traum erwacht, schauten sie einander in die Augen und wussten, dass alles wieder gut werden würde. Es gab noch eine Menge zu lernen, aber je mehr Verantwortung jeder von beiden für das eigene Leben übernahm, desto mehr wuchs ihre Fähigkeit, sich gegenseitig echte Liebe zu schenken. Rob lernte das Zusammensein mit Leonore auf neue Weise zu schätzen, und sie sah in ihm nicht länger den »Papi« mit dem dicken Scheckbuch. Robs Geliebte verschwand wieder von der Bildfläche. Stück für Stück gewannen die beiden die Liebe zurück, die sie einst bei der Hochzeit füreinander empfunden hatten.

In welchen Lebensbereichen hegen Sie einen Groll?

Welche Ihrer Träume haben Sie noch nicht in die Tat umgesetzt?

Welche stillschweigenden Erwartungen hegen Sie gegenüber anderen Menschen? Wie sollen andere zu Ihrem Wohlergehen beitragen?

In welchen Lebensbereichen sind Sie bereit, zu vergeben und zu vergessen und mehr Verantwortung für Ihr Glück zu übernehmen?

In welchen Lebensbereichen sind Sie zu größerer Unabhängigkeit bereit?

Wann haben Sie zuletzt mit Ihrem Partner zusammen gelacht?

Vergebung bringt das Herz ins Gleichgewicht

Wenn emotionale Wunden das Herz verschließen, dann ist es die Vergebung, die es wieder zu öffnen vermag. Es ist verlockend einfach, einen Schrein für unser gebrochenes Herz zu errichten und uns mit der Leere unserer Bitterkeit abzufinden. Unseren Schmerz zu überwinden erfordert Mut. Doch die Segnungen der Liebe können wir nur erlangen, wenn wir bereit sind, loszulassen und zu vergeben. Durch Vergebung heben wir die Trennung auf, die uns so sehr schmerzt und uns das Gefühl gibt, nicht liebenswert zu sein. Wir öffnen uns für die Wahrheit, dass niemand uns daran hindern kann, Liebe zu empfinden und geliebt zu werden. Vergebung lässt uns frühere Erfahrungen in einem neuen, mitfühlenden Licht sehen. Sie befreit uns von der Last der Vergangenheit, lässt uns den Wert der bewältigten Lektionen erkennen und ermöglicht es, dass aus Verwundeten Heiler werden können.

Jerry, ein auf den ersten Blick attraktiv und charmant wirkender Mann, war in Wahrheit wütend und zutiefst verletzt, da eine schmerzvolle, von Alkoholismus, emotionaler Vernachlässigung und körperlicher Gewalt überschattete Kindheit hinter ihm lag. Er verbarg diesen Schmerz aber gut – jedenfalls glaubte er das. Erst im vierzehnten Jahr seiner Ehe brach seine Welt plötzlich auseinander. Zuerst reichte seine Frau die Scheidung ein; dann überschrieben seine Eltern ihre Firma seinem Bruder, ohne mit ihm darüber zu sprechen. Diese beiden Ereignisse warfen ihn völlig aus der Bahn. Er wusste, dass er immer schon Grollgefühle gegenüber seiner Familie verspürt hatte. Auf ihm als dem ältesten von zwölf Geschwistern hatte stets eine unfair große Verantwortung gelastet. Sein Vater arbeitete die ganze Zeit oder trank mit Freunden in der örtlichen Bar. Seiner überforderten Mutter brannten immer schnell die Sicherungen durch; sie erwartete von den Kindern, dass sie alles selbst regelten – eine Anforderung, der kein Kind gerecht werden kann.

Nach einem heftigen Streit mit seinem Vater verließ Jerry mit achtzehn Jahren das Haus. Er beabsichtigte, von nun an ein eigenständiges Leben zu führen, doch insgeheim fühlte er sich als ausgemachter Versager. Wegen seiner Kindheitserlebnisse war er von Bitterkeit, Wut und Groll erfüllt und kam daher nur schwer mit anderen Menschen zurecht. Um andere auf Distanz zu halten und sein verwundetes Herz zu schützen, trank er. Doch das bewirkte nur, dass er sich noch wütender und ungeliebter fühlte, und setzte einen Teufelskreis aus Depression, Unsicherheit und Zorn in Gang. Die Scheidung und der Verrat seiner Eltern gaben ihm schließlich den Rest. Er brauchte dringend Hilfe.

Jerry wandte sich an einen Freund, der ihm empfahl, an einem Heilungsseminar teilzunehmen, um seine Wut und seinen Schmerz wenigstens teilweise aufzuarbeiten. Während des Seminars wurde Jerry aufgefordert, sich vorzustellen, dass seine Eltern im Sterben lägen, und sich die Gefühle zu vergegenwärtigen, die er dabei empfand. Als Jerry das versuchte, merkte er, dass es weit mehr als eine bloße Vorstellungsübung war. Er hatte eine klare Vision seiner Eltern, die schwer verletzt im Krankenhaus lagen und um ihr Leben kämpften. Als er sie so verletzlich und hilflos sah, kamen ihm sofort alle liebevollen Situationen in den Sinn, die er trotz allem mit ihnen erlebt hatte. Er erkannte, dass sie unter den gegebenen Umständen ihr Bestes getan hatten und dass er mehr weder von ihnen noch von irgendeinem anderen Menschen verlangen konnte. Die Vision ihres Sterbens war so erschreckend, dass Jerrys Herz augenblicklich vor Liebe und Mitgefühl für seine Eltern überfloss. Er erkannte, wie viel sie ihm bedeuteten, und begriff, dass er sich mit seiner Verbitterung sein Leben ruinierte. Für ihn hatte es so ausgesehen, als seien sie gegen ihn, während in Wahrheit er sie von sich gestoßen hatte. Nicht sie mussten sich ändern, sondern er selbst, wenn sein Leben eine positive Wendung nehmen sollte. In diesem Moment beschloss er, seinen Groll aufzugeben und ihnen zu verzeihen, ehe es dafür zu spät war.

Nach dem Seminar fuhr er sofort zu ihnen und sagte ihnen, dass er sie liebte und ihnen alles verzieh, was früher zwischen ihnen vorgefallen war. Sein Vater fing an zu weinen und drückte Jerry an die Brust. Seine Mutter, die stets zurückhaltender gewesen war, wahrte zunächst noch Distanz, doch letztlich konnte sie seiner Liebe ebenfalls nicht widerstehen und reagierte positiv. In dem Moment, als er ihnen verzieh, fiel eine unglaubliche Last von ihm ab. Als er anschließend nach Hause fuhr, empfand er auch für sich selbst die gleiche Liebe, das gleiche Mitgefühl. Er fühlte sich nicht länger einsam und wertlos, und seine Tränen begannen zu fließen. Endlich konnte er sich entspannen.

Zwei Tage später beschloss er beim morgendlichen Joggen, mit Gott zu reden. »Ich bin es leid, immer deine Hinweise zu verpassen, Gott!«, rief er dem Universum zu. »Stell die Lautstärke höher, damit ich dich hören kann!« Als er nach Hause zurückkehrte, klingelte das Telefon. Seine Eltern hatten einen schrecklichen Autounfall erlitten. Sie waren beide schwer verletzt, und die Ärzte gaben ihnen keine Überlebenschance. So tief er auch davon betroffen war, dass seine Vorahnung sich bewahrheitet hatte, verspürte er doch zugleich große Dankbarkeit dafür, dass seine letzte Begegnung mit seinen Eltern im Geist der Liebe und Vergebung stattgefunden hatte. Mit dem Wissen, dass seine Eltern noch erfahren hatten, wie sehr er sie liebte, ließ sich die Tragödie leichter ertragen. Gott hatte ihn an jenem Morgen offensichtlich gehört. Die Nachricht war klar und deutlich gewesen.

Gegenüber welchen Menschen verspüren Sie Wut und Bitterkeit?

___

___

Worüber sind Sie besonders wütend?

___

___

Wann haben Sie mit jenen, gegen die Sie einen Groll hegen, zuletzt gesprochen?

In welcher Weise sind Sie selbst für den Bruch mitverantwortlich?

Was können Sie aus Ihrer Wut lernen?

Können Sie verzeihen? Sind Sie dazu bereit?

Probieren Sie's mal!

Veranstalten Sie eine »Fröhliche-Herzen-Party«

Wenn es Ihnen gelungen ist, Ihr Herz zu öffnen, muss das unbedingt gefeiert werden. Veranstalten Sie für sich eine »Fröhliche-Herzen-Party« und laden Sie alle guten Freunde dazu ein. Bitten Sie jeden Gast, ein für ihn bedeutungsvolles Geschenk mitzubringen, etwas, das Balsam für seine Seele ist. Das kann ein Lieblingsbuch oder eine Lieblings-CD sein, eine Flasche seines bevorzugten Badeöls oder auch eine Videokassette mit einem besonders geschätzten Kinofilm. Wenn alle eingetroffen sind, öffnen Sie zunächst zwei oder drei Flaschen preiswerten Sekt, gießen ihn in einen Eimer oder eine Schüssel und lassen alle Gäste ihre Füße darin baden, als Symbol dafür, dass aller Staub der Vergangenheit abgewaschen wird. Backen Sie dann in der Küche herzförmige Plätzchen und dekorieren Sie sie so farbenfroh wie möglich. Während die Gäste noch mit dem Backen beschäftigt sind, stecken Sie alle

Geschenke in einen Sack. Lassen Sie dann jeden Gast ein Geschenk herausziehen. Zum Abschluss der Party essen Sie gemeinsam die Plätzchen und danken einander für die gegenseitige Freundschaft und Unterstützung.

Liebe ist in den kleinen Dingen

Wenn wir für die Liebe erwachen, glauben wir manchmal, wir müssten außerordentliche Taten vollbringen, um den anderen und uns selbst zu beweisen, dass wir von jetzt an wirklich liebevolle Menschen sind. Doch leider können selbst die besten Absichten fehlschlagen, weil sie im gewöhnlichen Leben nicht immer angemessen sind. Zudem steckt dahinter immer noch Ihr Ego, das Ihnen einredet, in irgendeiner Weise außergewöhnlich sein zu müssen, und nicht Ihr Herz. Viel nützlicher ist es, wenn Sie sich, statt über irgendwelche außergewöhnlichen Liebesbeweise nachzudenken, bei den ganz alltäglichen Dingen außergewöhnlich liebevoll verhalten. Wenn Sie beispielsweise Ihren Kindern das Frühstück machen, können Sie ein bisschen geduldiger sein und lächeln, statt Ihnen die Cornflakes mit einem schroffen »Los, Beeilung! Sonst kommt ihr zu spät!« hinzuknallen. Fragen Sie, wenn Sie die Morgenzeitung aufschlagen, Ihren Partner oder Ihre Partnerin: »Welchen Teil möchtest du zuerst?«, und reichen sie ihn herüber. Mit anderen Worten, in jedem Augenblick des Tages haben Sie die Wahl, sich liebevoll zu verhalten. Es kommt nicht so sehr darauf an, was Sie tun, sondern wie Sie es tun.

Als Teenager rief ich oft noch spät am Abend meinen Vater an und bat ihn, mich irgendwo abzuholen, da ich selbst kein Auto besaß. Er kam jedes Mal, und was noch wichtiger war: Wenn er kam, verhielt er sich liebevoll und freundlich. Nie machte er deswegen viel Aufhebens oder vermittelte mir irgendwelche Schuldgefühle. Er fuhr einfach still mit dem Wagen vor. Seine liebevollen Handlungen waren ein Ausdruck absoluter Zuverlässigkeit. Ich wusste, dass ich auf meinen Vater zählen konnte, was mir stets das Gefühl gab, sicheren Boden unter den Füßen zu haben. Meine Mutter hatte ihre eigene Art, die kleinen Angelegenheiten des Alltags in Gelegenheiten für die Liebe zu verwandeln. Immer wenn ich ein Kostüm, ein Kleid oder sonst etwas zum Anziehen brauchte, ließ sie alles andere stehen und liegen und machte sich an die Arbeit. Sie nähte nicht einfach nur für mich, weil es eben sein musste, nein, sie tat es mit Begeisterung! Der beste Weg, mehr Liebe in Ihr Leben zu bringen, besteht also darin, das, was Sie tun müssen, auf liebevolle Weise zu tun. Und wenn Sie etwas tun müssen, das Ihnen widerstrebt, dann nutzen Sie es als Gelegenheit, Liebe zu praktizieren.

Meine Arbeit als Stewardess fiel mir anfangs nicht leicht, weil ich keinen rechten Spaß daran hatte, ständig Leute bedienen zu müssen. Im Grunde hasste ich es, und das machte diese Arbeit für mich schwer erträglich. Eines Tages rief ich meinen Lehrer Charlie an und sagte: »Ich kann diesen Job nicht ausstehen. Ich bin überzeugt, dass Gott Größeres mit mir vorhat!« Er lachte und sagte: »Größeres? Was denn, bitteschön?«

»Etwas Größeres als den ganzen Tag missmutigen Passagieren Kaffee, Tee und schlechtes Essen zu servieren. Ich will intuitiv und als Heilerin arbeiten, nicht als Stewardess!«

Charlie schwieg einen Moment, dann sagte er: »Solange du nicht in der Lage bist, mit Liebe im Herzen jeden dieser Fluggäste zu bedienen, bist du es weder wert noch dazu fähig, irgendjemandem zu helfen. Jeder Passagier an Bord ist dein Lehrer. Es ist arrogant von dir, dass du dich von ihnen distanzierst. In jedem dieser Passagiere wohnt der Geist Gottes, und solange du das nicht erkennst, bist du in keiner Weise dafür geeignet, intuitiv oder als Heilerin zu arbeiten. Geh jetzt zurück an deine Arbeit und hör auf, dich zu beklagen. Sei diesen Passagieren dankbar. Je unangenehmer sie sich aufführen, desto mehr helfen sie dir dabei, lieben zu lernen!«

Das war ein Schlag ins Gesicht für mich, aber er hatte natürlich Recht. Meine Einstellung zu meiner Arbeit war sehr negativ, und ich machte mir selbst und allen, die mit mir zu tun hatten, damit das Leben schwer. An diesem Tag beschloss ich, meine Haltung zu ändern und meine Arbeit künftig mit Liebe zu erledigen. Und von da an erlebte ich diese Arbeit völlig anders. Ich fing an, den Kontakt mit den vielen Menschen zu mögen, und hatte viel mehr Spaß dabei. Ich wurde sogar für bessere Flüge eingeteilt, was an ein Wunder grenzte, denn hierbei zählten normalerweise die Dienstjahre, und in dieser Hinsicht stand ich noch am untersten Ende der Leiter. Außerdem erhielt ich zu meiner großen Überraschung das Angebot, ein Jahr lang an jedem Wochenende auf der Strecke Chicago-London in der ersten Klasse zu arbeiten. Das war, als hätte man mir einmal pro Woche bezahlten Urlaub bewilligt, und ich erlebte eines der besten Jahre meines Lebens. Immer wenn ich seither meine Arbeit mit Liebe getan habe, ganz gleich, worum es dabei ging, wurde mein Leben die reinste Freude.

Das ist das Geheimnis, wie Sie Ihr Herz öffnen können. Wenn Sie den großherzigen Entschluss fassen, Ihr Ego aufzugeben und sich vorbehaltlos auf das Leben einzulassen – ohne sich von anderen abzusondern, ohne sich für etwas Besseres zu halten, ohne einen besonderen Lohn zu erwarten – öffnet Ihnen das Leben alle Tore und schenkt Ihnen alles, was Sie sich erträumen, und noch viel mehr. Ein liebevoll gelebtes Leben bringt Ihr Herz ins Gleichgewicht und zieht die Segnungen des Universums magisch an. Und wenn Sie sich erst einmal bewusst dafür entschieden haben, ist es ganz leicht. Mutter Teresa hat das einmal sehr schön in folgende Worte gefasst: »Ich mache eigentlich nichts Besonderes. Ich tue lediglich kleine Dinge, diese aber mit viel Liebe.«

Auf welche Weise können Sie sich liebevoller verhalten:

gegenüber Ihrem Partner / Ihrer Partnerin?

Ihren Kindern?

Ihren Eltern?

Ihrem Chef?

Ihren Nachbarn?

schwierigen Kunden oder Arbeitskollegen?

____

____

negativ eingestellten, ständig jammernden Freunden?

____

____

In meiner über dreißigjährigen Arbeit als intuitive Beraterin bin ich zu der Erkenntnis gelangt, dass der äußere Anschein uns zwar glauben macht, es gäbe zwischen uns große Unterschiede, dass wir in Wahrheit aber alle einander sehr ähnlich sind. Wir alle haben die gleichen Sorgen, die gleichen Bedürfnisse und die gleichen Ängste. Unser Herzchakra gerät aus dem Gleichgewicht, wenn es uns an Liebe und Mitgefühl für uns selbst und andere mangelt. Das beste Heilmittel für ein disharmonisches Herz sind jene schönen und die Seele nährenden Aktivitäten, die uns das Gefühl vermitteln, dass gut für uns gesorgt ist, wir in gutem Kontakt zu anderen Menschen stehen und offen sind für alle Segnungen des Universums.

Das Herz erwecken

Wenn ein leichtes Ungleichgewicht besteht:

- Bieten Sie neuen Arbeitskollegen Ihre Hilfe an.
- Lesen Sie Gedichte.
- Halten Sie die Hand eines geliebten Menschen.
- Schenken Sie jemandem eine herzliche Umarmung.
- Laden Sie jemanden zum Essen ein, oder bringen Sie jemandem etwas zu essen, dem Sie damit eine Freude machen.
- Kaufen Sie ein Dutzend Postkarten, setzen Sie sich in Ihr Lieblingscafé und schreiben Sie Ihren Freunden und Verwandten.
- Nehmen Sie, um Ihr Herzchakra zu öffnen, ein warmes Bad, in das Sie ein paar Tropfen ätherisches Rosenöl gegeben haben, und denken Sie dabei an Ihre besten persönlichen Eigenschaften.
- Tragen Sie ein Foto von sich als Kleinkind in der Brieftasche und betrachten Sie es jedes Mal, wenn Sie sich ungeliebt fühlen.
- Schreiben Sie jemandem, der Ihrem Leben wichtige positive Impulse gegeben hat, einen Dankesbrief.
- Leihen Sie sich eine Lovestory auf Video aus.
- Essen Sie frisches grünes Gemüse und Salat.
- Tragen Sie grüne Kleidung, um Ihr Herzchakra zu öffnen und auszubalancieren.

Wenn ein moderates Ungleichgewicht besteht:

- Entschuldigen Sie sich bei Menschen, denen Sie Schmerz zugefügt haben.
- Verbringen Sie ein Wochenende draußen in der Natur.
- Sagen Sie: »Es ist mir eine Freude«, wenn jemand Sie um etwas bittet.
- Legen Sie sich ein Dankbarkeits-Album an, das Sie an all die Dinge erinnert, für die Sie dankbar sind.
- Bieten Sie Ihren besten Freunden oder den Nachbarn an, kostenlos auf ihre Kinder aufzupassen.

- Gehen Sie zu einem angesehenen Medium oder Heiler. Lassen Sie ihn oder sie ein intuitives Reading für Sie abhalten oder Sie energetisch behandeln.
- Stellen Sie eine Fotocollage aller Menschen, die Sie lieben, zusammen, und hängen Sie diese Collage gut sichtbar bei sich zu Hause auf.
- Schicken Sie anonym einen Geschenkkorb oder einen Blumenstrauß an einen traurigen Menschen.
- Leihen Sie sich die Filme *Mondsüchtig* von Norman Jewison oder *Momo* von Johannes Schaaf aus.
- Schreiben Sie Gedichte und geben Sie sie anderen Menschen zu lesen.
- Lesen Sie ein lustiges Buch.
- Führen Sie ein liebevolles Gespräch mit einem guten Freund oder einer guten Freundin aus der Kindheit.

Wenn ein starkes Ungleichgewicht besteht:

- Vergeben Sie Ihren Eltern oder anderen Menschen, gegen die Sie einen Groll hegen.
- Erschaffen Sie sich eine spirituelle Familie, und bleiben Sie mit ihr in gutem Kontakt.
- Kaufen Sie sich eine Vollspektrum-Lampe und benutzen Sie sie täglich.
- Schaffen Sie sich einen jungen Hund oder eine junge Katze an.
- Nehmen Sie an einem Heilungsseminar teil.
- Bitten Sie andere um Hilfe, statt mit allem allein fertig werden zu wollen.
- Arbeiten Sie ehrenamtlich bei der Betreuung von Aidskranken oder Obdachlosen mit oder bieten Sie in einem Tierheim Ihre Hilfe an.
- Spenden Sie Kleidungsstücke, die noch in gutem Zustand sind, die Sie aber nicht mehr tragen, für eine Kleiderkammer oder einen Wohltätigkeitsbasar.
- Lassen Sie sich mit Rolfing oder einer Tiefengewebe-Massage behandeln.
- Freunden Sie sich mit einem alten Menschen an und bieten Sie ihm an, einmal in der Woche mit ihm zum Einkaufen zu gehen oder einen Ausflug zu unternehmen.
- Gestehen Sie Ihre Schwächen ein und lassen Sie sich bei deren Überwindung helfen.

- *Sagen* Sie den Menschen, die Sie lieben, dass Sie sie lieben.
- Leben Sie und lassen Sie die anderen leben. (Niemand weiß, wie viel Zeit Ihnen selbst oder einem anderen Menschen bleibt.)

Denken Sie daran, das Herz ist:

Empathie
Großzügigkeit
Mitgefühl
Vergebung
Fürsorge
Verständnis
Zuhören
Akzeptanz
Toleranz
Zuneigung
Güte
Geduld
Lachen

Wenn Sie im Bereich Ihres Herzchakras zu neuer Balance und Harmonie gelangen, wird Ihre Seele Ihnen eigene, ganz persönliche Möglichkeiten aufzeigen, wie Sie diese Harmonie dauerhaft bewahren können. Notieren Sie hier Ihre diesbezüglichen Ideen:

Fünftes Chakra

Ihr Selbstausdruck

Das fünfte Chakra, auch Kehlchakra genannt, liegt im Halsbereich und dehnt sich bis über den gesamten Kiefer aus. Es bestimmt über Kommunikation, Beziehungen, Kreativität und die persönlichen Absichten. Auf der physiologischen Ebene beeinflusst dieses Chakra Kehle, Schilddrüse, Luftröhre, Speiseröhre, Nebenschilddrüse, Hypothalamus, Nacken, Mund, Zähne und Ohren. Ist sein Gleichgewicht gestört, können in diesen Bereichen des Körpers gesundheitliche Probleme auftreten. Auf der energetischen Ebene wird das fünfte Chakra als Zentrum des Selbstausdrucks betrachtet. Es ist der Kanal, durch den wir unseren Geist und unsere Seele in der Welt bekunden. Im Farbspektrum schwingt dieses Chakra in Resonanz zum Blau des Sommerhimmels. Seine Devise lautet: »Ich bringe mein Selbst zum Ausdruck. Ich höre zu. Ich kommuniziere.«

Wenn wir unser Selbst offen und harmonisch ausdrücken, ist unsere Kommunikation von Integrität bestimmt, und wir werden zum Kanal für positive, inspirierende Energie. Wenn dieser Bereich völlig unbeeinträchtigt ist, übermitteln wir nur das, was im Einklang mit unserer Seele steht. Wir gelangen zu der spirituellen Erkenntnis, dass unser Leben ganz unmittelbar durch unsere eigenen Worte, Gedanken, Überzeugungen und Ideen gestaltet wird.

Das fünfte Chakra bestimmt nicht nur über unsere Fähigkeit, kreativ und effektiv unser Leben zu gestalten. Es entscheidet auch darüber, wie offen wir für die Kreativität anderer Menschen sind, wie gut wir ihnen zuhören und uns mit ihnen verständigen können. Es ist das Energiezentrum des Verhandelns, des Diskutierens und – besonders wichtig – des Lehrens und Lernens. Es ist unser Tor zur Welt und führt uns über die Subjektivität unserer eigenen Anschauungen hinaus in die Offenheit für andere Ansichten. Unser Zentrum des Selbstausdrucks fungiert daher als Triebfeder für Fortschritt und Evolution. Es treibt uns vorwärts und fordert uns heraus, unsere Grenzen zu überschreiten und uns weiterzuentwickeln. Das Zentrum ermöglicht es uns, unser Wissen an andere weiterzugeben, und es lädt andere ein, ihr Wissen mit uns zu teilen. So wird das Fundament für friedliche und gesunde Beziehungen gelegt, sowohl zwischen Individuen als auch zwischen Gruppen.

Auf der Energieebene bildet dieses Zentrum eine Art Kanal für das Herz, durch den wir der Welt unsere wahren Gefühle offenbaren können. Wenn es im Gleichgewicht ist, werden wir zu wertvollen und heilsamen Botschaften inspiriert und teilen der Welt unsere höchsten Bestrebungen mit. Dann erfassen wir intuitiv die Macht unserer Worte und den Einfluss, den sie auf unsere Mitmenschen ausüben. Wir erkennen, dass wir alle miteinander verbunden sind und dass alle Botschaften, die wir aussenden, eine Wirkung zeitigen, ob wir es nun wollen oder nicht.

Bsp.

Wenn Sie beispielsweise einen schlechten Tag haben und sich deswegen einem anderen gegenüber zu harten Worten hinreißen lassen, ist es gut möglich, dass der Betreffende Ihre Gereiztheit auf sich bezieht und ängstlich in Abwehrhaltung geht. Weil er sich bedroht fühlt, wird er nun seinerseits in scharfem Tonfall zu einem Dritten sprechen, was wiederum eine negative Reaktion auslöst. So entsteht eine emotionale Kettenreaktion, die ein ganzes soziales Umfeld vergiften kann und an den Kräften aller zehrt, die dort leben oder arbeiten. Unterdessen ist sich die Person mit dem gestörten, unharmonischen Selbstausdruck, die diese Kettenreaktion ausgelöst hat, dessen möglicherweise überhaupt nicht bewusst und richtet sogar noch mehr energetischen Schaden an. Im Büroalltag geschehen solche Dinge sehr oft. Ein einziger Mensch dieser Art genügt, um das ganze Betriebsklima zu ruinieren.

Wenn Ihr Selbstausdruck offen und harmonisch ist, werden Sie genau darauf achten, welchen Einfluss Ihre Kommunikationsweise auf andere hat, und Ihre Worte mit Bedacht wählen. Sie werden bestrebt sein, allen Menschen, die Ihnen zuhören, Respekt und Wertschätzung entgegenzubringen. Ihr Selbstausdruck kann ein machtvolles schöpferisches Instrument sein, wenn es Ihnen gelingt, die Dinge, die Ihnen am Herzen liegen, höflich und mit Takt auszusprechen. Dann wird schon der Klang Ihrer Stimme überall Harmonie und Gleichgewicht schaffen.

Ihr Zauberstab

Ihr Selbstausdruck offenbart anderen, welche Entscheidungen Sie im Leben treffen; sie erfahren, wer Sie sind, was Ihnen wichtig ist und wie viel Eigenverantwortung Sie zu tragen bereit sind. Mehr als jedes andere Energiezentrum enthüllt das fünfte Chakra der Welt, mit welchen Absichten Sie in dieses Leben gekommen sind, während zugleich andere dazu eingeladen werden, ihre Träume mit Ihnen zu teilen. Dieses Zentrum agiert als Brückenbauer und hilft Ihnen dabei, Verbindung mit anderen Menschen aufzunehmen.

Wenn Ihr Selbstausdruck harmonisch ist, können Sie verantwortungsbewusste Entscheidungen treffen, die Ihnen wahres Glück bescheren. Dann sagen Sie nicht Ja, wenn Sie Nein meinen, und versuchen nicht, Ihre wahren Gefühle zu unterdrücken. Ihre Bewusstheit wächst und Sie gelangen zu persönlicher Authentizität; sie passen sich nicht länger den Wünschen und Vorstellungen anderer Menschen an. Ihr Kehlchakra ist der Bote Ihres Geistes. Durch Ihr Zentrum des Selbstausdrucks teilen Sie der Welt mit, wer Sie sind. Wenn es sich im Gleichgewicht befindet, versetzt Sie das in die Lage, Ihre persönliche Wahrheit offen auszusprechen und ihr gemäß zu leben. Mit Hilfe dieses Energiezentrums beanspruchen Sie die volle Autorität über Ihr Leben, hören auf Ihr Herz und Ihre Intuition und werden sich der göttlichen Gegenwart in Ihrem Inneren voll bewusst. Sie blicken auf der Suche nach Führung nun nicht mehr nach außen, sondern nach innen.

Menschen in einflussreichen öffentlichen Positionen, Lehrer, Politiker, Geistliche oder auch Schauspieler, verfügen über ein hoch entwickeltes Zentrum des Selbstausdrucks, das – je nach Absicht des Betreffenden – zum Guten wie zum Schlechten gebraucht werden kann. Dank der kraftvollen Ausstrahlung ihres fünften Chakras üben diese Menschen eine starke Wirkung auf andere aus. Das kann bis zu regelrechter Verehrung gehen, was auch erklärt, wieso um manche Sänger, Schauspieler oder andere in der Öffentlichkeit stehende Personen ein derartig leidenschaftlicher Kult getrieben wird. Ihre magnetische Ausstrahlung macht diese Menschen so anziehend und flößt anderen Respekt ein. Mein Lieblingsbeispiel für die mögliche Kraft dieses Chakras ist Mahatma Gandhi, der Indien nur mit der Macht seiner Worte in den Unabhängigkeitskampf führte. Als wahrer und unverfälschter Kanal für die göttliche Kraft ordnete er an, dass im Namen der Freiheit nicht eine einzige Kugel auf die Engländer abgefeuert werden dürfe. Und die Menschen hörten auf ihn. Worte, wie Gandhi sie sprach – mit klarer Absicht und in voller Übereinstimmung mit dem Herzen – besitzen eine große schöpferische Macht. Sie können wie ein persönlicher Zauberstab wirken.

Testen Sie Ihre Ausdruckskraft

	ja	nein	manchmal
Ich spreche deutlich und klar verständlich.	☐	☐	☐
Die Leute hören mir zu.	☐	☐	☐
Ich reagiere auf das, was ich höre.	☐	☐	☐
Ich wähle meine Worte sorgfältig.	☐	☐	☐
Meine Worte sind machtvoll.	☐	☐	☐
Ich höre anderen zu, ohne sie zu unterbrechen.	☐	☐	☐
Ich bringe Optimismus zum Ausdruck.	☐	☐	☐
Ich äußere mich geradeheraus und direkt.	☐	☐	☐
Ich verzichte auf unfaire Kritik.	☐	☐	☐
Ich besitze Verhandlungsgeschick.	☐	☐	☐
Die Menschen vertrauen sich mir an.	☐	☐	☐
Ich bin aufrichtig.	☐	☐	☐
Ich mache anderen gern Komplimente.	☐	☐	☐
Ich höre auf meine Intuition.	☐	☐	☐

Wenn Sie auf eine dieser Fragen mit Nein geantwortet haben, ist Ihr Selbstausdruck nur geringfügig beeinträchtigt. Haben Sie zwei oder drei Fragen mit Nein beantwortet, besteht ein leichtes Ungleichgewicht, und Sie sollten die Vorschläge zur Behebung eines leichten Ungleichgewichts am Ende dieses Kapitels aufgreifen. Wenn Sie auf vier bis sieben Fragen mit Nein geantwortet haben, besteht ein moderates Ungleichgewicht. Folgen Sie dann den Vorschlägen für ein moderates Ungleichgewicht. Haben Sie auf acht oder mehr Fragen mit Nein geantwortet, dann ist Ihr Selbstausdruck ernsthaft blockiert, und Sie sollten die Vorschläge für ein starkes Ungleichgewicht in die Tat umsetzen, damit Sie die Kraft des persönlichen Ausdrucks zurückgewinnen und somit stärker und kreativer werden.

Wie Sie sich auf Ihr psychisches Funkgerät einstimmen

Unser Kehlchakra funktioniert wie ein Funkgerät mit drei Sende- und Empfangsfrequenzen. Auf der ersten Frequenz ist unsere verbale Kommunikationsfähigkeit mit anderen Menschen angesiedelt. Wenn diese Frequenz gut justiert ist, hören Sie anderen aufmerksam zu und sagen, um zu signalisieren, dass die Verständigung gut funktioniert, Dinge wie »Ich verstehe« oder »Ja, ich weiß, was du meinst«. Sie verstehen jedes Wort der anderen wirklich ganz genau. Wenn diese Frequenz offen und in Harmonie ist, verstehen Sie aber nicht nur, was die anderen sagen, sondern verfügen – was noch wichtiger ist, auch über das Einfühlungsvermögen, die Absichten hinter diesen Worten zu erkennen.

Diese Frequenz des Selbstausdrucks bestimmt außerdem über alle Formen der Kreativität. Sie erweckt in uns die Fähigkeit, mit anderen in Verbindung zu treten und dazu alle Mittel einzusetzen, die uns natürlich und angemessen erscheinen. Manche werden sich auf Worte verlassen, wenn sie mitteilen wollen, was ihnen am Herzen liegt. Andere werden auf Kunst, Tanz, Musik, Schauspielerei, Gesang oder einfach auf eine Berührung zurückgreifen; die Hand eines anderen Menschen zu halten kann eine sehr wirkungsvolle Form der Kommunikation darstellen.

Die zweite Frequenz stellt auf der mentalen und telepathischen Ebene eine sehr enge Beziehung zu anderen her. Hier werden Gedanken und Gefühle übermittelt und empfangen, besonders im Austausch mit denjenigen Menschen, die sich mit Ihnen auf einer Wellenlänge befinden. Sie wissen, dass die zweite Frequenz des Kehlchakras aktiviert ist, wenn jemand in Ihrer Nähe plötzlich die Melodie vor sich hin summt, die Ihnen schon seit Stunden nicht aus dem Kopf geht. Oder wenn jemand, an den Sie eben noch gedacht haben, Sie plötzlich anruft. Diese Frequenz ist auch am Werk, wenn Sie etwas Bestimmtes suchen, und jemand es Ihnen plötzlich bringt oder Ihnen zeigt, wo Sie es finden können.

Einer meiner Klienten arbeitete an einem schwierigen Forschungsprojekt über mittelalterliche Musikinstrumente. Er suchte in einer Bibliothek nach einen bestimmten Buch zu diesem Thema, doch obwohl es im Computer aufgeführt war, stand es sich nicht an seinem Platz im Regal und niemand konnte es finden. Man sagte ihm, er solle am folgenden Tag wiederkommen. Am nächsten Tag wurde ihm mitgeteilt, das Buch sei noch immer nicht aufgefunden. Völlig frustriert fragte er: »Was, um alles in der Welt, kann denn damit passiert sein?« Noch ehe der Bibliothekar irgendwelche Mutmaßungen anstellen konnte, tauchte plötzlich eine alte Dame auf, reichte ihm ein großes Buch und sagte: »Ich habe das hier in der Anatomie-Abteilung gefunden und glaube nicht, dass es dort hingehört.« Es handelte sich um genau das Buch, nach dem sie gesucht hatten! Total verblüfft übergab der Bibliothekar es meinem Klienten.

Solche Fügungen gehören in den Bereich der zweiten Frequenz des Kehlchakras, die als subtile psychische Relaisstation fungiert, stets bestrebt, Harmonie und gute Verständigung zu fördern. Die Synchronizitäten in unserem Leben werden auf dieser Frequenz herbeigeführt. Die positive Folge einer solchen mentalen Einstimmung auf andere ist, dass unser Leben erheblich leichter und reibungsloser verläuft. Der Nachteil kann darin bestehen, dass wir uns auf Gedanken einstimmen, die nicht unseren wahren Gefühlen entsprechen oder nicht wirklich unserem Wohl dienen. Wenn das geschieht, verlieren wir unsere persönliche Kraft, weil wir nur noch die Gedanken anderer nachplappern, statt unsere eigene Persönlichkeit zum Ausdruck zu bringen.

So könnten Sie beispielsweise die in Ihrer Firma gängige Vorstellung übernehmen, es sei von Ihren Vorgesetzten nicht gern gesehen, wenn ein Mitarbeiter länger als eine Woche am Stück Urlaub nimmt. Wenn Sie sich diese Idee zu eigen machen, obwohl nie einer Ihrer Vorgesetzten Ihnen direkt so etwas gesagt hat, wagen Sie es vielleicht nicht, einen längeren Urlaub zu beantragen, aus Angst, man würde Ihnen dann kündigen. Dieser Glaube geistert vielleicht schon ziemlich lange in den Köpfen herum. Vielleicht spiegelt sich darin noch die Auffassung des früheren Managements. Vielleicht wurde diese Meinung einmal gegenüber einem einzelnen Mitarbeiter geäußert. Vielleicht handelt es sich aber auch nur um einen im »kollektiven Gedankenpool« herumschwebenden Mythos. Doch wenn Sie sich darauf einstimmen, werden Sie diese kollektiven Gedanken übernehmen und sich bei der Planung Ihres Urlaubs eine längere, erholsamere Ruhepause oder eine Reise in ferne, exotische Länder versagen.

Kollektive Gedanken können aber noch weit ernstere und schädlichere Folgen haben. Sie sind verantwortlich für die Zementierung rassistischer Vorurteile und intoleranter Haltungen, die uns misstrauisch machen und bewirken, dass wir uns vor anderen Menschen fürchten. Ich nenne solch ein kollektives Denken »Gedankenmüll«. Der beste Weg, sich diesem Einfluss zu entziehen, besteht darin, sich stets der eigenen Gefühle, Gedanken und Überzeugungen bewusst zu sein. Wenn Ihre Gefühle mit der äußeren Realität übereinstimmen und Sie erklären können, warum Sie so fühlen und nicht anders, dann sind Sie nicht im kollektiven Denken gefangen. Falls Sie jedoch nur vage in der Lage sind, einen Bezug zwischen Ihren Gefühlen und Ihrer objektiven Situation herzustellen, sollten Sie unbedingt genauer nachforschen. Möglicherweise schleppen Sie eine Menge Gedankenmüll mit sich herum. Je klarer Ihr eigenes Denken ist, desto besser wird Ihre mentale und telepathische Verständigung mit anderen funktionieren. Mangelt es Ihnen dagegen an gedanklicher Klarheit und Bestimmtheit, laufen Sie Gefahr, in den Strom des Massendenkens zu geraten. Wenn Sie das Gefühl haben, dass dies mit Ihnen geschieht, sollten Sie Ihre Gedanken genau beobachten. Fragen Sie sich: »Fühle ich wirklich auf diese Weise, oder habe ich lediglich kollektiven Gedankenmüll übernommen? Gibt es persönliche Erfahrungen, die mein Gefühl bestätigen?« Außerdem sollten Sie im Gespräch mit anderen Ihre Worte bewusst und mit Bedacht wählen. Oft sagen wir aus Bequemlichkeit, Gewohnheit, oder um ein unangenehmes Schweigen zu brechen, Dinge, die wir gar nicht wirklich empfinden.

Kommt das, was andere sagen, bei Ihnen an? Verstehen Sie andere gut?

___

Sind Sie in der Lage, sich sofort mit anderen zu verständigen? Mit wem? Bei welcher Gelegenheit zuletzt?

___

___

Missverstehen Sie Ihre Mitmenschen häufig, oder fühlen Sie selbst sich oft missverstanden? Um was geht es dabei?

Welche Kommunikationsform liegt Ihnen ganz besonders? Bildende Kunst? Schreiben? Sprechen? Musik? Berührung?

Die höhere Oktave

Die dritte und höchste Frequenz psychischen Ausdrucks ist auf unsere eigene innere Stimme ausgerichtet. Sie stellt die Verbindung zu unserer Intuition und unseren Engeln und geistigen Führern dar. Wenn Ihre Selbstausdrucksenergie erwacht ist und ungehindert fließen kann, erkennen Sie den Unterschied zwischen dem unaufhörlichen inneren Geschwätz, der gedanklichen Verwirrung des Ego, mit dem wir unser Leben zu kontrollieren versuchen, und der leisen und liebevollen Kommunikation der Seele, die uns sanft zum tieferen Sinn unseres Lebens hinführt. Diese Frequenz aktiviert Ihre Verbindung zu Ihrem eigenen Geist und erschließt Ihnen die höchsten Formen Ihrer persönlichen Kreativität.

Diese Frequenz kann bewirken, dass Sie sich für die mediale Gabe der »Hellhörigkeit« öffnen. Hellhörigkeit ist die Fähigkeit, jederzeit Führung durch den göttlichen Geist zu empfangen. Ist dieser Aspekt des Selbstausdrucks aktiviert, werden wir zu den jeweils bestmöglichen Entscheidungen inspiriert. Mit Hilfe der Hellhörigkeit können wir zudem Kontakt zu unseren geistigen Führer aufnehmen, die stets bereit sind, uns in jeder erdenklichen Weise zu helfen. Wenn dieser Kanal sich öffnet, stehen wir in ständigem Kontakt zur Höheren Macht. Dann können wir sicher durch unser Leben navigieren, alle seine Schönheiten kennen lernen und zugleich allen Fallstricken ausweichen. Sind wir auf den göttlichen Geist eingestimmt, befinden wir uns in einem Zustand der Gnade. Dann scheinen alle guten Dinge des Lebens uns ganz von selbst zuzufließen, ohne dass wir ihnen mühsam nachjagen müssten. Unser Leben erhält eine geradezu magische Qualität; subtile Impulse, Ahnungen und gute Ideen werden uns zur rechten Zeit geschenkt. Das fünfte Chakra erinnert uns daran, dass jeder von uns ein göttliches Kind des Himmels ist. Auf all unseren Wegen wacht Gott über uns und sorgt für uns.

Der direkte Weg, die dritte Frequenz des Kehlchakras, den Sitz der Intuition, zu aktivieren, besteht darin, unsere Entscheidungen in bewusstem Einklang mit unserem Herzen zu treffen. Das bedeutet, nicht länger andere Menschen um Rat zu fragen, sondern sich stattdessen an das eigene Höhere Selbst zu wenden. Sich während des Tages Zeit für Meditation oder Kontemplation zu gönnen trägt ebenfalls dazu bei, das ständige mentale Geplapper in unserem Kopf zu besänftigen. So werden wir offen für die Stimme unserer Intuition. Anfangs mag das einige Anstrengung erfordern, aber mit der Zeit wird es uns ganz natürlich erscheinen, da wir den Wert der leisen Antworten unserer Intuition erkennen und ihre beruhigenden Schwingungen und ihren stillen inneren Ton immer mehr zu schätzen wissen. Der Schlüssel zu unserer Intuition liegt in dem Wissen, dass uns diese Sendefrequenz unserer Seele jederzeit zugänglich ist. Wir müssen sie nicht erst »einschalten«, sondern lediglich jene Ablenkungen beseitigen, von denen die leise Stimme unserer inneren Führung bislang übertönt wurde.

Haben Sie Vorahnungen oder innere Eingebungen?

Gehen Sie oft mit Ihren Ideen hausieren, um zu erfahren, wie andere Leute darüber denken? Wen fragen Sie besonders häufig um Rat? Sind diese Ratschläge wirklich hilfreich für Sie?

Werden Sie von ständigem innerem Geplapper geplagt? Von Zweifeln? Fragen Sie sich ständig: »Was mache ich, wenn …?« Wälzen Sie Probleme endlos hin und her?

Haben Sie schon einmal ein telepathisches Erlebnis gehabt?

Haben Sie sich schon einmal in den »Gedankenmüll« anderer eingeklinkt? Neigen Sie dazu, sich Ideen und Glaubenssätze zu Eigen zu machen, die zu Hause oder am Arbeitsplatz »in der Luft liegen«? Welche Gefühle löst dieser Gedankenmüll bei Ihnen aus?

Zugang zur Intuition finden

Bei unserer Intuition handelt es sich natürlich nicht um eine hörbare Stimme, auch wenn sie für manche nach einiger Zeit ebenso deutlich wahrnehmbar wird. Da wir es mit einer leisen, sanften inneren Wahrnehmung zu tun haben, müssen wir uns zunächst in den richtigen geistigen Zustand versetzen, um sie empfangen zu können. Das gelingt am besten mit Hilfe von vier grundlegenden Entscheidungen, mit denen Sie Ihrem Unterbewusstsein signalisieren, dass Sie Ihre Intuition von nun an respektieren und auf sie hören wollen. Die erste dieser Entscheidungen besteht darin, dass Sie sich entschließen, *offen* für Ihre Intuition zu sein. Damit schalten Sie Ihr Bewusstsein sozusagen auf Empfang, statt die Intuition weiterhin zu ignorieren. Fragen Sie sich: Bin ich offen für intuitive Empfindungen? Betrachte ich mich als intuitiven Menschen? Bin ich willens, flexibel auf die Botschaften meiner Intuition zu reagieren? Eine offene innere Einstellung ist der Grundstein für Ihr intuitives Erwachen. Sie führt Sie über ein bloßes Interesse an der Intuition hinaus und ermöglicht es Ihnen, Ihre eigene Intuition zu aktivieren.

Die zweite Entscheidung erfordert noch größere Entschlossenheit als die erste. Wenn Sie sich innerlich für die Intuition geöffnet haben, müssen Sie dahin gelangen, intuitive Botschaften *fest zu erwarten*. Das mag Ihnen auf den ersten Blick vermessen erscheinen. Aber wenn Sie Ihre Intuition als natürlichen Ausdruck eines harmonisch ausbalancierten fünften Chakras und Ihres Höheren Selbst betrachten, macht es durchaus Sinn, fest mit intuitiven Eingebungen zu rechnen. Ihre Erwartung wirkt hier wie ein Magnet. Jene, die fest mit intuitiven Botschaften rechnen, werden sie erhalten, und jene, die dies nicht erwarten, nehmen gewöhnlich auch nichts wahr. Zumindest werden sie ihre intuitiven Gefühle ignorieren oder als unwichtig abtun. Fragen Sie sich: »Wie oft achte ich auf meine Intuition, ehe ich Entscheidungen fälle? Wie reagiere ich, wenn sich meine intuitive Ahnung als ›Treffer‹ erweist? Akzeptiere ich das als völlig natürlich? Oder stufe ich es als merkwürdig oder als reinen Zufall ein?« Unsere Erwartungshaltung wirkt wie ein mächtiger Katalysator für erhöhte Bewusstheit.

Die dritte Entscheidung besteht darin, dass wir unserer Intuition *vertrauen*. Das kann eine ziemliche Herausforderung darstellen, weil Ihre intuitiven Gefühle möglicherweise vom äußeren Anschein und dem, was andere sagen, nicht bestätigt werden. Sie können sogar im Widerspruch zu Ihren eigenen Anschauungen stehen. Doch Vertrauen in die eigene Intuition zu gewinnen ist gar nicht so schwierig, wenn Sie den folgenden Vorschlag in die Tat umsetzen: Besorgen Sie sich ein kleines Notizbuch, und jedes Mal, wenn Sie eine plötzliche Vorahnung, ein »Aha«-Gefühl oder ein anderer intuitiver Impuls überkommt, notieren Sie es sich. Beurteilen oder bewerten Sie diese Gefühle nicht, schreiben Sie sie nur auf. Schauen Sie sich dann alle paar Tage Ihre Notizen an und fragen Sie sich dabei: »Hat diese intuitive Ahnung sich als richtig erwiesen? Hat sie mir geholfen? Habe ich ihr vertraut? Hätte ich ihr trauen sollen?« Es wird Ihnen weitaus leichter fallen, ihrer Intuition zu vertrauen, wenn Sie Beweise dafür haben, dass sie vertrauenswürdig ist. Und Ihr Notizbuch wird Ihnen mit Sicherheit diese Beweise liefern.

Die vierte und wichtigste Entscheidung, die Sie treffen sollten, um Ihr fünftes Chakra zu harmonisieren, liegt darin, gemäß Ihrer Intuition zu *handeln*, vor allem dann, wenn dadurch niemand einen Nachteil hat. Jedes Mal, wenn Sie gemäß Ihrer Intuition handeln, zeigen Sie Ihrem Unterbewusstsein, dass Sie Ihre intuitiven Ahnungen würdigen und möchten, dass sie Ihnen leicht und ungehindert zufließen. Fragen Sie sich: »Folge ich meinen Ahnungen? Höre ich auf mein ›Bauchgefühl‹, wenn ich eine Entscheidung treffe? Lasse ich mich von meiner Intuition leiten?«

Mit Hilfe dieser vier grundlegenden Entscheidungen – offen für intuitive Hinweise zu sein, sie fest zu erwarten, ihnen zu vertrauen und ihnen gemäß zu handeln – schaffen Sie sich im Bereich Ihres fünften Chakras einen jederzeit verfügbaren direkten Draht zu den Botschaften Ihres Höheren Selbst, Ihrer Schutzengel und geistigen Führer.

Was war Ihre letzte intuitive Ahnung?

In welchen Lebensbereichen sind Sie besonders intuitiv? Bei der Arbeit? In der Familie? Im gesundheitlichen Bereich? Wo eventuell noch?

Erinnern Sie sich an eine Situation, in der Ihre Intuition Ihnen geholfen hat? Wobei war das?

Achten Sie bei wichtigen Entscheidungen darauf, was Ihre Intuition Ihnen sagt?

Können Sie sich an eine Situation erinnern, in der Sie entsprechend Ihrer Intuition gehandelt haben?

Stille

Vor einiger Zeit fand ich heraus, dass ein schöner Weg, die Intuition zu aktivieren und das Kehlchakra zu stärken, darin liegt, Stille zu praktizieren. Während des Tages für eine gewisse Zeit völlige Stille zu wahren, führte bei mir dazu, dass ich mir meiner eigenen Worte stärker bewusst wurde und auch anderen aufmerksamer zuhörte. Wenn ich für eine Pause im sinnlosen Wortgeplätscher sorgte, füllte sich die Welt plötzlich mit einer reichen Symphonie von Klängen, die mir vorher völlig entgangen waren. Wenn ich mich jetzt überlastet fühle, mache ich einen Spaziergang durch die Nachbarschaft und lausche aufmerksam dem Gesang der Vögel, den vorüberfahrenden Autos, den Flugzeugen und den spielenden Kindern. Wenn ich Verbindung zu dieser wundervoll vielfältigen Welt ringsum aufnehme, hebt sich meine Stimmung sofort. Ich lasse meinen inneren Dialog hinter mir und trete hinaus in die große, helle, schöne und niemals langweilige Welt, in der ich lebe. Das rückt mein Leben wieder in die richtige Perspektive und inspiriert mich dazu, die alten Belange auf neue, kreative Weise zu betrachten. Vor allem erinnert es mich daran, welch großen Einfluss der innere Dialog auf uns hat. Wir können uns mit dem, was wir uns innerlich ständig über das Leben erzählen, regelrecht selbst hypnotisieren. Damit können wir uns völlig vom wirklichen Leben abschneiden. Die Praxis der Stille eröffnet uns einen Weg, wieder in Kontakt mit dem Rest der Welt zu treten. Ich kann gut verstehen, warum Mönche die Stille so lieben. Sie ist außerordentlich befreiend!

Sich täglich für eine gewisse Zeit künstlerischen Aktivitäten zu widmen, wirkt sich ebenfalls sehr harmonisierend aus. Dabei kann es sich um kreatives Schreiben handeln, um Klavierspielen, Malen mit Wasserfarben oder Kuchenbacken. Bei schöpferischen Aktivitäten kann der Geist sich entspannen, und das Herz öffnet sich und sendet seine Liebesenergie durch das fünfte Chakra hinaus in die Welt. Neue künstlerische Ausdrucksformen zu erkunden kann sehr aufregend und beglückend sein!

Außerdem können Sie Ihre Intuition dadurch aktivieren, dass Sie sich nicht länger darum sorgen, was andere Menschen über Sie denken. In Wahrheit ist nämlich jeder so sehr mit seinem eigenen Leben beschäftigt, dass er anderen selten länger als ein oder zwei Augenblicke Aufmerksamkeit widmet. Wenn Sie einem Menschen nicht gerade persönlich sehr nahe stehen, gilt im Allgemeinen die Regel: »Aus dem Auge, aus dem Sinn.« Vergeuden Sie also keine kostbare Energie damit, sich Gedanken darüber zu machen, wie andere Sie wahrnehmen. Wenn Sie stattdessen auf Ihre innere Stimme hören, wird Ihre Unsicherheit schwinden. Außerdem sehen Sie Ihre Mitmenschen dann in einem klareren Licht. Sie werden erkennen, dass die anderen im Grunde genauso sind wie Sie und sich das Gleiche wünschen: Liebe, Wohlergehen und dass man sie so akzeptiert, wie sie sind. Wenn Sie sich dessen bewusst werden, wird die Welt zu einem freundlicheren Ort.

Probieren Sie's mal!

Atmen Sie, während Sie reden

Konzentrieren Sie sich bei Gesprächen einmal auf Ihren Atem. Achten Sie darauf, dass Sie ihn nicht anhalten. Atmen Sie ein und aus, während Sie Ihrem Gegenüber lauschen, und entspannen Sie Ihre Schultern. Damit befreien Sie sich von jeder inneren Abwehrhaltung. Gleichzeitig verbessert sich dadurch Ihre Kommunikationsfähigkeit, und Sie nehmen deutlicher wahr, was der Gesprächspartner Ihnen sagen möchte. Sind Sie dagegen negativem Gerede ausgesetzt, sollten Sie genau das Gegenteil praktizieren, also den Atem anhalten und Ihr Gesicht wegdrehen, um sich keinen negativen Gedanken und Ideen auszusetzen. Anfangs kann es etwas schwierig sein, diese Methode unauffällig anzuwenden, aber mit ein bisschen Übung gelingt es. Während Sie den Blick abwenden, sollten Sie Ihrem aggressiven oder in anderer Hinsicht negativen Gegenüber nach Möglichkeit »gute Schwingungen« und freundliche Gedanken senden. Dann sind Sie noch besser geschützt.

Probieren Sie's mal!

Sprechen Sie aus dem Herzen heraus

Bei der nächsten Konfrontation mit einem für Sie schwierigen Gesprächspartner, mit dem Sie nur mühsam eine Einigung erzielen können, legen Sie beim Reden und Zuhören sanft die Hand auf Ihr Herz. Konzentrieren Sie sich dabei auf die Absicht, mit offenem Herzen zu reden und zuzuhören und zu einem für beide Seiten positiven Gesprächsergebnis zu gelangen. Auf diese Weise signalisieren Sie Ihrem Unterbewusstsein und Ihrem Körper, dass Sie ruhig, aufnahmebereit und interessiert an dem bleiben wollen, was Ihr Gegenüber zu sagen hat. Dadurch wird sich die Verständigung spürbar verbessern, und Sie hinterlassen bei Ihrem Gesprächspartner den Eindruck, dass Sie seinen Standpunkt respektieren und würdigen. Das genügt im Allgemeinen, um Kommunikationshindernisse zu überwinden.

Geistige und körperliche Nahrung

Das fünfte Chakra ist dort angesiedelt, wo wir uns Essen, Getränke, Drogen, Zigarettenrauch und andere äußere Substanzen einverleiben. Wir allein entscheiden, ob wir uns gesunde, wertvolle Substanzen zuführen oder ob wir uns selbst vergiften. Wenn wir unsere Willenskraft (das dritte Chakra) mit dem Wunsch nach bestmöglichem Selbstausdruck verbinden, werden wir uns für vernünftige und gesunde Nahrung entscheiden. Wenn unsere Persönlichkeit jedoch geschwächt ist und wir in selbstzerstörerischer Weise schädliche Substanzen aufnehmen, schaffen wir Probleme für uns selbst und für unsere Mitmenschen, die uns dann am Ende oft retten müssen.

Auf der spirituellen Ebene ist das, was wir unserem Geist und unserer Seele an Nahrung zuführen, genauso wichtig wie unsere körperliche Ernährung. Unser Geist braucht liebevolle, inspirierende Gedanken, die uns ermutigen und uns das Gefühl vermitteln, vom Leben unterstützt und getragen zu werden. Menschen, deren geistige Nahrung aus Gewaltfilmen, menschenverachtenden Fernsehshows, Klatschmagazinen und deprimierenden Talkshows besteht, schwächen ihr fünftes Chakra damit ebenso sehr wie jene, die im Übermaß Süßigkeiten oder Alkohol konsumieren.

Mein Mutter erzählte mir einmal eine nette Geschichte darüber, wie heilsam es sein kann, wenn ein Mensch zu einer positiven Form des Selbstausdrucks gelangt – heilsam für Körper und Geist, und zwar in bemerkenswert kurzer Zeit. Da meine Mutter selbst nach dem Krieg nach Amerika eingewandert ist, weiß sie nur zu gut, wie schwierig es sein kann, sich an die Gegebenheiten eines fremden Landes anzupassen. Daher widmen sie und mein Vater sich der Aufgabe, älteren Einwanderern zu helfen, die neu in die Region von Denver gezogen sind. Sie begleiten diese Leute beim Einkaufen oder zu Arztbesuchen, und manchmal machen sie mit ihnen auch einfach einen schönen Ausflug in die Bergwelt von Colorado. Vergangenen Frühling erhielt meine Mutter einen Anruf von einer neunundsiebzigjährigen Ungarin namens Suzan; sie hatte keine Familie und keine Verwandten mehr, und ihr Lebensschiff drohte zu kentern. Sie litt an einer schrecklichen Arthritis, konnte sich kaum noch konzentrieren und war sehr deprimiert. Suzan besaß kein Auto, lebte von Dosensuppe, verließ kaum je ihre Wohnung und hatte nur sehr wenig Geld. Für meine Mutter war das sozusagen ein »Marschbefehl Gottes«. Sie und mein Vater besuchten Suzan sofort, um zu sehen, wie sie ihr helfen könnten. Sie fanden eine zerbrechliche alte Dame mit sehr wenig Lebensmut vor. Sie war defensiv, negativ und offenkundig sehr ängstlich.

Sichtlich froh über den Besuch meiner Eltern, sprach sie sofort davon, wie schwer ihr Leben sei, aber sie kam nicht weit, denn meine Mutter entgegnete schon bald: »Suzan, ich möchte Ihnen gern helfen, aber meine Vorschläge für Gesundheit und Wohlbefinden sind ein bisschen ungewöhnlich. Ich werde Ihnen eine ›Schlemm- und Fastendiät‹ verordnen. Was das Schlemmen angeht, möchte ich, dass Sie sich auf eine strikt vegetarische Ernährung mit jeder Menge frischen, vollwertigen Lebensmitteln umstellen. Und fasten sollen Sie, wie mein Spirit mir sagt (so bezeichnet meine Mutter die Höhere Macht, mit der sie in ständigem Kontakt steht), indem Sie ganz damit aufhören, über Ihre schwere und schmerzliche Vergangenheit zu sprechen. Ich bin sicher, dass alles, was Sie diesbezüglich erzählen, wahr ist, aber es ist nur in der Vergangenheit wahr. Heute ist ein neuer Tag, und es macht keinen Sinn, dass Sie sich neue Unannehmlichkeiten erschaffen, indem Sie ständig über die Vergangenheit reden. Wir müssen ein interessanteres Gesprächsthema für Sie finden als das ständige Klagen darüber, wie schlecht Sie sich fühlen. Wenn Sie sich mit diesem Gesundheitsrezept einverstanden erklären, können wir Ihnen helfen. Es liegt ganz bei Ihnen.«

Suzan war überrascht, wusste aber, dass sie unbedingt Unterstützung brauchte. »Okay«, sagte sie lachend, »das ist tatsächlich ungewöhnlich. Aber warum nicht?« Von da an besuchten meine Eltern sie zweimal wöchentlich, gingen mit ihr einkaufen, ins Kino, zum Arzt und luden sie zum Mittagessen ein. Außerdem nahm sie an einem spirituellen Seminar unter Leitung meiner Mutter teil. Jedes Mal, wenn Suzan anfangen wollte, sich über ihre Lage zu beklagen, hob meine Mutter wie ein Verkehrspolizist die Hand und sagte: »Suzan, mein Spirit will das nicht hören. Es ist ein wunderschöner Tag; wir leben hier und jetzt, in diesem Augenblick. Ihr negatives Gerede tut weder Ihnen noch mir gut. Diese negativen Geschichten üben einen sehr starken schädlichen Einfluss aus und verschlimmern Ihre Situation unnötig. Hören Sie bitte damit auf.«

Jedes Mal, wenn meine Mutter das tat, grinste Suzan. Schließlich verfügte sie über ein fast achtzigjähriges Training darin, über alles Schlechte unter der Sonne zu schimpfen. Diese Gewohnheit abzulegen erforderte Suzans ganze Willenskraft und häufige Ermahnungen von Seiten meiner Mutter. Doch allmählich veränderten sich Suzans Denk-, Sprech- und Ernährungsgewohnheiten. Und langsam ging es auch gesundheitlich mit ihr bergauf. Sie gewann neue Energie. Der Schleier der Depression fiel von ihr ab. Ihre Arthritis verschwand fast vollständig. Sechs Monate später, an ihrem achtzigsten Geburtstag, veranstalteten meine Eltern eine Party für sie, und im Verlauf des Abends nahm Suzan alle Aufforderungen zum Tanzen an und genoss es sichtlich. »Ich fühle mich jetzt jünger als mit fünfzig«, sagte sie. »Das Gesundheitsrezept, das Sie mir verordnet haben, hat wahre Wunder gewirkt.«

Als Suzan das letzte Mal beim Arzt war, kam der Doktor mit hinaus ins Wartezimmer und umarmte meine Mutter herzlich. »Ich weiß nicht, was Sie mit ihr anstellen«, sagte er, »aber es ist wirklich erstaunlich. Sie haben sie praktisch von der Schwelle des Todes zurückgeholt, und jetzt scheint sie dreißig Jahre jünger zu sein. Möchten Sie für mich arbeiten? Jemanden, der solche Wunder vollbringt, kann ich hier gut gebrauchen.« Meine Mutter lachte und sagte: »Es stimmt, dass ein Wunder geschehen ist. Dieses Wunder besteht darin, dass Suzan ihre Denkweise umgestellt hat. Sie erschafft nun nicht mehr mit ihren Worten das, was sie nicht will. Stattdessen beansprucht sie das Leben, das sie wirklich führen möchte. Gott schenkt uns immer das Leben, um das wir bitten. Sie hat einfach gelernt, um etwas Besseres zu bitten.«

Die Macht unseres Kehlchakras ist ehrfurchtgebietend, ob wir uns dessen nun bewusst sind oder nicht. Wenn wir darauf achten, dass das, was wir laut aussprechen, und – noch wichtiger – das, was wir denken, mit unserem höchsten Wohl übereinstimmt, steht der Erschaffung eines ausgewogenen und gesunden Lebens nichts im Wege. Immer wieder mahnte mich meine Mutter: »Jesus hat gesagt: ›Weißt du denn nicht, dass du ein Kind Gottes bist?‹ Wenn du dir das immer wieder sagst, es denkst, es zu einem festen Bestandteil deines Bewusstseins machst, dann ist es auch so.«

Wie ernähren Sie Ihren Körper? Wie gesund ist Ihre Ernährung?

____

____

____

Womit nähren Sie Ihren Geist? Welche Filme schauen Sie sich an?
Welche Bücher lesen Sie?

____

____

____

Womit nähren Sie die Welt? Was sagen Sie über andere Menschen? Über sich selbst? Über das Leben im Allgemeinen?

Probieren Sie's mal!

Sprechen Sie nur vom Positiven

Seien Sie einen ganzen Tag lang Überbringer guter Nachrichten. Sagen Sie zu jedem Menschen, mit dem Sie sprechen, etwas Angenehmes, Freundliches oder Fröhliches. Werden Sie beispielsweise gefragt: »Wie geht es Ihnen?«, antworten Sie, statt das übliche Klagelied anzustimmen, auf positive, optimistische Weise. Und wenn Sie schon einmal dabei sind: Machen Sie demjenigen, der Ihnen die Frage gestellt hat, doch gleich noch ein Kompliment. Wie elend Sie sich auch gerade fühlen mögen, widerstehen Sie der Versuchung, den anderen »Ihr Leid zu klagen«. Unternehmen Sie stattdessen eine bewusste Anstrengung, all das wahrzunehmen, was an diesem Tag schön ist, und dankbar dafür zu sein.

Beeinträchtigter Selbstausdruck

Wenn Ihr Energiezentrum des persönlichen Ausdruckspotenzials aus dem Gleichgewicht geraten ist, unterdrücken Sie oft Ihre wahren Gefühle. Vermutlich errichten Sie dann einen Schutzwall um sich herum und leben in großer Isolierung, Frustration, Wut und Angst. Vielleicht tragen Sie auch eine Maske, hinter der Sie mit großem Kraftaufwand Ihren Schmerz und Ihre unterdrückte Wut zu verbergen trachten. Menschen mit gestörtem Selbstausdruck waren in der Kindheit oft einer starken Unterdrückung ihres wahren Potenzials ausgesetzt. Von Eltern und anderen Bezugspersonen wurde ihnen offen oder indirekt immer wieder vermittelt, sie sollten den Mund halten oder still sein. Das galt besonders dann, wenn die Kinder das ungesunde Verhalten eines Familienmitglieds zur Sprache brachten.

Gestörtes Verhalten innerhalb der Familie wird zumeist unter einem Deckmantel des Schweigens verborgen oder vehement geleugnet. Kinder ziehen sich dann oft voller Scham, Angst und Verwirrung in sich selbst zurück. Kinder, bei denen ein oder gar beide Elternteile Alkoholiker oder in anderer Weise suchtkrank waren, mussten sich oft aus Selbstschutz von ihrer Umwelt abkapseln. Der fröhliche und kreative Geist eines solchen Kindes trägt dann schwere Wunden davon, und die Psyche zieht sich zurück. Dieser beklagenswerte Zustand ist die Ursache für einen großen Teil der Gewalt und Not in der Welt. Das wütende innere Kind beginnt schließlich zu sprechen, und wenn das geschieht, will es meistens Rache, die sich entweder nach außen gegen andere oder – in Form von destruktiven Handlungen oder Suchtverhalten – gegen das eigene Selbst richtet. Wenn Ihr Selbstausdruck beeinträchtigt ist, haben Sie vielleicht das Gefühl, nicht wirklich da zu sein, eine bloße Fassade zu sein – eher eine leblose Puppe als ein wirklicher Mensch aus Fleisch und Blut. Etwas in Ihrer Stimme wird einen falschen Klang haben. Vielleicht weichen Sie im Gespräch den Blicken anderer aus, um sich besser zu schützen. In ernsten Fällen entwickelt sich vielleicht sogar eine Sprachstörung oder es kommt zu Schwerhörigkeit.

Brad, einer meiner Klienten, war der Sohn alkoholabhängiger, chronisch wütender Eltern, die unfähig gewesen waren, auch nur halbwegs verantwortungsbewusst für ihn zu sorgen. Die ersten sieben Jahre seines Lebens verbrachte Brad in einer wahren Hölle, charakterisiert durch den allnächtlichen Streit zwischen den Eltern und häufige Umzüge, die einen halbwegs normalen Schulbesuch für Brad unmöglich machten. Schließlich steckte man ihn in ein Heim, wo er bis zu seinem zwölften Lebensjahr blieb. Die weiteren Jahre bis zum College verbrachte er dann bei seiner Großmutter.

Da Brads frühe Kindheit von so viel Gewalt und Zorn geprägt gewesen war, hatte er gelernt, im wahrsten Sinn des Wortes den Mund zu halten. Er sagte kaum je ein Wort, und wenn doch, dann so leise, dass man ihn kaum verstehen konnte. Zusätzlich wurde ihm die Kommunikation noch durch ein starkes Stottern erschwert. Als ich ihn das erste Mal traf, konnte er kaum einen einzigen Satz zu Ende bringen. Doch im Versuch, seine schweren Kommunikationsprobleme auszugleichen, hatte Brad eine reiche innere Welt entwickelt und war zu einem sehr talentierten Poeten geworden, dessen Gedichte hauptsächlich um seine dunklen und wütenden Gefühle kreisten. Damit hatte er so viel Erfolg, dass seine Texte inzwischen häufig gedruckt wurden, was ihm zu einem gewissen Bekanntheitheitsgrad verholfen hatte.

Als ich ihn traf, kam es mir vor, als sei er überhaupt nicht richtig da. Seine Energie war schwach. Er gab praktisch nichts von sich preis, womit ich ein Gespräch hätte anknüpfen können. Die erste und zweite Frequenz seines Kehlchakras waren durch seine Kindheitstraumata blockiert, aber die dritte Frequenz, die ihn mit seiner Intuition und seinem Geist verband, funktionierte ausgesprochen gut. Deshalb fiel ihm das Schreiben so leicht. Ich schlug Brad vor, an einem Selbsterfahrungsseminar teilzunehmen, bei dem er mit Hilfe eines Beraters lernen könnte, seinen Gefühlen Ausdruck zu verleihen und seine Wut zu heilen. Außerdem schlug ich ihm noch ein sprachtherapeutisches Training vor, damit er lernte, seine persönliche Wahrheit offen zu auszusprechen. Da er fest entschlossen war, sich aus seiner elenden Lage zu befreien, befolgte er meinen Rat und macht seither bei der Öffnung seines Kehlchakras große Fortschritte. Als er etwas Selbstvertrauen gewonnen hatte, las er sogar einige seiner Gedichte bei einem Lyrikwettbewerb öffentlich vor. Es gelang ihm nur mit größter Überwindung, aber hinterher genoss er das Gefühl, nun zu solchen öffentlichen Auftritten in der Lage zu sein.

Durften Sie als Kind zu Hause frei und offen sprechen?

____

Sprachen Ihre erwachsenen Bezugspersonen damals offen und aufrichtig über ihre Meinungen und Gefühle?

____

____

Fällt Ihnen freies Sprechen heute schwer?

____

____

Probieren Sie's mal!

Nächtliche Botschaften

Schreiben Sie vor dem Zubettgehen alles auf, was Sie anderen während des Tages nicht mitteilen konnten. Bitten Sie vor dem Einschlafen Ihre Engel und geistigen Führer, diese Botschaften den betreffenden Personen im Traumzustand zu übermitteln und Ihnen alle etwaigen Antworten im Traum zu überbringen. Lösen Sie sich dann von Ihren Gefühlen und schlafen Sie in Frieden ein.

Rücksichtsloser Selbstausdruck

Während manche Menschen darunter leiden, dass ihre persönlichen Ausdrucksmöglichkeiten beeinträchtigt oder blockiert sind, ist bei anderen genau das Gegenteil der Fall: Sie bringen Ihr Innenleben allzu rücksichtslos und ungehemmt zum Ausdruck. Solche Menschen reden pausenlos, ohne je etwas wirklich Substanzielles mitzuteilen. Sie setzen das Reden als Mittel ein, um andere auf Abstand zu halten und Intimität zu vermeiden. Unsinniges und zielloses Gerede kann auch ein Weg sein, negative Gedankengänge auszublenden. Wenn Sie ungehemmt und unreflektiert drauflosreden, gehen Sie anderen damit jedoch oft auf die Nerven, ziehen ihnen Energie ab und langweilen sie.

Bei Louise handelte es sich um eine Frau, die vollkommen rücksichtslos drauflosplapperte. Wenn sie mein Büro betrat, redete sie von der ersten bis zur letzten Sekunde ohne Pause und ließ mich überhaupt nicht zu Wort kommen. Sie erging sich in seichtem Geschwätz, Kritik und maßlosen Vorwürfen gegen alle Leute, die sie kannte. Doch hinter dem endlosen Wortschwall verbarg sich eine zutiefst unglückliche, egozentrische und einsame Frau – unfähig, anderen Menschen zuzuhören und echte Nähe herzustellen. Sie stammte aus einem schwer gestörten Elternhaus, wo alle immer vorgaben, bestens Bescheid zu wissen und niemals Fehler zu machen. Wenn es Probleme gab, waren daran immer die anderen schuld. In diesem Umfeld fand Louise niemals jemanden, der ihr wirklich zuhörte. Statt zu verstummen wie Brad, ahmte Louise ihre Eltern nach und wurde eine laute Besserwisserin, und dieses Verhalten behielt sie auch als Erwachsene bei. Sie ließ sich von anderen nie etwas sagen, und niemand konnte es ihr recht machen. Immer hatte sie etwas auszusetzen. Der Briefträger stellte angeblich ihre Post nicht richtig zu, das Personal in der Wäscherei bügelte die Wäsche nie zu ihrer Zufriedenheit, die Angestellte im Lebensmittelgeschäft packte ihr die Einkaufstaschen nicht richtig, und so ging es endlos weiter. Niemand konnte ihren Wall aus Worten durchdringen, und so blieb sie in ihrer eigenen Welt isoliert, weil sie niemanden zu sich hereinließ. Um ihr Kehlchakra auszubalancieren, musste Louise lernen, still zu sein und zuzuhören – und das fiel ihr äußerst schwer, weil sie als Kind die Erfahrung gemacht hatte, dass das Zuhören nichts wert war. Und vor allem wurde auch das Lernen nicht geschätzt, denn wir lernen durch Zuhören.

Eine andere Klientin, Amy, litt unter dem gleichen Problem wie Louise, auch wenn es bei ihr weniger offensichtlich war. Amy gehört zu jener Sorte Mensch, die alles perfekt machen wollen. Sie ist eine höchst erfolgreiche Geschäftsfrau, die Millionen-Dollar-Deals mit Kunden auf der ganzen Welt abwickelt, und veranstaltet Dinner-Partys, die alles andere in den Schatten stellen. Sie vergisst niemals, Geburtstagskarten zu verschicken oder Komplimente und kleine Geschenken zu verteilen. Und doch – so reizend und kultiviert sie auch sein mag – fand ich Gespräche mit ihr immer sehr frustrierend. Wie Louise redete sie pausenlos. Und wie bei Louise genügte schon der kleinste Anlass, und sie fing an, sich über alle Leute zu beklagen, die sie kannte. Ihre Gespräche drehten sich ausschließlich um ihr eigenes Leben, ihre Interessen und ihre Probleme. Sie richtete fast nie eine Frage an ihre Gesprächspartner, und wenn es doch einmal geschah, unterbrach sie sie sofort wieder, weil sie gar nicht wirklich zuhörte. Nach den ersten Sitzungen mit ihr fühlte ich mich jedes Mal irgendwie erschöpft und ärgerlich. Rasch stellte ich fest, dass ihr Problem in einem übermäßigen Drang nach Selbstdarstellung lag. Wenn man mit ihr sprach, wurde keine Brücke gebaut, sondern lediglich eine Plattform für ihre Performance. Andere Menschen waren für sie lediglich Publikum. Mehrfach gab sie zu, dass sie müde und frustriert war und sich in ihrem Bemühen, für sich selbst, ihre Freundinnen und ihren Mann ein sinnvolles Leben zu gestalten, allein gelassen fühlte. In ihrem Fall bestand das Problem aber nicht darin, dass die anderen sie ausschlossen oder ihre Erfahrungen nicht mit ihr teilen wollten. Das Problem war, dass sie selbst das nicht zuließ.

Sowohl Amy als auch Louise mussten Selbstbeherrschung entwickeln, um ihren Selbstausdruck und ihre Kommunikationsfähigkeiten zu verbessern. Sie mussten lernen, im Gespräch einen wirklichen Kontakt zu anderen herzustellen. Ich schlug ihnen vor, sich auf ihren Atem zu konzentrieren und, während sie zuhörten, ganz bewusst Informationen und Energie aufzunehmen. Diese Konzentration half ihnen, ihrer Neigung zu widerstehen, anderen ins Wort zu fallen – eine Gewohnheit, die abzulegen besonders Louise schwer fiel. Ich empfahl ihr, sich von meinem Mann Patrick in die Kunst der Meditation einführen zu lassen und sich einer

Massagetherapie zu unterziehen, bei der sie nicht sprechen durfte. Sie geht jetzt zu wöchentlichen Meditationssitzungen bei Patrick und zweimal im Monat zu einer intensiven Massagesitzung bei einer Körpertherapeutin. Allmählich stellt sich eine positive Veränderung ein. Außerdem riet ich beiden Frauen zur Teilnahme an einer Selbsthilfegruppe mit Zwölf-Schritte-Programm wie Al-Anon oder ACOA, die Menschen dabei hilft, gesunde zwischenmenschliche Beziehungen aufzubauen, oder CoDA, einem Zwölf-Schritte-Programm für Leute, die sich zwanghaft um andere kümmern und darüber ihre eigenen Bedürfnisse vernachlässigen. In solchen Gruppen wird von den Teilnehmern verlangt, dass sie andere ausreden lassen, ohne sie zu unterbrechen, und dass sie eigene Erfahrungen mitteilen, ohne dabei in langatmige Monologe zu verfallen. Das Beste an diesen Programmen ist, dass in der Gruppe keinerlei Diskussion über das Gesagte stattfindet. Zuzuhören, ohne irgendwelche Kommentare abzugeben, ist für Menschen mit disharmonischem Kommunikationschakra sehr heilsam. Falls bei Ihnen ein solches Problem vorliegt, ist es sehr gut möglich, dass Sie sich dessen gar nicht bewusst sind. Doch wenn Ihnen öfter gesagt wird, dass Sie zu viel reden, oder wenn man Ihnen vorwirft, nicht richtig zuzuhören, sollten Sie Ihre Mitteilungsfreudigkeit vielleicht ein wenig bremsen. Die oben erwähnten Methoden könnten dann auch für Sie von Nutzen sein.

Neigen Sie in Gesprächen eher zum Reden oder zum Zuhören?

____

Sind Sie eine Klatschbase? Ziehen Sie gerne über andere her?

____

Sind Sie offen, von anderen zu lernen?

____

Reden Sie oft nur, um die Stille zu füllen?

____

Probieren Sie's mal!

Stellen Sie andere in den Mittelpunkt

Richten Sie einen Tag lang Ihre volle Aufmerksamkeit auf die Menschen in Ihrer Umgebung. Hören Sie ihnen konzentriert zu, und zeigen Sie Interesse und echte Wertschätzung. Vermeiden Sie es an diesem Tag, viel über sich zu sprechen, stellen Sie stattdessen den anderen interessierte und sinnvolle Fragen, und ermutigen Sie sie. (Achten Sie aber darauf, dass Sie Anteilnahme und aufmerksames Zuhören nicht mit dem Bedürfnis verwechseln, die Probleme der anderen zu lösen und den Retter in der Not zu spielen. Damit würden Sie sich nur Schwierigkeiten einhandeln.)

Explosion/Implosion

Ein weiteres verbreitetes Kommunikationshemmnis besteht darin, dass wir es nicht wagen, unsere wahren Bedürfnisse auszudrücken oder Grenzen zu ziehen – aus Angst, andere damit zu kränken. Erstaunlicherweise macht dieses Problem sogar sehr mächtigen und erfolgreichen Menschen zu schaffen.

Mein Klient David gehörte zu den weltweit angesehensten Werbefachleuten. In manchen Kreisen galt er gar als das Symbol für eine ausgezeichnete Kommunikation im geschäftlichen Bereich. Doch im Privatleben, in seiner dritten Ehe, ließ er sich lange widerstandslos von der Familie seiner Frau ausnutzen. Er war anscheinend unfähig, seine Bedürfnisse klar zu artikulieren und angemessene Grenzen zu ziehen, um seine Seele zu retten. Er und seine Frau Meg waren eben erst in ihr neues, mit viel Liebe entworfenes Haus gezogen, mit dessen Bau David sich einen Lebenstraum erfüllt hatte. Da tauchte plötzlich Megs fünfunddreißigjähriger Sohn Harold auf, der sich durchs Leben schnorrte, und quartierte sich ohne Davids oder Megs ausdrückliche Erlaubnis bei ihnen ein. Obwohl David nie offen mit Meg darüber sprach, hatte er doch intuitiv das Gefühl, dass sie Harolds Anwesenheit als ebenso störend empfand wie er selbst. Doch in David staute sich Ärger auf, weil sie Harold nicht die Tür wies oder überhaupt je ein Wort über die Situation verlor. So frustriert und wütend er auch war, schwieg David dennoch weiterhin, weil er fürchtete, sie würde ihn sonst für selbstsüchtig oder unsensibel halten. Er war geradezu verzweifelt bemüht, nur ja keinen Streit mit Meg aufkommen zu lassen. Also biss er sich auf die Zunge und hoffte, Harold würde eines Tages von selbst wieder verschwinden. Leider geschah nichts dergleichen. Harold ignorierte sämtliche diskreten Hinweise Davids, lud am Wochenende sogar Freunde ins Haus ein, unter anderem auch seine

Geliebte, die nun ebenfalls blieb und keine Anstalten machte, je wieder zu verschwinden. Das Fass endgültig zum Überlaufen brachten zwei Dobermänner, die Harold anschaffte und die natürlich sofort die Herrschaft über Haus und Garten übernahmen. Da platzte David der Kragen und er warf Harold hinaus – mitsamt Hunden, Freundin und allem. Über den plötzlichen Zornesausbruch ihres Mannes erschrak Meg so, dass sie mit ihrem Sohn das Haus verließ. Da ihre Ehe wegen des Mangels an echter Kommunikation ohnehin auf schwachen Füßen stand, zerbrach sie nun vollends. Meg kehrte nie wieder zu ihm zurück. Zu allem Unglück wurden zehn Wochen nach der Trennung bei David auch noch Polypen an den Stimmbändern diagnostiziert, die eine rasche Operation erforderlich machten.

Ich half David dabei zu erkennen, dass seine körperliche Erkrankung und seine emotionalen Probleme mit seinem unterdrückten Selbstausdruck in Zusammenhang standen. Das Scheitern seiner dritten Ehe war ein neuerliches Beispiel dafür, welchen Schaden ein solches Kommunikationsproblem anrichten kann. Als ihm klar wurde, in welch schlimmer psychischer und körperlicher Verfassung er sich befand, wusste er, dass er unbedingt etwas ändern musste. Er musste lernen, offener über seine Gefühle und Bedürfnisse zu sprechen, statt es den anderen zu überlassen, diese zu erraten. Auf Empfehlung seines Therapeuten unterzog sich David einer Gruppentherapie. Wie ich höre, hilft sie ihm ausgezeichnet. Er lernt, im Privatleben wie auch im beruflichen Bereich offener und direkter mit anderen umzugehen. Sowohl körperlich als auch in Bezug auf sein Kehlchakra geht es David schon wesentlich besser.

Die eigenen Gefühle zu artikulieren ist besonders schwierig, wenn es sich dabei um unterdrückte Wut handelt. Vielen von uns wurde beigebracht, dass wütend zu sein – und dies auch noch offen zu zeigen – unhöflich und inakzeptabel ist. Leider ziehen Leute, die Mühe haben, ihre Wut zu zeigen, oft geradezu magisch Menschen an, denen das überhaupt nicht schwer fällt. Das scheint die Art zu sein, wie das Universum dafür sorgt, dass wir einander seelisches Gleichgewicht lehren. In solchen Situationen meinen wir oft, von jenen, die uns in Wut versetzen, alles stillschweigend hinnehmen zu müssen, da andernfalls allzu schlimme Konsequenzen drohen. Wenn wir beispielsweise für einen tyrannischen Chef arbeiten oder unter einem gewalttätigen Partner oder Elternteil zu leiden haben, fühlen wir uns oft, als hätten wir überhaupt keine eigene Stimme. Und so verschließen wir unser fünftes Chakra. In Wahrheit ist es aber völlig natürlich und in Ordnung, Gefühle zu haben und sie auch zum Ausdruck zu bringen. Unrealistisch ist es nur, wenn wir von anderen erwarten, dass sie unsere emotionalen Bedürfnisse auf telepathischem Wege verstehen. Es liegt in unserer eigenen psychischen Verantwortung, dass wir unsere Bedürfnisse klar erkennen und sie anderen Menschen auch mitteilen – und zwar bevor wir völlig die Beherrschung verlieren und mit einem explosiven Ausbruch unsere Umgebung in Angst und Schrecken versetzen, wie es bei David der Fall war.

Noch schlimmer ist es, wenn ein blockiertes fünftes Chakra dazu führt, dass Menschen sozusagen »implodieren«. Bei Emily, der Tochter einer Klientin, handelte es sich um ein sehr leises, sanftes Mädchen. Sie war eine konservative Katholikin mit ausgeprägtem Interesse an humanitären Fragen. Emily träumte davon, Missionarin zu werden oder in einem sozialen Beruf zu arbeiten. Als sie aufs College kam, musste sie das Zimmer mit einem Mädchen teilen, das ganz anders war als ihre bisherigen Freundinnen. Diese Zimmergenossin, Kind alternder Hippies, entpuppte sich als junge Wilde, die ständig ihre Liebhaber wechselte, kiffte und offenbar nur am intensiven Studium eines einzigen Fachs interessiert war: Sex. Jede Nacht brachte sie einen anderen Jungen mit aufs Zimmer und vergnügte sich mit ihm dann intensiv bis zum Morgengrauen – und das alles in einem drei Meter mal drei Meter siebzig großen Zimmer. Für Emily war die Situation unerträglich. Sie konnte nicht lernen. Sie konnte nicht schlafen. Ihre persönlichen Grenzen wurden komplett missachtet, und auf ihren Werten wurde herumgetrampelt. Doch da sie Angst davor hatte, ihre Wut zu zeigen, biss sie sich auf die Zunge und warf ihrer Mitbewohnerin lediglich böse Blicke zu, ohne sich je offen über ihr rücksichtsloses Benehmen zu beschweren. Von Tag zu Tag wurde die Anspannung größer und Emily immer frustrierter. Im November wurde sie nachts wieder einmal von den üblichen Spielchen ihrer Zimmergenossin geweckt und verspürte schreckliche Halsschmerzen. Sie konnte nicht sprechen. Sie konnte nicht schlucken. Sie konnte vor Schmerzen kaum atmen. Verzweifelt zog sie sich an und machte sich auf den Weg zum Schulkrankenhaus, wo der Arzt eine schwere Mandelentzündung diagnostizierte.

Als Emily nach Hause zu ihren Eltern kam, stöhnte sie: »Mom, ich habe schreckliche Halsschmerzen und kann kaum sprechen. Meine Kehle tut so weh, dass ich schreien könnte.« Als meine Klientin, eine spirituell bewusste Frau, ihre Tochter dies sagen hörte, erwiderte sie: »Emily, das ist kein Wunder. Merkst du denn nicht, dass du genau das in den letzten zwei Monaten immer wieder zu mir gesagt hast? Immer, wenn wir über deine Mitbewohnerin geredet haben, hast du das Gleiche gesagt: ›Ich möchte schreien. Ich kann kaum sprechen. Ich bin so wütend.‹ Jetzt hat dein Körper darauf reagiert. Dein Hals drückt deine Wut für dich aus.«

In den Weihnachtsferien wurden Emily die Mandeln entfernt, und nachdem sie ihre Situation eingehend mit ihrer Mutter besprochen hatte, wandte sie sich mit der dringenden Bitte an die Collegeleitung, dass man ihr den Umzug in ein anderes Zimmer gestatten möge. Als sie dem Dekan ihre Gründe erläuterte, war dieser einverstanden. Glücklich zog Emily in ein anderes Wohnheimzimmer, und mit der dortigen Mitbewohnerin verstand sie sich auf Anhieb. Sie fand neue Freundinnen und schwor sich, nie wieder in einem solchen Maß ihre Gefühle zu unterdrücken. »Ich habe meine Lektion gelernt«, sagte sie zu ihrer Mutter. »Ich werde von jetzt an für meine Bedürfnisse eintreten. Nach dieser zweimonatigen Tortur werde ich es in Zukunft offen aussprechen, wenn mir etwas nicht passt.«

Können Sie anderen wirkungsvoll Ihren Ärger oder Ihre Frustration mitteilen?

____

Kommt es vor, dass Sie explodieren? Bei welchen Anlässen?

____

____

Kommt es vor, dass andere Ihnen gegenüber in Wut geraten?

____

____

Verbergen Sie Ihre Gefühle vor anderen? Schweigen Sie, wenn bestimmte Dinge eigentlich offen angesprochen werden müssten? Gilt das generell? Oder nur gegenüber bestimmten Menschen? Wenn ja, wem gegenüber?

____

____

____

Probieren Sie's mal!

Machen Sie den Mund auf!

Machen Sie den Mund auf, sobald jemand Ihre Grenzen missachtet, Sie beleidigt oder Ihnen nicht zuhört! Sagen Sie dem oder der Betreffenden, welche *körperlichen* Empfindungen ihr Verhalten bei Ihnen auslöst. Werfen Sie Ihrem Gegenüber kein unsensibles oder inakzeptables Verhalten vor, und versuchen Sie auch nicht, den anderen zu ändern. Weisen Sie ihn nur in möglichst neutraler Form darauf hin, wie sein Verhalten sich auf Sie auswirkt. Wenn Sie beispielsweise jemand beleidigt, können Sie in Ihren Körper hineinspüren, sich seine Reaktionen bewusst machen und sagen: »Wenn du das und das sagst oder tust, spüre ich einen Kloß in der Kehle, und mein Körper fühlt sich an, als würde er am liebsten ganz schnell weglaufen.« Wichtig ist hierbei, wirklich nur auszusprechen, was sich im Körper abspielt, nicht mehr. Auch wenn das eine ziemlich ungewohnte Form der Kommunikation ist, erreichen Sie damit fast immer, dass der andere erkennt, welche Wirkung seine Worte oder sein Verhalten auf Sie haben. (Diese Methode kann allerdings im beruflichen Bereich oder gegenüber Menschen, zu denen nur flüchtige Kontakte bestehen, oft unangemessen sein. Aber in den meisten nahen persönlichen Beziehungen, also gegenüber dem Partner, den Verwandten und Kindern funktioniert sie sehr gut.)

Probieren Sie's mal!

Pfefferminz-Frische

Wenn Sie ihr Kehlchakra beleben und Ihre Kommunikationskanäle öffnen möchten, trinken Sie ein Glas Pfefferminz-Wasser. Geben Sie einen Tropfen Pfefferminzöl in ein Glas Wasser. Die Pfefferminze befreit den Hals von Schleim und räumt gleichzeitig allen psychischen Schutt aus dem Weg. Das ist besonders hilfreich, wenn Sie eine wichtige Rede halten müssen oder Ihnen ein Gespräch von weitreichender Bedeutung bevorsteht. Sie sollten hierfür nur ätherisches Pfefferminzöl allerhöchster Qualität verwenden. Die billigeren Varianten sind oft mit anderen Ölen verdünnt und können schädlich für den Hals sein. Lassen Sie sich in einem Fachgeschäft für ätherische Öle beraten. Dort weiß man in der Regel gut Bescheid und kann Ihnen ein für Ihren Zweck geeignetes Produkt empfehlen.

Wie man seine Meinung sagt, ohne zu verletzen

Zu den schlimmsten Formen, das Kehlchakra zu missbrauchen, gehört es, anderen Menschen Schuldgefühle einzureden, Scham hervorzurufen oder beleidigende Worte zu benutzen. Oft beginnen Menschen dann, wütend herumzuschreien, wenn sie den Eindruck haben, dass ihnen sonst niemand zuhört. Die Reaktion darauf ist entweder völlig abweisend, oder das, was sie sagen möchten, geht im lauten Schwall einer ebenso wütenden Erwiderung unter. Ein solcher verbaler Schlagabtausch richtet bei allen Beteiligten psychischen Schaden an.

Bill war sehr frustriert, weil seine Frau Lisa ihm nie zuhörte. Sie unterbrach ihn ständig und schien nie ein Ohr zu haben für das, was er ihr sagen wollte. Lisa meinte dagegen, Bill spreche auf eine abrupte, verurteilende und vorwurfsvolle Weise, so dass sie laut schreien müsse, damit er ihr überhaupt zuhöre. So verstrickten sich die beiden in immer neue Gefechte, die mit den Jahren an Heftigkeit zugenommen hatten. Nach jeder dieser Episoden fühlten sie sich beide wie zerschlagen. Lisas Energieniveau war so abgesunken, dass sie unter chronischer Müdigkeit und Erschöpfung litt, und Bill hatte, sobald er nach Hause kam, nur noch den Wunsch, sich vor den Fernseher zu setzen und auf diese Weise seine verletzten Gefühle zu betäuben. In einem verzweifelten Versuch, ihre Ehe zu retten, suchten sie schließlich Hilfe.

Ich erklärte ihnen, dass gegenseitiges Zuhören möglich wird, wenn man sich angewöhnt, auf Vorwürfe und persönliche Angriffe zu verzichten. Außerdem müssten sie wirklich bereit sein, dem anderen Aufmerksamkeit zu schenken; sie müssten lernen aktiv zuzuhören, was, wie sie beide zugaben, Neuland für sie war. Indem sie sich eine bewusstere Kommunikation angewöhnten, kamen sie allmählich besser miteinander aus. Heute können sie wieder miteinander reden, statt sich anzuschreien.

Streiten Sie sich aus Gewohnheit mit nahe stehenden Menschen?

____

____

Haben Ihre Eltern sich häufig gestritten? Haben sie dabei beleidigende Worte gebraucht?

____

____

____

Werden Sie oft beleidigend? Anderen gegenüber? Sich selbst gegenüber?

Fallen Sie anderen häufig ins Wort?

Probieren Sie's mal!

Ein Fastentag in puncto Kritik

Hier ist eine Methode, die einer meiner Freunde, der Autor Alan Cohen, empfiehlt: Verzichten Sie einen Tag lang völlig darauf, Kritik zu üben oder sich zu beklagen. Das gilt auch für Selbstkritik. Dazu werden Sie Ihr Denken und Reden sehr aufmerksam beobachten müssen. Vielleicht fällt Ihnen das leichter, wenn Sie diesen Tag mit einem mitfühlenden Freund verbringen, der Sie darauf hinweist, wenn Sie von Ihrem Vorsatz abweichen. Genießen Sie das befreiende Gefühl, das sich durch diesen Verzicht auf negative Kommentare einstellt. Wenn Sie es geschafft haben, einen Tag lang durchzuhalten, können Sie die Übung auf zwei Tage ausdehnen, auf drei Tage oder sogar auf eine ganze Woche. Lassen Sie Ihre positiven Erfahrungen der Anreiz sein, bei der Stange zu bleiben.

Eine Ergänzung zu dieser Übung besteht darin, niemanden zu korrigieren, weder verbal noch in Gedanken. Mit anderen Worten: Geben Sie es auf, den großen Boss des Universums zu spielen und allen zu erzählen, wie sie Ihrer Meinung nach zu leben hätten. Ihr eigenes Kehlchakra wird befreit, wenn Sie damit aufhören, allen anderen die Kehle zuzudrücken.

Wischiwaschi

Eine andere Variante eines unausgewogenen Selbstausdrucks zeigt sich bei Menschen, die nie Position beziehen und sich immer ein Hintertürchen offen halten. Das kann beispielsweise bedeuten, dass Sie mit jemandem gut Freund sind, solange Sie mit ihm zusammen sind, aber jede Loyalität fallen lassen, sobald Sie sich in anderer Gesellschaft befinden. Solche Leute bezeichnet man als »Schönwetterfreunde« oder »Wetterfähnchen«. Die Indianer nennen es »mit gespaltener Zunge sprechen«. In jedem Fall ist damit gemeint, dass jemand keine eigene Wahrheit besitzt. Wer sich so verhält, fühlt sich am Ende wie ein psychischer Parasit, weil er anderen buchstäblich Energie absaugt.

Wenn Ihnen dieses Muster bekannt vorkommt, sollten Sie sich bewusst werden, dass Ihr Selbstausdruck sich regelrecht in Luft aufgelöst hat und Sie darunter sehr leiden. Um Heilung zu finden, brauchen Sie möglicherweise die Unterstützung eines qualifizierten Therapeuten, der Ihnen dabei hilft, Ihre persönliche Wahrheit zu entdecken und Ihre ureigene Stimme zum Leben zu erwecken. Außerdem kann es hilfreich sein, ein Tagebuch zu führen oder in einer Therapiegruppe zu lernen, Ihre eigenen Ideen freimütig zu äußern. Manchmal besteht das Problem einfach in zu großer Trägheit, die uns davon abhält, uns mit dem zu beschäftigen, was uns wirklich wichtig ist, und den Mut aufzubringen, das auch zu äußern. In jedem Fall sollten Sie den Mut finden, Ihren wahren Empfindungen Ausdruck zu verleihen oder aber zu schweigen, wenn Sie sich nicht ganz sicher sind. Haben Sie sich aber einmal zu etwas bekannt, dann sollten Sie auch dazu stehen und diesen Standpunkt nicht verraten, nur damit andere Ihnen zustimmen. Nicht durch die Zustimmung anderer werden Sie sich besser fühlen, sondern wenn Sie sich selbst treu bleiben und zu Ihren eigenen Idealen stehen.

Sind Sie ein Wischiwaschi-Typ? Hängen Sie Ihr Fähnchen nach dem Wind? Ändern Sie – nur um des lieben Friedens willen – häufig Ihren Standpunkt?

____

____

Warum stehen Sie nicht zu Ihren Ansichten? Wovor haben Sie Angst?

____

____

____

Haben Sie je Haltung gezeigt und entschieden Stellung bezogen? Bei welcher Gelegenheit?

Geben Sie anderen zum Schein Recht, obwohl Sie in Wahrheit anderer Meinung sind? Oder haben Sie umgekehrt den Eindruck, dass andere Ihnen nach dem Mund reden? Wann ist das so?

Bei der Wahrheit bleiben

Verleumdung ist ein besonders schlimmer Missbrauch der Energie des fünften Chakras. Schon in den Zehn Geboten heißt es: »Du sollst nicht falsch Zeugnis reden.« Verleumderische Reden beeinträchtigen nicht nur die eigene Energie und Integrität, sie bewirken noch dazu einen Bumerangeffekt – Ihre Lügen fallen früher oder später auf Sie zurück. Wenn Sie denken, Sie könnten ungestraft schlecht über andere reden, irren Sie sich gewaltig.

Das zeigte sich erst kürzlich wieder sehr deutlich in meiner eigenen Familie. Für unsere beiden Töchter, die bald ins Teenageralter kommen, zählt momentan vor allem, wer beliebt ist und wer nicht. Auch wenn es natürlich wichtig ist, dass wir unseren Platz in der Welt finden, kann dieses Beliebtheitsspiel ziemlichen Schaden anrichten, wie eine meiner Töchter entdecken musste. Sabrina war Mitglied eines ganz besonderen Trios in ihrer Klasse, jedes dieser drei Mädchen versuchte ständig, die beiden anderen zu übertrumpfen. So geriet fast täglich eines von ihnen in die wenig beneidenswerte Verliererposition. Dieses Wetteifern um Beliebtheit erreichte einen schmerzlichen Höhepunkt, als Cissy Sabrina anrief und mit ihr über die Dritte im Bunde, Jolene, zu reden begann. Anfangs schien die Unterhaltung einen halbwegs netten Verlauf zu nehmen, doch dann stachelte Cissy meine Tochter dazu an, etwas Schlechtes über Jolene zu sagen. Was Sabrina nicht wusste, war, dass Cissy Jolene das Gespräch heimlich mithören ließ. »He, das ist aber gemein, so was über mich zu sagen!«, meldete Jolene sich nun zu Wort. Cissy lachte und sagte: »Siehst du, Jolene, ich habe dir doch gesagt, dass Sabrina gar nicht wirklich deine Freundin ist.« Dann legte sie auf. Sabrina war einerseits empört wegen dieses üblen Tricks und schämte sich andererseits, so schlecht über Jolene geredet zu haben. Weinend kam sie zu mir.

So frustrierend Cissys Falle für Sabrina war, kam es doch darauf an, ihr klar zu machen, dass letztlich ihre eigenen Worte die Ursache der ganzen Misere waren. Der Stachel saß tief, und ebenso die Scham, aber Sabrina lernte ihre Lektion. Wenn wir gehässig oder schlecht über andere reden, fällt das auf uns selbst zurück – wenn nicht unmittelbar, wie in Sabrinas Beispiel, dann doch auf der energetischen Ebene. Wir dürfen die Macht unserer Worte nicht unterschätzen. Wenn wir boshafte Worte in die Welt hinausschicken, richten wir damit spirituellen Schaden an. Gemäß der Regel »Was du aussendest, kehrt früher oder später zu dir zurück«, werden Sie die Quittung für Ihre Worte erhalten. Verlassen Sie sich darauf.

Beherzigen Sie lieber das alte Sprichwort: »Wenn du nichts Gutes über einen Menschen sagen kannst, dann schweige still.« Dem möchte ich noch hinzufügen: »Was du einem Menschen nicht offen ins Gesicht sagen würdest, solltest du besser überhaupt nicht sagen.« Auch wenn diese Regel nicht leicht zu befolgen ist, weil wir alle einen gewissen Hang zum Tratschen haben, lohnt es sich doch, sich wenigstens nach Kräften zu bemühen. Eine andere, etwas praktikablere Regel stammt aus dem Zen: »Sprich nur Dinge aus, mit denen du leben kannst.«

Haben Sie schon Dinge über andere gesagt, die Sie später bereut haben? Inwiefern haben Sie sich dadurch selbst geschadet?

Sind Sie je bei einer Lüge oder Verleumdung ertappt worden?

Haben Sie schon einmal jemanden verleumdet oder bei anderen schlecht gemacht, ohne dass es ans Licht kam? Wie haben Sie sich anschließend gefühlt?

Worte besitzen schöpferische Kraft

Wir sollten uns unbedingt darüber klar werden, dass unsere Worte die Macht haben, unser Leben zu gestalten. Unser Unterbewusstsein ist darauf programmiert, absolut alles zu akzeptieren, was wir ihm suggerieren, und die beiden machtvollsten Worte, die wir gebrauchen können, lauten: »Ich bin ...« Wenn wir sagen: »Ich bin müde«, sagt unser Körper, der auf unser Unterbewusstsein reagiert: »Okay. Du sagst, du bist müde. Gut, dann sind wir jetzt müde.« Dasselbe gilt für »Ich bin krank«; »Ich bin arm«; »Ich bin einsam«; »Ich bin glücklich«; »Ich bin stark«; »Ich bin liebenswert«. Mit anderen Worten: Was immer Sie sagen, wird von Ihrem Körper und Ihrem Unterbewusstsein für bare Münze genommen. Was immer Sie anordnen, wird verwirklicht – im Guten wie im Schlechten – wenn Sie nur beharrlich genug die magischen Worte »Ich bin« aussprechen.

Wenn Sie das erst einmal erkannt haben, können Sie Ihre Worte bewusst dazu einsetzen, sich Ihre Lebenswünsche zu erfüllen. Vor fünfzehn Jahren beschloss mein Mann Patrick, dass er nicht länger durch Rauchen seine Gesundheit aufs Spiel setzen wollte. Da er seit seinem vierzehnten Lebensjahr rauchte, stellte die Umsetzung dieses Wunsches eine ziemliche Herausforderung für ihn dar. Jedes Mal, wenn ihm jemand eine Zigarette anbot – was recht häufig geschah, da wir damals von Rauchern umgeben waren –, sagte er sich einfach: »Ich bin Nichtraucher.« Und von dem Tag an, als er beschlossen hatte, das Rauchen aufzugeben, war er Nichtraucher. Als ich ihn fragte, ob es ihm schwer falle, meinte er nur: »Nein. Warum soll ich es mir schwer machen, indem ich sage, dass es schwer ist? Als Nichtraucher kostet es mich überhaupt keine Anstrengung.« Wie er es auf diese Weise schaffte, sich von einer seit zwanzig Jahren bestehenden Gewohnheit zu befreien, beeindruckte mich so, dass ich beschloss, es ihm gleichzutun. Mit Hilfe dieser Methode schaffte ich es in nur einem Tag. Seit dieser Zeit sind wir beide rauchfrei.

Am besten können Sie Ihre schöpferische und heilende Kraft nutzen, wenn Sie sich darin üben, mit Hilfe von Affirmationen den erwünschten Zustand sozusagen gezielt heraufzubeschwören. Ihr Unterbewusstsein, das Ihre schöpferischen Anweisungen ausführt, reagiert besonders gut auf häufig wiederholte und bekräftigte Formulierungen. Denken Sie sich einfache Formeln aus, die genau das Gewünschte bestätigen, und wiederholen Sie sie immer wieder. Oder machen Sie daraus ein kleines Lied, das Sie ständig vor sich hin singen. Das funktioniert besonders gut, da Sie beim Singen zusätzlich die Energie Ihres Herzchakras aktivieren. Wenn Sie diese beiden Energiezentren in Einklang bringen, setzen Sie damit eine der machtvollsten Kräfte der Welt in Gang.

Einer meiner Klienten, ein Börsenmakler, sang: »Ich tu das, was mir gefällt, und verdien' damit viel Geld.« Nun, das mag keine große Dichtkunst sein, aber es hat funktioniert. Er hat tatsächlich viel Geld verdient. Eine Klientin ohne fahrbaren Untersatz, die die öffentlichen Verkehrsmittel satt hatte, setzte meinen Rat ebenfalls in die Tat um und fing – aus einer Laune heraus – an zu singen: »Ich fahr, wohin ich will, in meinem Automobil!« Sechs Monate später fragte sie ein guter Freund, der einen einjährigen Auslandsaufenthalt plante, ob sie so lange seinen Toyota »hüten« wolle. Da sang sie: »Oh ja, oh ja, ich will!«

Mit den Worten, die wir äußern, bestimmen wir die Richtung unseres Lebens. Das Leben widerfährt uns nicht einfach, auch wenn es manchmal so aussieht. In Wahrheit entscheiden wir selbst über unsere Zukunft, und zwar zu hundert Prozent. So mächtig sind wir. Und der Zauberstab, der diese Zukunft Wirklichkeit werden lässt, ist unser Selbstausdruck, das, was wir über unser Kehlchakra der Welt mitteilen. Es ist wirklich so unglaublich einfach. Haben wir erst einmal vollständig begriffen, dass wir spirituelle Schöpferinnen und Schöpfer sind, werden unsere Träume Wirklichkeit.

Schreiben Sie hier eine positive Affirmation auf, in der Sie klar formulieren, wer Sie sein möchten und was Sie in Ihrem Leben erschaffen möchten.

Zu einem harmonischen Selbstausdruck finden

Wenn ein leichtes Ungleichgewicht besteht:

- Grüßen Sie andere freundlich.
- Gewöhnen Sie es sich an, während des Tages nur positive Erwartungen zu äußern, keine Befürchtungen.
- Schreiben Sie Dankesbriefe.
- Sprechen Sie jemandem eine ermutigende oder lustige Nachricht auf den Anrufbeantworter.
- Benutzen Sie einen Kalender, der einen positiven Sinnspruch für jeden Tag enthält.
- Atmen Sie bewusst, ehe Sie sprechen.
- Atmen Sie bewusst, während Sie zuhören.
- Überlegen Sie sich vorher, was Sie sagen möchten, statt einfach draufloszureden.
- Singen Sie unter der Dusche.
- Trinken Sie viel aromatischen heißen Tee.
- Tragen Sie etwas Blaues um den Hals, etwa eine Krawatte, eine Kette oder ein Halstuch.

Wenn ein moderates Ungleichgewicht besteht:

- Sagen Sie, sobald Sie sich bei einer negativen Bemerkung ertappen, sofort: »Löschen! Löschen!«
- Zählen Sie bis zehn, ehe Sie zu sprechen beginnen – falls Sie wütend sind, zählen Sie bis hundert.
- Begeben Sie sich an einen Ort, wo Sie niemanden stören, und schreien, sprechen oder singen Sie lauthals.
- Erlernen Sie eine Fremdsprache.
- Schreiben Sie den Menschen, mit denen Sie sich einen näheren Kontakt wünschen oder mit denen Sie ins Reine kommen wollen.
- Sagen Sie: »Ich bin ______________________«, und beenden Sie den Satz mit einer möglichst präzisen Benennung Ihres Herzenswunsches.

- Denken Sie sich Ihren eigenen positiven Slogan oder ein entsprechendes Mantra aus und rezitieren Sie diese Worte oft.
- Bitten Sie Ihr Höheres Selbst um Führung.
- Versuchen Sie sich in künstlerischen Ausdrucksformen wie Zeichnen, Schreiben oder Tanzen.
- Praktizieren Sie täglich zehn Minuten stille Meditation.
- Leihen Sie sich den Film *Gandhi* von Richard Attenborough aus.
- Reagieren Sie auf negative Äußerungen anderer mit Schweigen.
- Sagen Sie einen Tag lang immer die Wahrheit.
- Massieren Sie sich Hals und Nacken, um kommunikative Stauungen wieder zum Fließen zu bringen.
- Singen Sie im Auto aus vollem Hals ein Lied, das Ihnen gefällt.
- Wenn Sie das Gefühl haben, sich mit einem bestimmten Menschen aussprechen oder anderweitig mit ihm Kontakt aufnehmen zu müssen, warten Sie nicht erst auf den »richtigen« Augenblick, sondern verabreden Sie sich sofort mit ihm.
- Ziehen Sie Ihre Krawatte aus und öffnen Sie den Hemdkragen.

Wenn ein starkes Ungleichgewicht besteht:

- Nehmen Sie an einem Rhetorikseminar teil oder engagieren Sie einen persönlichen Stimmtrainer.
- Schreien Sie in ein Kissen.
- Kaufen Sie sich ein Witzebuch und lernen Sie ein paar gute Witze auswendig. Erzählen Sie sie Freunden oder Kollegen.
- Üben Sie *Aaaahs*: Strecken Sie sich morgens nach dem Aufstehen und atmen Sie tief ein. Atmen Sie dann langsam aus und lassen Sie dabei ein schönes, langes, lautes »AAAAAHHHHH!!!« ertönen. Machen Sie das zwei- bis dreimal, um Ihr Kehlchakra aufzuwärmen und sich auf offenes und freimütiges Sprechen während des Tages vorzubereiten.
- Bringen Sie sich zum Lachen.
- Veranstalten Sie für sich selbst ein intuitives Reading.
- Geben Sie einem Freund oder einer Freundin ein intuitives Reading.
- Praktizieren Sie täglich zwanzig Minuten stille Meditation.
- Sagen Sie jeden Tag Ja zu sich selbst.

- Nehmen Sie Gesangsunterricht.
- Suchen Sie einen professionellen Berater oder Therapeuten auf, der Ihnen beim Herauslassen Ihrer Gefühle helfen kann, etwa einen Gestalttherapeuten.
- Hören Sie auf Ihre Intuition.
- Lassen Sie nur Gesundes über Ihre Lippen kommen (in beiden Richtungen).
- Tupfen Sie einen Tropfen eines ätherischen Öls, das Sie besonders gern mögen, auf Ihren Halsansatz, wo Ihr Kehlchakra liegt.

Denken Sie daran, ein offener und harmonischer Selbstausdruck bedeutet:

Sprechen
Aufrichtigkeit
Lachen
Zuhören
Kreativität
Telepathie
Verständigung
Verbundenheit
Offenbarung
Wahrheit

Wenn Sie im Bereich Ihres fünften Chakras zu neuer Balance und Harmonie gelangen, werden Ihnen ganz von selbst eigene Inspirationen und Ideen zufliegen, wie Sie diesen Zustand aufrechterhalten können. Notieren Sie hier diese Ideen:

Sechstes Chakra

Ihre persönliche Vision

Das sechste Chakra, auch drittes Auge genannt, hat seinen Ursprung zwischen den Augenbrauen und erstreckt sich von der oberen Stirnpartie bis zur Nasenspitze. Dieses Energiezentrum bestimmt über unser Vermögen, klar und deutlich zu sehen. Dazu gehört auch die Fähigkeit des Analysierens, des Denkens, der Vernunft, der Wahrnehmung, des Unterscheidens, des Träumens und der bildhaften Vorstellung. Die obere Oktave des sechsten Chakras ist außerdem das Zentrum für die mediale Gabe der Hellsichtigkeit. Im Farbspektrum schwingt dieses Chakra in Resonanz zu einem tiefen Indigoblau, wie ein klarer Winterhimmel bei Mitternacht. Befindet es sich im Gleichgewicht, ist es das Zentrum der persönlichen inneren Vision. Seine Devise lautet: »Ich sehe. Ich verstehe. Ich imaginiere.«

Auf der physiologischen Ebene beeinflusst dieses Chakra den Kopf, die Augen, alle Sinnesorgane, das Gehirn und das Nervensystem. Ist sein Gleichgewicht gestört, können gesundheitliche Probleme in diesen Körperbereichen auftreten. Haben wir unser Chakra des Selbstausdrucks harmonisiert, können wir hinauf zum sechsten Energiezentrum reisen, unsere persönliche Vision entdecken und beginnen, die Wahrheit in der Welt wahrzunehmen. Das sechste Chakra arbeitet mit der Hirnanhangdrüse zusammen und verbessert unser Gedächtnis, unsere Traumwahrnehmung und unsere Fähigkeit, auf intellektuelle Weise zu lernen und die Welt um uns herum zu verstehen. Es schärft auch unser Erinnerungsvermögen und unsere Gabe, eine bessere Vision von der Zukunft zu entwickeln. Auf der energetischen Ebene beeinflusst dieses Zentrum unsere Fähigkeit, die Welt und uns selbst unverfälscht wahrzunehmen, und öffnet uns die Augen für Schönheit und Kunst als lebensnotwendige Nahrung für die Seele.

Wenn Ihre persönliche Vision und Lebenssicht unharmonisch ist, kann es sein, dass Sie unter Kopfschmerzen, Benommenheit oder Sehstörungen leiden oder dass Sie Schwierigkeiten haben, sich zu konzentrieren. Auf der emotionalen Ebene kann eine getrübte persönliche Vision dazu führen, dass Sie Probleme damit haben, anderen Ihre Ideen zu vermitteln oder die Ideen der anderen zu verstehen. Es kann auch zu Selbsttäuschungen bis hin zur Paranoia kommen, zu Erinnerungslücken oder Weltuntergangsideen. Andere häufige Probleme im Bereich des sechsten Chakras sind übermäßiges Intellektualisieren, ein völliges Leugnen der nichtphysischen Lebensdimensionen und ein fehlender Sinn für das Wesentliche. Ein Mensch mit blockierter persönlicher Vision kann große Schwierigkeiten haben, andere offen und unvoreingenommen zu betrachten, und zu übermäßigem Kontrollverhalten und Perfektionismus neigen. Solche Menschen verstecken sich auch häufig hinter einer unechten Fassade und legen mehr Wert auf den äußeren Anschein als auf ehrlichen Selbstausdruck.

Eine harmonische, ausgewogene persönliche Vision

Wenn unsere persönliche Vision und Lebenssicht klar und harmonisch ist, sind wir in der Lage, das Leben aus einem positiven und schöpferischen Blickwinkel heraus zu betrachten. Unser Wissensdurst, der Wunsch nach ständiger Erweiterung unseres Horizonts, wird geweckt. Die Energie des sechsten Chakras bewirkt, dass unsere Imagination und unser Verstand harmonisch zusammen arbeiten, so dass wir die wahre Natur von allem, was wir sehen, klar erkennen – sowohl auf der physischen Ebene wie auch mit unserem inneren Auge. Wenn das dritte Auge ganz geöffnet und harmonisiert ist, können wir uns selbst und andere als energetisch fließende spirituelle Wesen wahrnehmen. Dann verfügen wir über die Macht, unsere Wirklichkeit unter Einsatz unserer Imagination, unserer Entscheidungsfreiheit und unseres Erkenntnisvermögens selbst zu gestalten.

Eine harmonische persönliche Vision ist sozusagen der Scheinwerfer, der uns aus der Dunkelheit innerer Verwirrung und verzerrter Wahrnehmung den Weg in eine klare, sinnvolle und ausgewogene Welt weist. Sie weckt in uns den Wunsch, das Wunder und die Schönheit in allen Dingen zu sehen. Sie ist das Zentrum, von dem aus wir unsere Lebensumstände einschätzen und unsere Erfahrungen auswerten. Hier aktivieren wir unsere Inspiration, die uns unseren Weg und unsere Bestimmung zeigt. Wenn dieses Chakra im Gleichgewicht und offen ist, schärft es unsere Aufmerksamkeit und unser Konzentrationsvermögen. Es inspiriert uns auch dazu, uns selbst genaue Informationen zu verschaffen, statt lediglich blind die Meinungen der anderen als Tatsachen zu akzeptieren.

Dieses Energiezentrum weckt in uns die Sorge um alle menschlichen Wesen und lässt uns Ungerechtigkeit, Gleichgültigkeit, Ignoranz und alles andere, was Menschen an einem Leben in Würde und Sicherheit hindert, deutlicher wahrnehmen. Es lässt uns nach Lösungen für persönliche Schwierigkeiten und für die großen Menschheitsprobleme suchen und schenkt uns blitzartige intuitive Erkenntnisse, die uns zu wirksamen Handeln inspirieren. In diesem Energiezentrum liegt die Geburtsstätte der schöpferischen Genialität. Hier werden uns nicht nur die wahren Hintergründe unserer Probleme offenbart, sondern auch wirkungsvolle und dauerhafte Lösungen aufgezeigt.

Den äußeren Anschein durchschauen

Das Zentrum unserer persönlichen Vision wird manchmal auch als »innere Kinoleinwand« bezeichnet, auf die wir unsere Gedankenbilder, Phantasien und Träume projizieren. Es dient uns als eine Art Labor für unsere Ideen, Entdeckungen und Wahrnehmungen. Hier, im Reich der Imagination, entscheiden wir, wie wir das Leben erfahren. Vieles von dem, was wir erleben, ist in Wirklichkeit ein von unserer Imagination inszeniertes inneres Drama. Mark Twain schrieb: »Ich habe im Leben viele schreckliche Dinge erlebt, von denen sich nur wenige tatsächlich zugetragen haben.« Wenn unser sechstes Zentrum offen und im Gleichgewicht ist, sind wir uns der Welt um uns herum voll bewusst und vermeiden es, voreilige Schlüsse zu ziehen, solange wir uns keine genaue Kenntnis einer Situation oder Person verschafft haben. Stattdessen erkennen wir intuitiv, dass der äußere Anschein oft trügerisch und manches Wesentliche für das Auge unsichtbar ist.

Donna, eine Stewardess, erzählte mir eine Geschichte, die sehr schön zeigt, wie unsere Sicht einer Situation sich plötzlich und unerwartet dramatisch erweitern kann. Donna verbrachte eine Nacht in Washington, da ihr nächster Flug erst morgens um fünf begann. Als sie früh am Morgen den Hotelbus zum Flughafen nahm, stieg unmittelbar hinter ihr eine sechsköpfige Einwandererfamilie ein. Sofort fiel Donna die ungepflegte äußere Erscheinung und der unangenehme Körpergeruch dieser Leute auf. Angewidert dachte sie: »Dumme, schmutzige Einwanderer. Warum können die sich nicht anständig waschen?«

Als sie neben ihr im Bus Platz nahmen, hielt sich Donna ihr Halstuch vor den Mund und gab sich keine Mühe, ihren Abscheu zu verbergen. Donna vermied bewusst jeglichen Augenkontakt, gleichsam, um sie für das Unbehagen zu bestrafen, das sie ihr verursachten. Als sie schließlich am Flughafen eintrafen, sprang sie sofort aus dem Bus und warf der ganzen Gruppe noch einen vernichtenden Blick zu, ehe sie sich rasch entfernte.

Als sie dann später am Einstieg des Flugzeugs die Passagiere erwartete, erschien zu ihrem Entsetzen besagte Familie auf der Gangway. Buchstäblich zum Himmel stinkend, kamen sie an Bord. Donna nahm den Lufterfrischer, der normalerweise für die Toiletten benutzt wurde, und sprühte eine kräftige Ladung in die Kabine, als die Einwanderer an ihr vorbeigingen. Wieder vermied sie jeden Augenkontakt. Kurz darauf kamen andere Stewardessen zu ihr und beklagten sich über den Geruch, den diese sechs Passagiere verbreiteten. »Ich weiß!«, sagte Donna. »Ist das nicht abscheulich? Man müsste sie eigentlich aus dem Flugzeug werfen!« Zu ihrer Erleichterung musste sie sich wenigstens während des Fluges nicht mit den unliebsamen Passagieren abgeben, da sie in der ersten Klasse arbeitete.

Ungefähr eine Stunde nach dem Start kam ein Crewmitglied in die erste Klasse gerannt und rief Donna nach hinten. »Schnell! Wir brauchen Ihre Hilfe! Ein Passagier ist ohnmächtig geworden!« Sie lief in den hinteren Bereich der Maschine und sah, dass es sich um einen der sechs Einwanderer handelte, einen jungen Mann von vielleicht zwanzig Jahren. Um herauszufinden, was ihm fehlte, wandte Donna sich der alten Frau zu, die neben ihm saß. Zum ersten Mal schaute sie jemandem von diesen Leuten ins Gesicht und war betroffen über die Angst in den Augen der alten Frau.

Mit Hilfe von Gesten und gebrochenem Englisch machten sie Donna begreiflich, dass sie aus Russland kamen und unterwegs nach Seattle waren. Sie hatten ihr Heimatland ohne Geld verlassen, mit nichts als den Kleidern, die sie am Leib trugen. Ein Vertreter ihrer Kirche hatte sie eigentlich in Washington in Empfang nehmen und sie für ein paar Tage betreuen sollen, ehe sie die letzte Etappe ihrer Reise antraten. Leider war diese Kontaktperson dann gar nicht aufgetaucht. Sie waren gezwungen gewesen, in der Flughafenhalle zu übernachten, und hatten offenbar seit Tagen kaum geschlafen und nichts gegessen. Kein Wunder, dass der junge Mann einen Schwächeanfall erlitten hatte.

Sofort bot Donna ihm ihr eigenes Crew-Frühstück an. Als er sich ein wenig gestärkt hatte, küsste die alte Frau ihr immer wieder die Hände, bedankte sich und entschuldigte sich für den Zustand, in dem sie sich befanden. »Ich weiß, dass wir schrecklich riechen. Das tut mir Leid.« Als Donna in die Gesichter dieser armen Menschen blickte, öffnete sich ihr Herz, und sie schämte sich, dass sie so hart über sie geurteilt hatte.

Nach der Landung in St. Louis begleitete Donna die Russen persönlich zu ihrer Anschlussmaschine, um das Kabinenpersonal zu bitten, die Familie mitfühlender zu behandeln, als sie selbst es getan hatte. Vorher legten sie noch einen Stopp an der Snackbar ein, wo Donna ihnen Hotdogs und Cola spendierte. Als Donna sie sicher an Bord der anderen Maschine gebracht hatte, war ihr klar, dass sie soeben eine wesentliche spirituelle Lektion gelernt hatte. Sie schwor sich, von diesem Tag an nie wieder einen Menschen nur nach dem äußeren Anschein zu beurteilen.

Wenn Ihre persönliche Vision offen und harmonisch ist, sind Sie nicht länger in verzerrten Wahrnehmungen und Erwartungen gefangen. Sie beginnen, über das physische Erscheinungsbild hinauszublicken und entwickeln eine neue, von Erkenntnis geprägte Sichtweise. Mit Hilfe dieser neuen Art des Sehens erkennen wir das Gemeinsame, das alle Menschen verbindet, statt uns auf unsere scheinbaren Unterschiede zu konzentrieren. Das öffnet die Tür zu mehr Toleranz, Verständnis und Mitgefühl.

Wie ausgewogen ist Ihre persönliche Vision?

	ja	nein	manchmal
Ich achte auf Details.	☐	☐	☐
Ich bemerke auch das, was andere übersehen.	☐	☐	☐
Ich verschaffe mir erst die nötigen Fakten, ehe ich meine Schlüsse ziehe.	☐	☐	☐
Ich habe lebhafte Träume.	☐	☐	☐
Es fällt mir leicht, Dinge vor meinem inneren Auge zu visualisieren.	☐	☐	☐
Mein Gedächtnis ist gut und genau.	☐	☐	☐
Ich kann mich längere Zeit auf eine Sache konzentrieren.	☐	☐	☐

	ja	nein	manchmal
Ich mag die Kunst und messe ihr große Bedeutung bei.	☐	☐	☐
Ich beurteile Menschen nicht nach dem äußeren Schein.	☐	☐	☐
Ich kann Fakten von Phantasie unterscheiden.	☐	☐	☐
Ich kann mich gut in Menschen und Situationen hineinversetzen.	☐	☐	☐
Mein Geist ist wach und offen.	☐	☐	☐
Ich stehe den Meinungen anderer aufgeschlossen gegenüber.	☐	☐	☐
Ich habe ein positives Weltbild.	☐	☐	☐
Ich überdenke die Dinge gründlich, ehe ich eine Entscheidung treffe.	☐	☐	☐
Ich mag Tagträume.	☐	☐	☐
Imagination fällt mir leicht.	☐	☐	☐
Ich verschaffe mir genaue Informationen.	☐	☐	☐
Ich suche nach den verborgenen Facetten des Lebens.	☐	☐	☐
Ich liebe es, Probleme zu lösen.	☐	☐	☐

Wenn Sie auf eine dieser Fragen mit Nein geantwortet haben, ist Ihre persönliche Vision nur geringfügig beeinträchtigt. Haben Sie zwei bis fünf Fragen mit Nein beantwortet, besteht ein leichtes Ungleichgewicht, und Sie sollten die Vorschläge zur Behebung eines leichten Ungleichgewichts am Ende dieses Kapitels aufgreifen. Wenn Sie auf sechs bis neun Fragen mit Nein geantwortet haben, besteht ein moderates Ungleichgewicht. Folgen Sie dann den Vorschlägen für ein moderates Ungleichgewicht. Haben Sie auf zehn oder mehr Fragen mit Nein geantwortet, dann ist Ihre persönliche Vision ernsthaft blockiert, und Sie sollten die Vorschläge für ein starkes Ungleichgewicht in die Tat umsetzen, damit Sie Ihre persönliche Sicht erweitern und die Schönheit des Universums entdecken können.

Imagination

Das Chakra unserer persönlichen Vision ist auch der Sitz unseres Vorstellungsvermögens. Hier können wir die Erfahrungen, die wir uns wünschen, visualisieren und schließlich erschaffen. Wenn unsere persönliche Vision sich im Gleichgewicht befindet, kann unsere Imagination ungehindert fließen und Lösungen für unsere Probleme finden. Wenn wir vor Herausforderungen stehen oder nach der Erfüllung von Wünschen streben, ist es unsere Vorstellungskraft, die die Antworten findet.

Meine Assistentin Nadia hat mir erzählt, wie sie einmal die Macht der Imagination erlebt hat. Nach dem Ende des Kommunismus in der Ukraine stand sie wie tausende andere Menschen ohne Arbeit da. Die Leute sahen sich plötzlich Umständen gegenüber, bei denen ihr ganzer Einfallsreichtum gefordert war. Je schwerer es den Leuten fiel, ihren Lebensunterhalt zu verdienen, desto erfinderischer wurden sie. Menschen, die immer für den Staat gearbeitet hatten, gründeten jetzt ihre eigenen kleinen Unternehmen. Es gab nichts, was nicht versucht wurde – Pullover stricken, Gemüseanbau, Taxi fahren, Restaurants eröffnen, Zeitungen verkaufen – alles, was man sich nur vorstellen konnte. Als der Staat ihnen kein Gehalt mehr auszahlte, fanden die Leute erstaunlich schnell andere Wege, Geld zu verdienen, legal oder auf andere Weise. Auch wenn das Leben schwerer geworden war, herrschte, wie Nadia sagte, doch eine inspiriertere Atmosphäre, da es jetzt nahezu unbegrenzte Möglichkeiten gab. Jenen, die sich auf ihren Einfallsreichtum verließen, ging es gut. Die jedoch, die sich negativen Zukunftsbildern hingaben, litten unter der Situation. Nadia beschreibt es so: »Die Situation regte uns dazu an, unsere Kreativität optimal einzusetzen. Den Luxus, uns vorzustellen, dass wir scheitern könnten, konnten wir uns nicht leisten, weil wir genau wussten, dass uns niemand helfen würde, wenn wir es nicht selbst taten.«

Das ist die Genialität der persönlichen Vision. Sie trägt uns über unsere momentanen Lebenserfahrungen hinaus und zeigt uns, wie wir eine bessere Zukunft erschaffen können. Einer meiner Lehrer sagte einmal: »Du kannst nichts erschaffen, was du dir nicht vorstellen kannst. Umgekehrt gilt, dass du stets das erschaffst, was du dir vorstellst.«

Was stellen Sie sich in Ihrem Leben am häufigsten vor?

Setzen Sie Ihre Imagination konstruktiv dazu ein, Probleme zu lösen, oder lassen Sie es zu, dass Ihre Imagination mit Ihnen »durchgeht« und Katastrophenszenarien an die Wand malt?

Gab es in Ihrer Kindheit einen Menschen, der über eine besondere Vorstellungsgabe verfügte?

Gab es jemanden, der in Ihrer Jugend Ihre Imagination kontrollierte und beherrschte?

Mit allen Sinnen imaginieren

Manche meiner Schüler und Klienten beklagen sich, dass es ihnen schwer falle, sich etwas bildhaft vorzustellen. »Ich schaffe es nie, innere Bilder zu entwickeln«, sagte eine Frau bei meinem letzten Intuitionsseminar. »Irgendetwas stimmt wohl nicht mit mir. Alle anderen sehen offenbar richtige Cinemascope-Filme vor ihrem inneren Auge, doch bei mir bleibt die Leinwand leer.«

Dazu möchte ich grundsätzlich zwei Dinge sagen. Zum einen glaube ich, dass beim Imaginieren möglichst alle Sinne zum Einsatz kommen sollten; zum anderen drücken nicht alle Menschen ihre Vorstellungen in Bildern aus. Manche erleben diesen Vorgang in Form von gefühlsmäßigen Eindrücken, andere in Form von Gedanken. Zunächst einmal müssen Sie sich darüber klar werden, wie Sie Ihre Innenwelt imaginieren oder wahrnehmen. Haben Sie das erst einmal herausgefunden, können Sie Ihr Vorstellungsvermögen verbessern, indem Sie alle anderen Sinne bewusst hinzunehmen – eine Methode, die ich in meinem Buch *Your Heart's Desire* erstmals vorgestellt habe.

Wenn Sie Ihre Vorstellungskraft dazu einsetzen wollen, eine neue Arbeit zu finden, beginnen Sie damit, dass Sie sich die gewünschte Arbeit mit Hilfe aller Sinne lebhaft ausmalen. Dabei sollten Sie einen Sinn nach dem anderen aktivieren. Fangen Sie damit an, wie sich Ihre ideale Arbeit anhört. Welche Geräusche wären an Ihrem Arbeitsplatz zu hören? Führen Sie laut eine imaginäre Unterhaltung mit Ihren neuen Kollegen. Welche Kleidung würden Sie tragen? Widmen Sie sich dann Ihrem Arbeitsfeld. Wenn Sie zum Beispiel gern Schriftsteller wären, würden Sie dann einen Computer oder einen Füller benutzen? Würden Sie an einem einfachen Tisch oder an einem Schreibtisch sitzen? Konzentrieren Sie sich darauf, wie es sich anfühlt, mit einer Tastatur zu schreiben oder mit einem schönen Füllfederhalter. Wie würden Ihre täglichen Arbeitszeiten aussehen? Fragen Sie sich dann, wie es in Ihrem Arbeitsfeld riechen würde. Wenn Ihr idealer Job sich beispielsweise in einem Büro abspielt, könnten Sie sich ein Blumengeschäft in der Nähe vorstellen, wo Sie sich immer frische Blumen für Ihren Schreibtisch besorgen könnten. Vielleicht gibt es Fenster, durch die Sie hinaus ins Grüne schauen können. Sie können sich sogar ausmalen, wie Ihre ideale Arbeitsatmosphäre schmecken würde. Vielleicht trinken Sie frisch aufgebrühten Kaffee aus der Büroküche oder essen Sushi aus einem benachbarten japanischen Restaurant. Denken Sie daran, dass die Imagination eine Art Muskel ist, der trainiert werden will, und mit solchen Tagträumereien können Sie ihn kräftigen.

Malen Sie sich dann zum Abschluss Ihrer Betrachtungen nicht nur Ihre ideale Arbeitsumgebung aus, sondern stellen Sie sich auch vor, wie Sie darin aussehen und wie Sie sich dort fühlen würden. Falls Sie nicht gut in Bildern denken können, blättern Sie einfach ein paar Zeitschriften durch und suchen dort nach Fotos, die dem erwünschten Resultat nahe kommen, und lassen Sie Ihre Imagination davon beflügeln.

Als ich mit Lucia Capacchione, der Autorin von *The Power of Your Other Hand*, über ihr Haus in Kalifornien sprach, fragte ich sie, wie es ihr gelungen sei, diesen wunderbaren Ort und dann auch noch ein so herrliches Haus ausfindig zu machen. Sie erzählte, sie hätte damit begonnen, Fotos von Häusern, die genau ihren Wünschen entsprachen, zu sammeln und in ein Album zu kleben. Jedes dieser Fotos diente dazu, ihr eine noch präzisere Vorstellung davon zu vermitteln, was sie eigentlich suchte. Nur zwei Monate, nachdem sie mit dem Anlegen des Fotoalbums begonnen hatte, fand sie die genaue Entsprechung zu den Traumhäusern auf ihren Fotos. In diesem Haus lebt sie seither.

Auch durch »Imaginationsgymnastik« können Sie Ihre persönliche Vision stärken. Nutzen Sie ein paar freie Minuten zwischendurch zu Visualisierungsübungen. Beginnen Sie mit Schauplätzen, die Ihnen ganz vertraut sind, etwa Ihrem Schlafzimmer oder Ihrem Arbeitsplatz. Fügen Sie so viele Einzelheiten wie möglich ein. Oder stellen Sie sich vor, dass Sie in Ihrem Auto sitzen, und malen Sie sich alle Details des Innenraums möglichst lebhaft aus. Nach einer Weile können Sie sich an schwierigere Aufgaben heranwagen und sich etwa einen gelben Kanarienvogel draußen vor Ihrem Fenster vorstellen oder eine Portion dampfende Pasta, die aus der Schüssel vor Ihnen auf Ihren Teller gehäuft wird. Setzen Sie bei diesen Übungen möglichst alle Ihre Sinne ein. Dann werden Sie bald auch in der Lage sein, erfolgreich das zu imaginieren, was Sie in Ihrem Leben gern erschaffen möchten.

Sie können Ihre Vorstellungskraft auch stärken, wenn Sie ab und zu die ausgetretenen Pfade verlassen und einen ungewöhnlichen oder unvertrauten Ort aufsuchen, der Sie dazu herausfordert, allen Einzelheiten große Aufmerksamkeit zu schenken. Verbringen Sie beispielsweise ein Wochenende in einer fremden Stadt, sehen Sie sich einen unsynchronisierten ausländischen Film an, oder gehen Sie ins Theater. Besonders anregend kann es auch sein, wenn Sie sich einmal bewusst darauf konzentrieren, bei Menschen, die Sie sehr gut kennen, etwas ganz Neues wahrzunehmen. Als ich das einmal bei meinem Mann Patrick ausprobierte, mit dem ich seit siebzehn Jahren verheiratet bin, entdeckte ich eine kleine Beule an seinem Bein. Sie war mir bisher noch nie aufgefallen, obwohl sie sich ziemlich deutlich vorwölbte. Ich glaubte, sie müsse ganz neu entstanden sein. Doch als ich ihn darauf ansprach, versicherte er mir, dass sie von einem Unfall während seiner Collegezeit stammte und schon die ganzen siebzehn Jahre lang da gewesen sei. Diese zufällige Entdeckung nahm ich als Hinweis, künftig Dingen und Menschen mehr Aufmerksamkeit zu schenken. Letztlich schadet es unserer Kreativität, wenn wir in der Wahrnehmung unserer Umwelt selbstgefällig und gleichgültig werden.

Auf welche Weise imaginieren Sie Ihre Herzenswünsche am liebsten? In Bildern, Tönen, Tagträumen oder indem Sie sie aufschreiben?

Haben Sie schon einmal etwas erfolgreich in Ihr Leben »geträumt«, es durch Imagination Wirklichkeit werden lassen? Was haben Sie sich dabei konkret vorgestellt?

Unser Selbstbild

Unser sechstes Chakra bestimmt über unser Selbstbild. Hier bildet sich unsere Vorstellung davon heraus, wer wir sind und wie wir uns der Welt präsentieren wollen. Zumeist handelt es sich dabei um jene Charakterzüge, die durch die Erwartungen und Überzeugungen unserer Bezugspersonen aus der Kindheit geformt wurden.

Jason, einer meiner Klienten, besitzt außergewöhnliches Talent als Fotograf, Maler und Bühnenbildner. Sein inneres Auge ist gut entwickelt, und immer wieder überrascht mich die Tiefe und Schönheit der von ihm geschaffenen Kunstwerke. Doch aufgrund seines unklaren, verzerrten Selbstbildes sah Jason sich lange nicht als Künstler und vergeudete seine Zeit in einem Job als Lagerist, obwohl diese Arbeit ihn frustrierte und unglücklich machte. Er war in einer Arbeiterfamilie in Kentucky aufgewachsen, mit Eltern, die seine Talente nicht zu schätzen wussten und Kunst für Zeitverschwendung hielten. Sein Vater, ein ausgemachter Macho, nannte ihn sogar »Weichling« und fragte ihn oft, ob er nicht bald mit diesem »weibischen Künstlerkram« aufhören würde, um endlich ein »richtiger Mann« zu werden.

Diese negativen Urteile über seine kreativen Neigungen verwirrten Jason, und er fing an, sich für seine Talente zu schämen. Im Bemühen, doch noch die Anerkennung und Liebe seines Vaters zu gewinnen, arbeitete er auf dem Bau und wurde schließlich Lagerverwalter in einer Baustoffhandlung. Er gab seine künstlerischen Neigungen zwar nicht völlig auf, doch immer, wenn er sich einem kreativen Projekt widmete, wenn er fotografierte oder eine Landschaft malte, hatte er das Gefühl, dass das auf Kosten seiner Männlichkeit ging. Das beraubte ihn jeder Freude an seiner künstlerischen Arbeit.

Da Jason der Welt ein Selbst präsentierte, das weder authentisch noch für andere Menschen leicht zugänglich war, litt er unter Isolation und Einsamkeit. Zu den Machos an seiner Arbeitsstelle konnte er keine echte Beziehung herstellen, und einem freundschaftlichem Austausch mit kreativen, künstlerischen Menschen standen seine vom Vater übernommenen Wertvorstellungen im Weg. So wurde Jason zu einem mürrischen Einzelgänger, der niemanden an sich heranließ aus Furcht, die anderen könnten die »Wahrheit« über ihn herausfinden – dass er ein »Weichling« war – und ihn dann ebenso verachten, wie er es in seiner Familie erfahren hatte.

Dieser innere Konflikt ging bei Jason sehr tief und bedurfte einer Heilbehandlung durch fachkundige spirituelle Helfer. Ich empfahl ihm das Buch *Der Weg des Künstlers* meiner guten Freundin Julia Cameron als Anregung, wie er zu seiner wahren Natur zurückfinden könnte. Außerdem riet ich ihm, sich einer Selbsthilfegruppe für Männer anzuschließen, um dort die Beziehung zu seinem Vater aufzuarbeiten. Diese Arbeit an sich selbst fiel Jason nicht leicht und erstreckte sich über mehrere Jahre. Doch da sein falsches, unechtes Leben ihn so unglücklich gemacht hatte, blieb er am Ball und schaffte es schließlich, sein wahres, authentisches Selbst neu zu entdecken und auch zu leben. Heute, mit einundvierzig, malt er nachts und arbeitet tagsüber in einem Teilzeitjob als Leiter einer örtlichen Theatergruppe. Außerdem hilft er in jenem Therapiezentrum, in dem er Unterstützung bei der Wiederentdeckung seiner eigenen Identität gefunden hatte, nun seinerseits Männern, die unter ähnlichen Schwierigkeiten leiden.

Jason steht mit seinem Problem nicht allein. Im Gegenteil, es handelt sich dabei um das vermutlich häufigste Problem, mit dem ich es in meiner Arbeit als intuitive und spirituelle Heilerin zu tun habe. Während der Kindheit sind wir nicht nur in physischer Hinsicht auf unsere Bezugspersonen angewiesen, sondern wir brauchen auch ihre Zuneigung und das Gefühl psychischer Sicherheit, das sie uns vermitteln. Wenn sie als Gegenleistung für ihre Liebe von uns verlangen, dass wir unser wahres Selbst verleugnen, tun wir das oft, zahlen dafür aber einen hohen Preis. Jungen werden vielleicht mit Macho-Vorstellungen von Männlichkeit gequält und dazu gezwungen, ihre kreative und sensible Seite abzulehnen. Mädchen dagegen wird eingeredet, ihr Selbstwert hinge nicht von ihrer Kreativität und ihren geistigen Fähigkeiten ab, sondern von ihrer körperlichen Erscheinung. Zudem verlangt ihr soziales Umfeld von ihnen, sich ständig anzupassen und »nett« zu sein. Ein wesentlicher Bestandteil unseres Fortschritts im einundzwanzigsten Jahrhundert wird darin liegen, dass wir alle gemeinsam diese Diktate zurückweisen, die uns unserer wahren Identität und der Fähigkeit berauben, in vollem Umfang einen positiven Beitrag in der Welt zu leisten.

Wenn Sie Schwierigkeiten mit Ihrem Selbstbild haben, besteht kein Grund zur Verzweiflung. Ich versichere Ihnen, Sie stehen damit nicht allein. Das eigene authentische Selbst zu entdecken und zu leben kann eine große Herausforderung sein, die sich nur selten allein bewältigen lässt. Oft brauchen wir dazu die Hilfe derer, die diese Reise schon vor uns unternommen haben. Seien Sie offen dafür, um Hilfe zu bitten. Suchen Sie nach Lehrern, Beratern, Heilern und Reisegefährten. Gegenwärtig bewegt sich unser Planet in eine Epoche größerer Einsicht, und die Zahl der spirituellen Heiler wächst. Wenn Sie den Wunsch haben, Ihr Selbstbild zu harmonisieren, konzentrieren Sie sich auf Ihr sechstes Chakra und halten Sie die Augen offen. Hilfe ist überall verfügbar, Sie müssen nur anfangen, danach zu suchen.

Beschreiben Sie, wie Sie sich gegenwärtig sehen:

____

____

____

____

Beschreiben Sie, wie andere Sie sehen:

____

____

____

____

Beschreiben Sie Ihr ideales Selbst. Wie möchten Sie gern sein?

Wie weit sind Sie noch von diesem erwünschten Zustand entfernt?

Probieren Sie's mal!

Machen Sie ein lebendiges Kunstwerk aus sich

Nehmen Sie sich jeden Morgen die Zeit, sich schön zu machen, so dass Sie sich wirklich wohl in Ihrer Haut fühlen. Denken Sie an die Menschen, denen Sie im Laufe des Tages begegnen werden, und tun Sie ihnen etwas Gutes, indem Sie sich ihnen so attraktiv wie möglich präsentieren. Frisieren Sie Ihr Haar. Wenn Sie Make-up verwenden, dann tragen Sie es sehr sorgfältig auf. Pflegen Sie, falls vorhanden, Ihren Bart. Säubern Sie Ihre Fingernägel. Tragen Sie Farben, die Ihnen schmeicheln. Seien Sie kreativ, und stellen Sie sich ein schönes Outfit zusammen. Tagen Sie ein attraktives Halstuch. Wagen Sie es, zur Abwechslung einmal einen Hut aufzusetzen – wie meine Freundin Nancy, wenn sie Lust hat, sich besonders schön zu machen. Sie nennt das ihren »Hut-Mut«. Die Männer unter den Lesern können es statt mit einer gewöhnlichen Krawatte einmal mit einer Fliege oder einem Schal versuchen und etwas Aftershave auftragen. Damit leisten Sie nicht nur einen kleinen, aber sinnvollen Beitrag zur Verschönerung unseres Planeten. Sie werden wahrscheinlich auch die Erfahrung machen, dass Menschen, die gepflegt und anziehend wirken, von anderen freundlicher behandelt werden.

Probieren Sie's mal!

Spielen Sie einen Tag lang Fotomodell
Bitten Sie einen Freund oder eine Freundin, Ihnen bei diesem Rollenspiel zu helfen. Besorgen Sie sich eine Kamera und ein paar Filme, und fahren Sie gemeinsam in der Gegend herum, um schöne Plätze ausfindig zu machen, wo Sie einander gegenseitig fotografieren können. Nutzen Sie die Gelegenheit, um sowohl als Fotograf wie auch als Modell zu agieren, und laden Sie all die ungelebten Teile Ihres Selbst ein, herauszukommen und zu spielen. Diese Übung macht großen Spaß, und Sie werden vermutlich überrascht sein, wie kreativ und fotogen Sie sind.

Schönheit sehen

Eine besonders wichtige Funktion unserer persönlichen Vision ist es, unsere Aufmerksamkeit auf die Schönheit zu lenken, die uns umgibt. Wir lassen unseren Blickwinkel so leicht durch andere einengen – durch Eltern, Lehrer und die Medien – dass wir oft den Blick dafür verlieren, wie wunderbar die Welt in Wahrheit ist. Die allgemeine Übereinstimmung scheint stets alles auf den kleinsten gemeinsamen Nenner zu bringen. Immer wird das Schlechte betont oder sogar übertrieben, so dass wir buchstäblich blind werden für all das Schöne in unserem Leben, das unsere Seele bereichert.

Ein hawaiianischer Heiler sagte mir einmal, so ziemlich die schlimmste seelische Krankheit, die einen Menschen befallen könne, sei das, was die Hawaiianer »Stinkauge« nennen. Damit sei ein Zustand gemeint, in dem wir die Welt und die Menschen ausschließlich durch die negative Brille unseres eigenen Missmuts betrachten. »Wenn du die Krankheit hast, entgeht dir alles wirklich Wesentliche«, sagte der Heiler und lachte. Als ich in sein strahlendes, schönes Gesicht sah, glaubte ich ihm das gern.

Wir können in allen Lebenslagen aktiv nach dem Schönen Ausschau halten, wie schwer unsere Situation momentan auch sein mag. Als ich das Eileen vorschlug, einer spirituell sehr ambitionierten Klientin, die an schwerem Rheuma litt, rief sie: »Aber schauen Sie sich meine verkrümmten Finger an! Ich möchte so gern eine spirituelle Einstellung entwickeln, aber wie kann ich meine grotesken Hände jemals schön finden? Ich hasse sie!«

Ich war mir bewusst, wie groß ihre Verzweiflung und ihre chronischen Schmerzen waren. Daher schlug ich ihr vor, einmal nachzuforschen, ob es denn in ihrem Leben nicht mehr zu entdecken und zu schätzen gebe als nur ihre verkrüppelten Hände. »Schauen wir uns zusammen die Reise an, auf die Ihre Krankheit Sie geführt hat«, sagte ich. »Vielleicht sind es in Ihrem Leben nicht gerade die Hände selbst, in denen das Geschenk der Schönheit für Sie verborgen liegt. Aber vielleicht versteckt sich dahinter etwas, was Sie entdecken und als Geschenk und besondere Gabe schätzen lernen können.«

Sie erzählte mir ihre Lebensgeschichte. Sie war ein Einzelkind, hatte nie geheiratet und war noch nie eine intime Beziehung eingegangen. Wie sie sagte, besaß sie eine gut gehende Boutique und malte in ihrer Freizeit gern. Der Ausbruch ihrer Krankheit war ein schwerer Schlag für sie gewesen. Zuvor hatte sie ein sehr unabhängiges und »in jeder erdenklichen Hinsicht« – wie sie betonte – völlig eigenständiges Leben geführt. Sie hatte sich auf niemanden verlassen, sich nie nach anderen gerichtet und war frei gewesen, ohne jede Einschränkung das zu tun, was sie wollte.

Als Kind war sie ständige Gefährtin ihrer allein erziehenden Mutter, die an multipler Sklerose erkrankte, als Eileen elf Jahre alt war. Sie war »das brave kleine Mädchen« ihrer Mutter gewesen, die Eileen immer Unabhängigkeit als Ideal gepredigt hatte. »Von anderen abhängig zu sein ist das Schlimmste im Leben!«, hatte die Mutter stets betont. Eileen hatte dem insgeheim zugestimmt, da ihre Mutter ja völlig auf sie angewiesen war. Daher wusste sie genau, wie es sich anfühlte, in einem Abhängigkeitsverhältnis zu leben. »Also habe ich mein Leben so eingerichtet, dass ich unter Garantie nie in eine solche Lage kommen würde wie meine Mutter. Niemals!«, sagte Eileen stolz. »Und jetzt hat das« – sie hob ihre verkrümmten Finger – »mir alles zerstört!«

»Waren Sie denn glücklich, bevor Sie krank wurden?« fragte ich. »Natürlich«, antwortete sie automatisch. »Wären Sie das an meiner Stelle etwa nicht gewesen?«

»Hm. Lassen Sie mich nachdenken«, sagte ich. »Vermutlich nicht. So viel Unabhängigkeit klingt mir ein bisschen einsam. Ich denke, ich persönlich würde in einer solchen Situation nach etwas Unterstützung und Freundschaft suchen.«

Eileen schwieg einen Moment, dann traten ihr Tränen in die Augen. »Also, wenn ich ganz ehrlich bin, dann war ich wohl wirklich einsam. Sehr einsam. Aber in meiner Familie war es nicht üblich, andere um Hilfe zu bitten. Auf diese Idee bin ich niemals gekommen.«

»Und wie hat Ihre Situation sich durch die Krankheit verändert?«, forschte ich nach.

»Das ist eine gute Frage«, sagte sie. »Nun, die erste Veränderung war, dass ich eine Hilfe fürs Geschäft einstellen musste. Ich wollte erst nicht, wegen der Kosten, aber überraschenderweise mag ich das Mädchen, und mit ihr zusammen macht die Arbeit in der Boutique viel mehr Spaß. Ich mache mir zwar weiterhin Sorgen, aber irgendwie kommt immer genug Geld herein, um sie bezahlen zu können. Und ich habe mich auf eine spirituelle Reise begeben, in der Hoffnung, Heilung zu finden. Zwar verschlimmert sich der Zustand meiner Hände momentan immer noch, aber ich muss zugeben, dass ich einige tolle neue Leute kennen gelernt habe. Und was vielleicht noch wichtiger ist: Ich fühle mich Gott jetzt viel näher. Ich glaube, ich fühle mich nicht mehr so einsam wie vor meiner Erkrankung.«

»Dann würden Sie also sagen, dass das Rheuma in Ihren Händen Sie dazu veranlasst hat, die Dinge in einem neuen Licht zu betrachten, endlich auf andere zuzugehen und Hilfe anzunehmen?«, fragte ich. »Ja«, sagte sie und wirkte angesichts dieser Erkenntnis ziemlich betroffen. »Vielleicht liegt dann darin die Schönheit Ihrer Krankheit«, sagte ich. »Vielleicht hat Ihr Körper Ihnen dadurch Gelegenheit gegeben, die Liebe und Unterstützung zu finden und anzunehmen, die wir alle im Leben brauchen und verdienen. Wenn man Ihre familiäre Vergangenheit berücksichtigt, erscheint es mir fraglich, ob Sie das auf anderem Wege je akzeptiert hätten.«

Welche Situationen oder Lebensumstände machen Ihnen am meisten zu schaffen?

____

____

____

Gibt es darin Aspekte, die Sie bislang übersehen haben und durch die Ihr Problem oder Ihre Situation in einem ganz neuen Licht erscheinen könnte?

____

____

____

Welche negativen Bilder quälen Sie am meisten?

____

____

Welche schönen Bilder empfinden Sie als besonders wohltuend?

Sind Sie in einer bestimmten Rolle gefangen, die Ihre Möglichkeiten einschränkt? Sind Sie zum Beispiel ein »braves Mädchen«, ein »tapferer Mann« oder ein »Arbeitstier«?

Probieren Sie's mal!

Suchen Sie nach dem Silberstreif am Horizont

Immer, wenn Sie sich einer schwierigen Situation gegenübersehen, sollten Sie sich darin üben, den Silberstreif am Horizont zu erkennen. Mit anderen Worten: Suchen Sie bewusst nach den Geschenken, die Ihnen das Universum macht, auch wenn sie sich hinter Verlust, Frustration und Enttäuschung verbergen. Dieses Vorgehen wird verhindern, dass Sie sich wie ein Opfer fühlen und Ihre Macht aus der Hand geben. Ihre Imagination bleibt dann auf Ihre Entwicklungschancen als spirituelles Wesen ausgerichtet. Legen Sie ein »Silberstreif-Tagebuch« an, um neue Perspektiven aufzuzeichnen, und machen Sie darin täglich einen Eintrag. Selbst wenn Sie anfangs skeptisch sein sollten, wird allein schon das Führen dieses Tagebuchs Ihre Einstellung verändern; statt ständig Probleme zu wälzen, werden Sie sich auf die Geschenke konzentrieren, die das Leben Ihnen täglich zuteil werden lässt. Ich habe die Erfahrung gemacht, dass es Wochen, Monate, manchmal sogar Jahre dauern kann, bis der wahre Wert der jeweiligen Geschenke erkennbar wird, aber irgendwann haben sich all meine Erlebnisse letztlich als großes Geschenk erwiesen.

Das ganze Bild sehen

Zu den Vorzügen einer klaren, harmonischen persönlichen Vision gehört es, dass sie uns in die Lage versetzt, unsere

Situation richtig einzuschätzen, bevor wir eine Entscheidung treffen. Wenn wir unfähig sind, unseren Zustand richtig zu erfassen, können wir auch keine wirkungsvollen Maßnahmen ergreifen. Wir müssen also das Für und Wider einer Situation sorgfältig abwägen, wenn wir weder in sentimentale, unangemessene Begeisterung noch in eine pessimistische Vermeidungshaltung verfallen möchten. Ein harmonisches sechstes Chakra verhilft uns zu einer offenen, vorurteilsfreien Geisteshaltung, die uns befähigt, alle Aspekte angemessen zu berücksichtigen und alles in Erfahrung zu bringen, was es zu erfahren gibt, ehe wir entscheiden, was zu tun ist.

So entsteht eine Brücke zwischen der linken – also der rationalen, denkenden – und der rechten – nämlich der intuitiven, fühlenden – Gehirnhälfte. Wenn wir beide Gehirnhälften aktiv nutzen, können wir uns ganz auf das konzentrieren, was wir erreichen wollen, klar einschätzen, wo wir momentan stehen, und dann den objektiv besten Weg zu unserem Ziel einschlagen.

Vor einigen Jahren fanden Patrick und ich es an der Zeit, unser erstes eigenes Haus zu kaufen. Ich konnte es kaum erwarten, uns das lang erträumte Heim zu schaffen. Dank der überschwänglichen Begeisterung meiner rechten Gehirnhälfte kam mir dann jedes Haus in unserer Preisklasse, das wir uns anschauten, einfach wunderbar vor – ich wollte es immer sofort kaufen! Ich war sicher, dass wir aus nahezu jedem Haus in kurzer Zeit unser »Traumhaus« machen konnten. Patrick dagegen interessierten die ästhetischen Gesichtspunkte nicht im Geringsten. In seiner von der linken Gehirnhälfte bestimmten Einstellung rannte er jedes Mal zuerst in den Keller, wo er die Strom- und Gasleitungen inspizierte und prüfte, ob das Fundament Anzeichen von Wasserschäden aufwies. Ihn interessierte weit weniger das Aussehen des Hauses als die Bauausführung und der momentane Zustand.

Unsere beiden Perspektiven prallten heftig aufeinander. Jedes Mal, wenn ich das »ideale Haus« gefunden hatte, mit schöner Holztäfelung, in guter Lage oder mit großzügiger Raumaufteilung, sah Patrick nur den Albtraum jedes Handwerkers: schlecht verlegte Leitungen, einen Keller, der offensichtlich schon unter Wasser gestanden hatte, verrottete Bodenbalken. Nach unzähligen Diskussionen, bei denen ich ihm vorwarf, völlig negativ eingestellt zu sein, während er mich für vollkommen realitätsfremd erklärte, gelang es uns schließlich, gegenseitig den Standpunkt des anderen zu akzeptieren. Da unsere Visionen vom idealen Haus so weit voneinander abwichen, war hierzu einige Arbeit auf der Ebene des sechsten Chakras erforderlich. Endlich fanden wir dann ein Haus, das uns beide überzeugte. Es war ästhetisch ansprechend, erforderte zwar einige Reparaturen, doch nichts, was unsere handwerklichen Fähigkeiten überstiegen hätte. Wieder einmal hatten wir gelernt, wie wichtig es ist, eine klare Vision unserer Wünsche zu entwickeln und doch gleichzeitig das anzuerkennen, womit wir in der Realität konfrontiert sind. Es kommt darauf an, sich von den momentanen äußeren Umständen nicht entmutigen zu lassen, sondern sie als Stufen auf dem Weg zu unseren Zielen zu nutzen. In unserem Fall hieß das, dass wir unser Traumhaus finden konnten, wir mussten uns nur zuerst vergewissern, dass es auf einem soliden Fundament stand.

Nennen Sie die drei positivsten Aspekte Ihres momentanen Lebens:

Nennen Sie die drei negativsten Aspekte Ihres momentanen Lebens:

Nennen Sie Ihre drei besten Charaktereigenschaften:

Nennen Sie Ihre drei größten Schwächen:

Sind Sie schon einmal als unverbesserlicher Optimist bezeichnet worden? Und trifft diese Einschätzung zu?

Hat man Ihnen schon vorgeworfen, ein Pessimist und »Schwarzseher« zu sein? Ist dieser Vorwurf gerechtfertigt?

Probieren Sie's mal!

Was haben Sie gesehen?
Schauen Sie sich mit einem Freund oder einer Freundin zusammen einen Film oder ein Theaterstück an. Beschreiben Sie hinterher Ihre Eindrücke. Haben Sie beide das Gleiche erlebt?

Das Positive sehen

Unsere persönliche Vision fungiert als Brücke zwischen unserer Innenwelt und der Außenwelt. Ist sie offen und gut ausbalanciert, hilft sie uns, den Graben zwischen unseren Träumen und der Wirklichkeit zu überbrücken. Sie zeigt uns, wie wir unsere Hoffnungen mit der äußeren Realität in Einklang bringen können, in der wir leben. Und sie zeigt uns, wie wir die reale Welt so gestalten können, dass unsere Träume Wirklichkeit werden. Wenn die Energie in diesem Zentrum optimal fließt, verschmilzt unsere Fähigkeit zu lernen mit unserer Fähigkeit zu erschaffen. Das ermöglicht es uns, eine Situation intellektuell zu erfassen und mit Hilfe der Imagination ein Idealbild zu entwerfen.

Unsere persönliche Vision bestimmt auch darüber, ob wir zu einer positiven Lebenssicht fähig sind, also die Chancen in jedem Hindernis erkennen und die Herausforderungen des Lebens als Ansporn und nicht als Affront betrachten können. Menschen mit einem harmonischen sechsten Chakra betrachten das Leben aus einem optimistischen, einfallsreichen Blickwinkel heraus. Sie streben unablässig danach, Wege zur Erfüllung ihrer Träume zu finden. Hindernisse stacheln ihren Sportsgeist an, und sie sind bereit, jede Hürde mit Eleganz zu nehmen.

Ein Mensch mit einer harmonischen persönlichen Vision schaut nach vorn und sieht sofort, wo er seine Kreativität einsetzen kann, wo sich Möglichkeiten auftun und Kontakte knüpfen lassen, die dem Wohl aller Beteiligten dienen. Dabei strebt er in der Regel nicht danach, sich selbst in den Mittelpunkt zu stellen.

Eine meiner Klientinnen in Chicago war soeben zusammen mit fünfunddreißig anderen Angestellten von der Firma entlassen worden, für die sie zwanzig Jahre lang gearbeitet hatte. Während die meisten in Panik gerieten, sagte sie sich, dass ihr das Universum auf diese Weise lediglich deutlich machen wolle, dass es nun andere Pläne mit ihr habe. »Ich werde mir deswegen keine Sorgen machen«, meinte sie. »Ich nehme ein bisschen Urlaub und hebe mir die Sorgen für später auf. Ich weiß, dass etwas Besseres auf mich wartet, und ich werde mich entspannen, bis sich diese Chance auftut.« Sämtliche Bekannten kritisierten sie wegen dieser unbekümmerten Haltung und meinten, es sei verantwortungslos, sich nicht unverzüglich um eine andere Anstellung zu bemühen.

»Das werde ich, sobald ich innerlich bereit dazu bin«, erwiderte sie. »Aber jetzt fahre ich erst einmal nach Colorado, wo ich schon immer gern mal hinwollte. Ich vertraue darauf, dass das Universum mir zeigen wird, wie es für mich nach diesem Urlaub weitergeht.« Sie kaufte sich ein Ticket und reiste noch an dem Tag ab, an dem sie ihren Schreibtisch räumen musste. Da es für sie keinen besonderen Grund gab, nach Chicago zurückzukehren, brachte sie mehrere Wochen damit zu, sich die Rocky Mountains anzuschauen. Eines Tages saß sie in einem Café in Aspen neben einem Mann, der eine freundliche Unterhaltung mit ihr begann. Sie erzählte ihm, sie habe kürzlich ihren Job verloren und reise herum, um sich darüber klar zu werden, was sie als Nächstes tun solle. Dann sagte sie, Colorado gefalle ihr sehr gut, und am liebsten würde sie sich hier eine Arbeit suchen. »Für welche Art von Arbeit interessieren Sie sich denn?«, fragte er.

»Oh, das weiß ich nicht genau«, antwortete meine Klientin. »Ich bin in der Stimmung für eine echte Veränderung. Um ehrlich zu sein, habe ich keine Lust mehr, ständig am Schreibtisch zu sitzen. Ich suche eher etwas, wo ich ein bisschen in Bewegung bin.« Sie setzten ihre Unterhaltung fort, und dabei stellte sich heraus, dass der Mann ein sehr erfolgreicher Immobilienmakler war, der Bauprojekte im ganzen Land betreute. Er lebte zeitweilig in Aspen und verbrachte die restliche Zeit in Connecticut oder London. Schließlich erzählte er, dass er einen Verwalter für seinen Landsitz in Aspen suche, und bot ihr ganz spontan diesen Job an. Sie brauchte nichts weiter zu tun, als in dem Haus zu wohnen und sich um den endlosen Strom von Gästen zu kümmern, die das Anwesen besuchten. Von sich selbst überrascht, akzeptierte sie das Angebot sofort. Als sie nach Chicago zurückkehrte, um ihre Sachen zu packen, konnten ihre Freunde und Verwandten gar nicht fassen, dass sie solches Glück hatte und bereit war, eine so radikale Veränderung in ihrem Leben vorzunehmen. »Sie verstehen nicht, dass ich mich in meinem Alter noch auf eine große Veränderung einlasse«, sagte sie. »Aber warum denn nicht? Das ist genau das Leben, das ich mir insgeheim immer erträumt habe.«

Probieren Sie's mal!

Seien Sie der Star Ihres eigenen Films

Betrachten Sie Ihr Leben einmal wie einen Kinofilm. Was für ein Film sollte das sein? Ist Ihr Leben eher eine Romanze, eine Komödie, ein Drama, ein Film mit künstlerischem Anspruch oder eine Farce? Wenn Sie Ihre Rolle mit einem berühmten Schauspieler oder einer Schauspielerin besetzen dürften, wer wäre das? Welche Schauspieler kämen für die weiteren Rollen in Frage? Als Ihre Mutter? Als Ihr Partner? Wo würde der große Film über Ihr Leben gedreht? In welcher Epoche würde er spielen? Was würde Ihre Filmfigur als Nächstes tun? Wohin würde sie als Nächstes gehen? Was wären die herausragenden Eigenschaften dieser Figur? Diese kleine Imaginationsübung kann Ihnen helfen, einen Schritt vom Drama Ihres Lebens zurückzutreten und alles aus einer größeren Perspektive zu sehen. Sie können dabei sogar lernen, über sich selbst zu lachen, was Ihren Blickwinkel gewaltig verändern kann.

Die lineare Sicht

Ein Anzeichen für eine verzerrte innere Vision ist die Tendenz zu einer übertrieben intellektuellen Betrachtungsweise. Wenn wir uns ausschließlich auf die materielle Welt konzentrieren, verlieren wir den Blick für die Vielschichtigkeit der menschlichen Erfahrung. Menschen, die unter einer derartigen Störung leiden, neigen zu einem kontrollierenden, perfektionistischen Denken, was das Leben für sie selbst und ihre Umgebung angespannt und unerfreulich macht.

Meine Klientin Gina hatte, bis sie schon weit über dreißig war, den größten Teil ihrer Zeit damit zugebracht, diverse akademische Abschlüsse zu erwerben und sich selbst und anderen zu beweisen, dass sie eine äußerst kluge Frau war. Außerdem verhielt sie sich oft rechthaberisch, wollte alles kontrollieren und glaubte, aufgrund ihrer akademischen Leistungen sowieso alles besser zu wissen. Ihre Kollegen mochten sie nicht; sie war völlig humorlos und tat ständig so, als sei der Rest der Menschheit nur mühsam zu ertragen. Obwohl ihr Spitzenjobs angeboten wurden, wurde sie nach einiger Zeit immer wieder gefeuert, was auf ihre Arroganz und auf ihre Unfähigkeit zurückzuführen war, kollegial mit anderen zusammenzuarbeiten.

Nachdem man ihr inzwischen schon zum vierten Mal gekündigt hatte, kam sie verzweifelt zu mir, obwohl sie meine Arbeit noch immer für »einen Witz« hielt. Ich sah, dass ihre persönliche Wahrnehmung stark verzerrt war und dass sie völlig den Kontakt zur sensiblen, intuitiven Seite des Menschseins verloren hatte. Sie hatte das Leben auf Fakten, Daten und Informationen reduziert und versuchte, alle anderen Leute dazu zu bringen, es ihr gleichzutun.

Ich erklärte Gina in einer Sprache, mit der sie, wie ich hoffte, etwas anfangen konnte, dass sie den Kontakt zu ihrer rechten Gehirnhälfte verloren hätte – zu ihrem fühlenden, intuitiven Selbst. Ihre eigenen Ansichten seien einseitig und nicht, wie sie glaubte, die Ansichten all der Leute, mit denen sie bei der Arbeit nicht zurechtkam. Sie hörte zwar meine Worte, doch mit ihrer linearen Sichtweise konnte sie nicht verstehen, worauf ich eigentlich hinauswollte. Noch wütender war sie über die Unterstellung, sie sei für ihre Schwierigkeiten selbst verantwortlich. Eine solche Sicht ließ sich nicht mit ihrem sorgfältig konstruierten Selbstbild vereinbaren. Sie lachte mich aus und sagte: »Ich habe gedacht, Sie würden mir erklären, warum diese Leute alle so dumm sind! Ihr Psycho-Gewäsch hilft mir kein Stück weiter.« Dann ging sie.

Über drei Jahre sah ich sie nicht wieder. Kurz nach ihrem Besuch bei mir wurde sie von einer anderen Firma eingestellt, schließlich jedoch wieder entlassen, nachdem ein Kollege sie wegen ihrer rüden Kommentare auf sexuelle Diskriminierung verklagt hatte. Nun wurde sie doch allmählich nachdenklich und bat mich um einen neuen Termin. Diesmal war sie bereit, mir aufmerksamer zuzuhören. Ich erklärte ihr, ihre Probleme rührten nicht daher, dass sie ein schlechter Mensch oder gar eine Versagerin sei. Vielmehr beruhten sie auf ihrer Unfähigkeit, das ganze Bild zu sehen. Da sie glaubte, das Leben ließe sich vollständig nach intellektuellen Kriterien gestalten, benahm sie sich im Umgang mit anderen

Menschen energetisch wie ein Elefant im Porzellanladen. Bei ihr lag eine Behinderung im psychischen Bereich vor, und diese ließ sich nur beheben, wenn sie die empfindsame, feinfühlige Seite ihrer Wahrnehmung wieder in ihr Erleben der Wirklichkeit integrierte.

Es war Zeit für Gina, wieder die Schulbank zu drücken und etwas über Aspekte des Lebens zu lernen, die sie auf ihrem bisherigen Bildungsweg vernachlässigt hatte. Und die Klassenzimmer hierfür befanden sich nicht in Universitäten. Ich schlug ihr vor, sie solle an einem Zeichenkurs teilnehmen, um zu lernen, andere Menschen genauer wahrzunehmen. Außerdem gab ich ihr das Seminarprogramm eines örtlichen spirituellen Zentrums, das Kurse zur Erforschung der feinstofflichen Energien anbot, zum Beispiel Reiki, eine universelle Heilmethode. Ich ermutigte sie, die Welt der Energie zu erkunden. »Gina«, sagte ich, »das, was Sie von der Welt sehen und wissen, ist nicht falsch, es ist nur unvollständig. Und solange Sie nicht das ganze Bild sehen können, führt Ihr Teilwissen Sie in die Irre.«

Ginas wiederholte berufliche Misserfolge waren zwar demütigend gewesen, aber gerade diese Rückschläge ebneten ihr den Weg zu einer offeneren Geisteshaltung. Sie begann, etwas mehr Einsicht in die Welt anderer Menschen zu gewinnen – ein ganz neues Forschungsgebiet für sie. Und so machte sie in der Entwicklung einer harmonischeren persönlichen Vision allmählich Fortschritte. Da manche Gewohnheiten recht hartnäckig sein können, beschloss sie außerdem klugerweise, künftig nicht mehr als Angestellte, sondern nur noch freiberuflich zu arbeiten.

Ein verzerrtes oder unvollständiges Weltbild kann sich selbst bei Menschen mit höchstem Bildungsstand sehr nachteilig auswirken. Meine Lehrer haben stets betont, wirkliche Bildung sei vor allem daran zu erkennen, dass ein Mensch nicht nur das Offensichtliche zu sehen vermöge, sondern auch das, was im Verborgenen liegt. Sie können Ihre persönliche Vision und Wahrnehmung am besten ins Gleichgewicht bringen, indem Sie sich für das öffnen, was im Verborgenen liegt – nämlich die Tatsache, dass wir alle spirituelle Wesen sind. Wenn wir die Verbindung zu diesem Teil unseres Wesens verlieren, ist das auf der psychischen Ebene, als würde uns ein Bein oder Arm amputiert. Wir können in diesem Zustand überleben, aber geistig-seelisch zahlen wir dafür einen hohen Preis.

In welchem Lebensbereich fällt es Ihnen besonders schwer, die Dinge aus einer größeren Perspektive zu sehen?

Treten in Ihrem Leben immer wieder die gleichen Probleme auf, wenn auch vielleicht mit anderen Leuten und an anderen Orten?

Achten Sie bei Problemen eher auf die materiellen Aspekte oder auf die spirituellen Zusammenhänge?

Hat man Ihnen schon Engstirnigkeit vorgeworfen? Ist dieser Vorwurf gerechtfertigt?

Haben Sie oft den Eindruck, dass andere im Unrecht sind und Sie selbst das Opfer?

Sind Sie bereit, sich in die Lage eines anderen Menschen hineinzuversetzen?
Und tun Sie das auch wirklich?

Träume

Eine Domäne unseres sechsten Chakras ist die Traumwelt. Dort enthüllt unser Geist uns Facetten unseres Unbewussten, unserer Gefühle und unseres höheren Wissens. Unsere Traumwelt ist der Ort, wo Botschaften unserer Seele sich offenbaren und uns helfen, die komplexen Probleme des Alltags zu entwirren.

Es gibt viele Möglichkeiten, wie wir in Kontakt mit unserer Traumwelt treten können. Zuallererst sollten wir unseren nächtlichen Träumen viel Aufmerksamkeit widmen. Ein Traumtagebuch neben dem Bett bereitzulegen ist schon eine enorme Hilfe. Gewöhnen Sie es sich an, am Morgen als Erstes Ihre Träume aufzuschreiben – oder sogar noch in der Nacht, falls Sie durch einen Traum geweckt wurden. Ein Traumtagebuch zu führen mag Ihnen anfangs etwas lästig erscheinen, aber die Mühe lohnt sich unbedingt. So kann es Ihnen gelingen, mit verlorenen Teilen Ihres eigenen Wesens und mit anderen Dimensionen des Bewusstseins Verbindung aufzunehmen; sogar spirituelle Traumreisen sind möglich.

Falls Sie bislang wenig Kontakt zu Ihrer Traumwelt hatten, sollten Sie sich vor dem Einschlafen suggerieren, dass Sie sich auf jeden Fall an Ihre Träume erinnern werden. Bei mir funktioniert die folgende Methode sehr gut: Ich gieße mir ein Glas Wasser ein, und während ich davon trinke, sage ich mir: »In dem Augenblick, indem ich morgen früh Wasser trinke, werde ich mich an meine Träume erinnern.« Morgens nach dem Aufwachen trinke ich dann gleich wieder aus diesem Glas. Wie ich es meinem Unterbewusstsein einprogrammiert habe, fallen mir meine Träume dann sofort ein.

Auch durch gezieltes Tagträumen können Sie Ihre persönliche innere Wahrnehmung verstärken. Unsere Visualisierungsfähigkeit lässt sich trainieren wie ein Muskel. Je mehr wir die schöpferischen Teile unseres Geistes einsetzen, desto stärker werden sie. Tagträumen ist eine Einladung an Ihren Geist, Ihrem Wachbewusstsein neue Ideen und kreative Lösungen zu vermitteln. Sie geben ihm damit Gelegenheit, mit Ihnen zu kommunizieren und Ihnen Alternativen aufzuzeigen, die Ihnen bislang nicht bewusst waren. Tagträumen gestattet es Ihnen, Ihr ungelebtes Leben zu leben. Wenn Sie das oft genug tun, werden diese inneren Erlebnisse sich schließlich in der realen Welt niederschlagen. Und je öfter Sie etwas visualisieren, desto weniger Angst oder Stress wird es Ihnen verursachen, wenn es schließlich wirklich geschieht.

Tagträume und nächtliche Träume führen uns heraus aus der subjektiven, ichbezogenen Welt der Persönlichkeit und bringen uns in Kontakt mit unserem Universellen Selbst. Träume stärken unsere Fähigkeit, andere Menschen und uns selbst auf einer wirklich tiefen

Ebene zu verstehen. Es gibt viele von Fachleuten verfasste Traumbücher, deren Lektüre sehr zu empfehlen ist. Zu meinen Lieblingsautoren zählen Patricia Garfield, die das Buch *Kreativ träumen* schrieb, und Robert Johnson, von dem das Buch *Bilder der Seele* stammt. Auch die Teilnahme an einem Traum-Seminar kann eine lohnende Erfahrung sein, zumal sie Ihnen dabei hilft, Menschen zu finden, mit denen Sie Ihre Träume teilen können. Mit ein wenig Aufmerksamkeit entdecken Sie vielleicht ein Muster in Ihren Traumsymbolen, und es gelingt Ihnen, Ihre ganz persönliche Traum-Sprache zu entschlüsseln.

Erinnern Sie sich an Ihre Träume?

____

Schenken Sie Ihren Träumen Beachtung?

____

Geben Sie sich gern Tagträumen hin? Wovon handeln sie?

____

____

Schreiben Sie Ihre Träume auf? Führen Sie ein Traumtagebuch?

____

Sprechen Sie mit jemandem über Ihre Träume oder Tagträume? Mit wem?

____

____

Wiederholen sich manche Träume? Was, glauben Sie, möchten diese Träume Ihnen mitteilen?

____

____

Hellsichtigkeit

Ein besonders bemerkenswerter Vorzug eines voll erwachten sechsten Chakras ist die Hellsichtigkeit, wozu die Fähigkeit gehört, die Aura, die Chakras und sogar wahrscheinliche zukünftige Ereignisse zu sehen. Von Klienten und Schülern werde ich immer wieder gefragt, ob ich wirklich glaube, sie könnten es schaffen, diese Dinge selbst zu sehen. Ich glaube nicht nur, dass Menschen solche hellsichtigen Fähigkeiten entwickeln können, sondern bin sogar davon überzeugt, dass dies für uns alle etwas völlig Natürliches ist. Da inzwischen immer mehr Menschen sich selbst als spirituelles Wesen betrachten, werden diese Fähigkeiten künftig immer alltäglicher werden.

Hellsichtigkeit ist nicht das bizarre, überweltliche Phänomen, das Hollywood daraus gemacht hat. Dabei handelt es sich vielmehr um die natürliche Konsequenz jener tiefgründigen Sichtweise, die sich infolge eines hoch entwickelten und harmonischen sechsten Chakras einstellt. Wenn wir die Filter der Vorurteile und der Subjektivität vor unseren Augen ablegen, beginnen unsere hellsichtigen Fähigkeiten zu erwachen. Wenn wir unserer Umgebung echte Aufmerksamkeit schenken, bewusst auf die feinstofflichen Energien achten, versuchen, die Wahrheit zu sehen, auf Vor- und Werturteile verzichten und stets daran denken, dass die Welt aus weit mehr als den für die Augen sichtbaren Bereichen besteht, werden wir auf ganz natürliche Weise hellsichtig. Denn die spirituelle Gabe der Hellsichtigkeit entspricht ganz einfach der Fähigkeit, die Wahrheit zu sehen. Keinerlei Hokuspokus oder sonstige Kunstgriffe sind dazu nötig. Sie müssen weder besondere Kurse besuchen noch irgendein verrücktes spirituelles Glaubenssystem übernehmen, um hellsichtig zu werden. Von Ihrer Seite braucht es dazu lediglich die Bereitschaft, unsere wunderbare Welt offen und genau zu betrachten. Der Wunsch, die wahre Natur des Lebens zu erkennen, ohne jede Verzerrung, wird Ihre höchsten spirituellen Fähigkeiten wecken und Ihnen die gleichen verborgenen Wirklichkeiten enthüllen, die heilige Männer und Frauen seit Jahrhunderten wahrnehmen.

Ich persönlich glaube, dass in diesem neuen Jahrtausend die Gabe der Hellsichtigkeit und auch alle anderen spirituellen Sinne ganz von selbst in uns erwachen werden, wenn wir unser spirituelles Erbe bewusst für uns beanspruchen. Ich glaube, dass das nicht nur möglich, sondern sogar Teil des göttlichen Planes ist, während wir in ein Zeitalter des Friedens eingehen.

Hatten Sie schon einmal eine Vorahnung? Worum ging es dabei?

Hatten Sie schon einmal einen Traum, dessen Begebenheiten später wahr geworden sind?

Haben Sie schon einmal eine Aura gesehen oder sich das zumindest vorgestellt?

Können Sie die Schönheit Ihrer wunderbaren Seele sehen?

Können Sie das Göttliche in allen Dingen und Geschöpfen sehen?

Die persönliche Vision harmonisieren

Wenn ein leichtes Ungleichgewicht besteht:

- Schreiben Sie eine positive Affirmation auf Ihren Badezimmerspiegel, etwa »Hallo, du Schöne(r)!« oder »Du siehst wieder toll aus!«
- Schmücken Sie Ihren Arbeitsplatz mit einem schönen Foto oder Kunstgegenstand.
- Veranstalten Sie an einem reizvollen Platz in der Natur ein Picknick.
- Spielen Sie Memory.
- Besuchen Sie eine Vernissage in einer örtlichen Kunstgalerie.
- Pflanzen Sie Blumen.
- Denken Sie sich ein neues Gericht aus, bereiten Sie es zu und servieren Sie es auf Ihrem besten Geschirr.
- Gehen Sie mit einem/einer besonders guten Freund/in in einem exzellenten Restaurant essen.
- Wenn Sie eine Frau sind, machen Sie sich einmal zurecht. Probieren Sie ein ägyptisches Augenmake-up aus, goldenen Lidschatten oder einen auffälligen Lippenstift. Männliche Leser könnten sich einen total neuen Haarschnitt gönnen, eine superelegante Brille oder getönte Kontaktlinsen.
- Hängen Sie eine Pinnwand mit Ihren Lieblingsfotos auf.
- Nennen Sie die drei schönsten Dinge, die Sie heute gesehen haben.
- Schaffen Sie sich Vögel als Haustiere an.
- Bitten Sie eine/n gute/n Freund/in, Ihnen einen Tag lang Komplimente zu machen, was das Zeug hält, und all Ihre wunderbaren Qualitäten aufzuzählen.
- Legen Sie sich einen inspirierenden Bildschirmschoner für Ihren Computer zu.
- Kaufen Sie sich ein indigoblaues Hemd oder Halstuch.

Wenn ein moderates Ungleichgewicht besteht:

- Schauen Sie sich im Spiegel in die Augen und sagen Sie: »Spieglein, Spieglein an der Wand, wer ist die/der Schönste im ganzen Land? Ich! Damit das klar ist!«

- Entdecken Sie das Fotografieren als Hobby.
- Machen Sie eine architektonische Entdeckungsreise durch Ihre Stadt.
- Kleben Sie sich ein lustiges und wildes (entfernbares) Tattoo an einer geheimen Stelle auf Ihren Körper (oder auf den Ihres/Ihrer Geliebten).
- Üben Sie sich mit Ihren Kindern im Fingermalen und hängen Sie Ihr Meisterwerk gut sichtbar an die Wand.
- Machen Sie einen gründlichen Hausputz.
- Gestalten Sie Ihre eigenen Grußkarten.
- Leihen Sie sich die Filme *Dreams* von Akira Kurosawa oder *Buena Vista Social Club* von Wim Wenders aus.
- Kaufen Sie sich ein inspirierendes Bild oder ein anderes Kunstwerk.
- Wenn Sie zu Hause essen, arrangieren Sie das Essen ganz verlockend auf dem Teller und garnieren Sie es bunt.
- Kleben Sie schöne Fotos, lustige Zeitungsanzeigen oder Cartoons auf Ihren Kühlschrank.
- Dekorieren Sie Ihr Wohnzimmer neu.
- Stellen Sie selbst Blumengestecke her.
- Entwerfen Sie eigene Tarotkarten.
- Sagen Sie jemandem, warum Sie ihn oder sie so gern haben. Zählen Sie diesem Menschen all seine guten Eigenschaften auf.
- Trennen Sie sich von allen hässlichen und unvorteilhaften Kleidungsstücken.
- Kämmen Sie sich, legen Sie Make-up auf und ziehen Sie sich gut an, auch wenn Sie nichts Besonders vorhaben.
- Lassen Sie sich von einem professionellen Fotografen fotografieren.
- Suchen Sie bei jedem Menschen, den Sie kennen, nach einem neuen Detail, das Ihnen an dieser Person bislang nicht aufgefallen ist.
- Lassen Sie sich in der Kosmetikabteilung eines Kaufhauses eine Farbanalyse erstellen, oder lesen Sie *Color Me Beautiful* von Carole Jackson.

Wenn ein starkes Ungleichgewicht besteht:

- Nehmen Sie an einem Traum-Seminar teil.
- Schaffen Sie sich ein Aquarium mit tropischen Fischen an.
- Unterziehen Sie sich einer dreitägigen Fastenkur im Hinblick auf Kritik – und zwar sich selbst und Ihren Mitmenschen gegenüber.

- Nehmen Sie an einem Mal- oder Zeichenkurs teil.
- Besuchen Sie eine Kunstgalerie.
- Führen Sie ein »Silberstreif-Tagebuch«, in das Sie Erlebnisse eintragen, die besser als erwartet verliefen.
- Visualisieren Sie in allen Einzelheiten einen schönen Tagesablauf, ehe Sie morgens aus dem Bett steigen.
- Richten Sie sich zu Hause einen Meditationsgarten oder eine Meditationsecke ein.
- Sorgen Sie mit Hilfe von Feng Shui für eine harmonische Atmosphäre in Ihrer Wohnung.
- Werden Sie Mitglied in einem Filmclub.
- Lächeln Sie jedes Mal, wenn Sie in einen Spiegel schauen!
- Visualisieren Sie, wie Sie Ihre Lebensziele mit Erfolg verwirklichen.
- Suchen Sie Gott in allem und jedem und überall.

Denken Sie daran, zu Ihrer inneren Vision gehören:

Wahrnehmung
Unterscheidungsvermögen
Imagination
Träume
Erinnerungen
Tagträume
Hellsichtigkeit
Einsicht
Offenheit
Visualisierung
Vernunft
Denken
Perspektive
Erfindergeist

Wenn Sie im Bereich Ihres sechsten Chakras zu neuer Balance und Harmonie gelangen, wird Ihr Geist Sie zu eigenen Methoden inspirieren, wie Sie diese Harmonie dauerhaft bewahren können. Notieren Sie hier Ihre diesbezüglichen Ideen:

Siebtes Chakra

Ihre leuchtende Krone

Das siebte Chakra wird wegen der unvorstellbaren Vielfalt seiner Facetten auch Kronenchakra oder tausendblättriger Lotos genannt. Es liegt am höchsten Punkt des Körpers, auf dem Scheitel, und ist das Zentrum unseres höchsten spirituellen Bewusstseins und persönlichen Ausdrucks. Wenn dieses Energiezentrum voll erwacht und harmonisiert ist, verbindet es uns mit Gott, der Quelle allen Lebens, und eröffnet uns den Weg, zu Lichtträgern für die Welt zu werden. Das siebte Chakra transzendiert all unsere anderen Sinne und ermöglicht es uns, Gott und die Güte des Universums unmittelbar zu erfahren. Im Farbspektrum schwingt dieses Chakra in energetischer Resonanz zur Farbe Violett, wobei es an den Rändern zu Weiß verblasst. Im Gegensatz zu den Chakras vier (»Ich liebe«), fünf (»Ich höre«) und sechs (»ich sehe«) lautet die Devise des siebten Chakras einfach: »Ich weiß«.

Unser Kronenzentrum lenkt unsere Aufmerksamkeit auf den spirituellen Sinn des Lebens und hebt die imaginäre Grenze auf zwischen dem, was wir als spirituell betrachten, und dem, was angeblich nicht spirituell ist. Sind wir auf der Ebene unserer persönlichen Vision zu einem inneren Gleichgewicht gelangt, befähigt uns das, energetisch zum Kronenchakra aufzusteigen. Dort beginnen wir, mit unserer Quelle zu verschmelzen. Wenn unser Kronenchakra geöffnet ist, erwachen wir zu der Erkenntnis, dass alles aus dem gleichen universellen geistigen Stoff gemacht und somit tatsächlich alles, was existiert, spirituell ist. Dieses Zentrum löst das Trugbild auf, dass wir weniger sein könnten als Kinder Gottes, spirituelle Erben des himmlischen Königreichs.

Auf der physiologischen Ebene steht das Kronenchakra in Verbindung zu Hirnstamm, Rückenmark, Nervensystem und der im Gehirn liegenden Zirbeldrüse.

Ist es blockiert, können gesundheitliche Störungen in diesen Bereichen auftreten. Lebensbedrohliche Krankheiten wie ALS (Amythrophe Lateralsklerose) oder Aids gehören ebenfalls in die Domäne des Kronenchakras, da sie mit dem Wachstum der Seele in diesem Leben in Zusammenhang stehen. Dieses Energiezentrum ermöglicht es Ihnen, ruhig, entspannt und voll bewusst zu sein, zugleich aber auch zurückhaltend und bescheiden. In diesem wachen Geisteszustand wissen Sie ohne jeden Zweifel, dass alle Lebensformen eng miteinander verbunden sind und dass wir alle hier auf Erden in Wirklichkeit Teil eines gemeinsamen Körpers sind, eine große spirituelle Familie.

Wenn Ihre Krone sich entfaltet, strahlt sie über Ihrem Kopf Energie aus, einen violett-weißen Schein, der als strahlendes Leuchten wahrgenommen werden kann, das Ihr Gesicht umgibt. In der religiösen Kunst wird ein geöffnetes Kronenchakra durch einen wunderschönen, den Kopf umgebenden goldenen Glorienschein dargestellt.

Wenn Ihr Kronenchakra geöffnet und harmonisiert ist, werden Sie Sanftheit und Mitgefühl entwickeln und völlig frei von Angst und Sorge um Ihre eigene Sicherheit oder Ihr persönliches Wohlbefinden sein. Stattdessen werden Sie voll und ganz darauf vertrauen, dass das Universum sich all Ihrer Bedürfnisse vollkommen bewusst ist und Sie weitaus besser mit allem Notwendigen versorgen wird, als Sie selbst es jemals könnten. Alles krampfhafte persönliche Streben verschwindet zugunsten eines unumstößlichen Glaubens daran, dass jedes wirkliche Bedürfnis der Seele vom göttlichen Plan mühelos und voller Gnaden erfüllt werden wird – ob wir uns dessen bewusst sind oder nicht. Diese innere Gewissheit aktiviert Ihre Fähigkeit, auf selbstlose Weise zum Wohl Ihrer Mitmenschen zu handeln.

Das Kronenchakra kann nicht ins Ungleichgewicht geraten. Entweder ist es bereits geöffnet, gerade dabei, sich zu öffnen, oder es ist noch geschlossen. Das offensichtlichste Zeichen für ein geschlossenes Kronenchakra ist das völlige Fehlen jeglichen Glaubens. Der Mensch glaubt dann weder an Gott noch an die Ordnung und Weisheit des Universums noch – was am allerschlimmsten ist – an das Leben selbst. Um diesen Zustand geht es, wenn im spirituellen Zusammenhang von »der dunklen Nacht der Seele« gesprochen wird.

Das Erwachen des Kronenchakras ist die natürliche Folge, wenn Sie alle anderen sechs Energiezentren ins Gleichgewicht gebracht haben. Manchmal kann es sich aber auch spontan öffnen, als Reaktion auf eine Krise oder infolge einer tiefen und aufrichtigen Suche nach Gott. Die Öffnung des Kronenchakras ist ein gnadenvoller Reifungsprozess, der sich einstellt, wenn wir Einsicht in unsere wahre spirituelle Natur gewinnen. Auch wenn manche von uns vielleicht den Eindruck haben, dass sie niemals jene ehrfurchtsvolle innere Ruhe des erwachten Kronen-Zentrums erleben werden, so ist dieses Chakra doch ein natürlicher Teil unserer spirituellen Anatomie. Wenn wir in allen anderen Lebensbereichen nach Harmonie streben, wird es sich auf ganz natürliche Weise öffnen. Es besteht also kein Grund, sich deshalb Sorgen zu machen oder eine Öffnung künstlich herbeiführen zu wollen. Wie bei einem Baum werden die Zweige Früchte tragen, wenn Sie die Wurzeln gut mit Wasser versorgen.

Glaube

Wenn sich das Kronenchakra öffnet, überschreiten wir die Grenzen unseres Intellekts und treten in das Reich des Glaubens ein. Auf dieser Ebene der Erkenntnis gelangen wir über das Bedürfnis hinaus, rechtfertigen oder auch nur verstehen zu wollen, wie das Universum funktioniert. Mit geöffnetem Kronenchakra erleben wir eine Bewusstheit des Geistes, die es uns erlaubt, mit unserer Quelle zu verschmelzen und eins mit dem Universum zu werden. Dann sind wir keine Außenstehenden mehr, die dem Lauf der Welt hilflos zusehen. Das Kronenchakra kann durch Gebet und Meditation, durch spontane lebensverändernde Erfahrungen oder durch die tiefe Hingabe an den göttlichen Willen aktiviert werden.

Dieses Energiezentrum ist das Tor zu einer intimen Beziehung zu unserem Schöpfer. Wenn das erste Chakra die Wurzel ist, die uns mit Mutter Erde verbindet, so verbindet das siebte Chakra uns mit unserem Vater, dem göttlichen Geist. Wenn das erste und das siebte Chakra offen sind, schließt sich der Energiekreislauf, der Körper, Geist und Seele nährt und erhält.

Sam, ein Bekannter, hat mir erzählt, wie er die Öffnung seines Kronenchakras erlebt hat. Er und seine Frau Linda hatten ohne Erfolg schon mehrere Hormonbehandlungen ausprobiert. Nach diesen fehlgeschlagenen und kostspieligen Versuchen, ein Kind zu empfangen, fühlten sie sich enttäuscht und entmutigt. Bei beiden war das Selbstwertgefühl an einem Tiefpunkt angelangt und ihre Ehe ernstlich gefährdet. Eines Tages ergriff der Gedanke an eine Adoption von Sam Besitz, und er hatte das sichere Gefühl, dass der göttliche Plan genau das für sie vorgesehen hatte. Linda glaubte ihm und war einverstanden.

Sie informierten sich über die Sachlage und landeten schließlich bei einem Anwalt, der vietnamesische Kinder zur Adoption vermittelte. Als sie mit ihm nach Vietnam reisten, kamen in allen beiden jedoch schwere Bedenken auf, was die Vertrauenswürdigkeit dieses Mannes anging. Aber weil sie schon so viel Zeit und Geld in ihr Vorhaben investiert hatten, wollten sie es nun nicht mehr aufgeben.

In Vietnam gab der Anwalt ihnen dann sehr widersprüchliche Auskünfte und schon bald wurde klar, dass er in Wahrheit über gar keine Kontakte dort verfügte. Sein ganzes Geschäft entpuppte sich als Schwindel. Sam und Linda waren mit den Nerven am Ende, als Sam plötzlich den starken Impuls verspürte, mit dem Leiter einer Adoptionsagentur in Texas zu telefonieren, mit dem er zuvor schon in Kontakt gestanden hatte. Dieser Impuls machte wenig Sinn, fühlte sich aber eindeutig richtig an. Also telefonierte Sam mit Texas. Obgleich es dort schon neun Uhr abends war, hob nach ein paar Versuchen jemand, der offenbar Überstunden machte, den Hörer ab. Sam erklärte ihm ihre Situation, und der Mann sagte: »Na, da haben Sie aber Glück. Der Leiter unserer Agentur hält sich gerade in Peking auf, und Sie können dort mit ihm telefonieren.« Ein Anruf führte zum nächsten, und schließlich hatte Sam tatsächlich den Leiter der Agentur am Apparat. Er erzählte ihm, was sie durchgemacht hatten. »Ich würde Sie überhaupt nicht behelligen«, sagte er, »wenn meine Gebete mich nicht dazu veranlasst hätten.«

Und offenbar erwies sich das als genau richtig. Weniger als eine Stunde nach dem Telefonat holte der vietnamesische Repräsentant der Agentur Sam und Linda ab, und nach einer sechsstündigen Autofahrt führte man sie in ein Waisenhaus. Im Inneren des Gebäudes wurde Sam schwindelig, und er musste sich dringend hinsetzen. Vielleicht lag es an den Strapazen der Reise oder an dem Gefühl, nun plötzlich so dicht vor der Erfüllung ihres größten Traumes zu stehen. Ehe er zu weiteren Schritten in der Lage war, musste er sich unbedingt einen Moment erholen und sammeln.

Eine der Verwalterinnen des Waisenhauses führte Sam daraufhin in einen stillen, abgedunkelten Raum, in dem einige Babys in ihren Bettchen lagen und schliefen. Während er dort saß, um sich auszuruhen, durchströmte plötzlich ein überwältigendes Gefühl des Friedens seinen Körper. Sekunden später meldete sich lautstark eines der Babys. Er ging zu dem Bettchen und nahm das kleine Mädchen, das darin lag, auf den Arm. Sofort beruhigte es sich. Ein paar Minuten später kam Linda zu ihm in den Raum und sah ihn mit dem Kind auf dem Arm. Sofort wusste sie, dass das ihr Baby war. Da wachte auch noch ein fünf oder sechs Monate alter Junge auf. Sie ging zu ihm, um ihn auf den Arm zu nehmen, und wusste, dass auch er von nun an Teil ihrer Familie sein würde. Wie durch ein Wunder war für beide Kinder bislang kein Adoptionsantrag gestellt worden, so dass Sam und Linda nach Erledigung der notwendigen Formalitäten das Mädchen und den Jungen mit nach Hause nehmen konnten.

Es war, als hätten diese beiden Kinder Sam und Linda herbeigerufen, um sie abzuholen. Sam und Linda waren zutiefst dankbar, dass das Universum sie als Eltern auserwählt hatte.

Diese Erfahrung macht den Weg des siebten Chakras, den Weg des Glaubens, anschaulich. Die ganze Zeit über zweifelte ihr Verstand an der Richtigkeit ihres Handelns, ihre Emotionen und sogar Sams Körper leisteten Widerstand. Aber etwas, das größer war als alle diese Kräfte, leitete Sam und Linda erfolgreich zum Ziel ihrer Reise. Als ich Sam fragte, was ihnen denn auf dieser beschwerlichen und zeitweilig völlig aussichtslos erscheinenden Reise die Kraft gegeben habe, durchzuhalten, lautete seine einfache Antwort: »Gebet und Glaube. Es war, als würde eine höhere Macht uns die ganze Zeit führen. Dieses Erlebnis ist für Linda und mich der absolute Beweis, dass es eine höhere Intelligenz gibt, die stets in unserem Leben wirkt. Ich bin unendlich dankbar, dass wir ihr nicht dazwischengefunkt haben.«

Mir sind immer wieder Menschen mit einem solchen Glauben begegnet, allen voran meine Mutter. Durch eine Evakuierungsmaßnahme während des Zweiten Weltkriegs wurde sie von ihrer ursprünglichen Quelle der Unterstützung, ihrer Familie, getrennt, und so wurde es zum zentralen Element ihrer weiteren Lebensreise, den Kontakt mit einer höheren Quelle der Unterstützung zu suchen. Es ist mein größtes Geschenk, dass ich diese spirituelle Reise meiner Mutter mitverfolgen und von ihren Fortschritten lernen konnte. Unablässig zeigt ihr Leben die Macht des göttlichen Geistes auf, die durch unser Kronenchakra hinaus in die Welt strömt und den Weg für Wunder bereitet. Wie meine Mutter zu sagen pflegt: »Wenn wir unsere Krone aufsetzen, stehen wir uns selbst nicht länger im Weg, und dann kann Gott für uns arbeiten.«

Wenn wir erleben, wie sich unser Kronenchakra öffnet, kreist unser Denken nicht mehr ums Überleben, und unendliche Möglichkeiten tun sich für uns auf. Wir erkennen ohne jeden Zweifel, dass der göttliche Geist durch uns wirkt und dass allein unser Vorstellungsvermögen unserem wahren Potenzial Grenzen setzt. Das siebte Chakra erfüllt uns mit einem so tiefen Gefühl des Friedens, dass sich alle Wogen des Lebens glätten und wir uns fühlen, als stünden wir bei Sonnenaufgang an einem stillen, wunderschönen See.

Ich habe die zutiefst wohltuende Energie des voll geöffneten siebten Chakras schon bei anderen wahrgenommen und sie auch persönlich erfahren. Im Licht dieses Erlebnisses empfinde ich Worte als schmerzlich unzureichend. Es ist, als würde der Vorhang vor dem Drama des Lebens weggezogen. Dann sehen wir – so intensiv wir uns auch in den Prozess des Lebens hineinstürzen mögen – hinter alledem unseren Geist, der auf ewig geborgen und eins mit der göttlichen Quelle ist.

Ist Ihr Kronenchakra geöffnet?

	ja	nein	manchmal
Ich weiß einfach, dass manche Dinge wahr sind, ohne zu verstehen, warum.	☐	☐	☐
Ich habe einen tiefen, starken Glauben.	☐	☐	☐
Ich mache mir nur selten Sorgen.	☐	☐	☐
Ich spüre, dass Gott über mich wacht.	☐	☐	☐
Ich habe Vertrauen in die göttliche Ordnung der Dinge.	☐	☐	☐
Ich vertraue mein Leben ganz der göttlichen Führung an.	☐	☐	☐
Ich erwarte stets das Beste.	☐	☐	☐
Ich bin sicher, dass alle Erfahrungen ihren tieferen Sinn haben.	☐	☐	☐
Leben ist kein zufälliges Ereignis.	☐	☐	☐
Ich lasse mir gern vom Universum bei der Lösung meiner Probleme helfen.	☐	☐	☐
Ich glaube an Wunder.	☐	☐	☐
Ich glaube, alles ist gut, wie auch immer die Dinge äußerlich erscheinen mögen.	☐	☐	☐
Ich folge meiner inneren Führung, auch wenn dies unvernünftig erscheinen mag.	☐	☐	☐

Wenn Sie auf eine dieser Fragen mit Nein geantwortet haben, ist Ihr Kronenchakra zwar schon weit, aber noch nicht vollständig geöffnet. Haben Sie zwei bis drei Fragen mit Nein beantwortet, ist Ihr siebtes Chakra bereits ziemlich offen, und Sie sollten die Vorschläge für ein ziemlich offenes Kronenchakra am Ende dieses Kapitels aufgreifen, um den Öffnungsprozess weiter voranzutreiben. Wenn Sie auf vier bis sechs Fragen mit Nein geantwortet haben, ist Ihr Kronenchakra zum Teil geöffnet. Folgen Sie dann den Vorschlägen für ein teilweise offenes siebtes Chakra. Haben Sie auf sieben oder mehr Fragen mit Nein geantwortet, dann ist Ihr Kronenchakra fast völlig geschlossen, und Sie sollten die Vorschläge für ein geschlossenes Kronenchakra in die Tat umsetzen, damit Sie zu einer spirituellen Öffnung gelangen und die liebevolle Wiedervereinigung mit Ihrem Schöpfer erleben können.

Seelenerinnerungen

Zu den Funktionen des Kronen-Zentrums gehört es auch, unser Seelen-Gedächtnis zu aktivieren. Dadurch kann in uns das Gefühl erwachen, früher schon einmal gelebt zu haben, auch wenn wir über keine vollständigen Erinnerungen an frühere Leben oder Erfahrungen verfügen. Wenn wir Zugang zu diesen unmittelbaren Seelenerinnerungen erlangen, können wir nicht umhin, uns als spirituelle Wanderer zu betrachten, die sich auf eine lange Reise zurück zu ihrer Quelle, zurück zu Gott begeben haben. Da unsere Seelenreise schon viele Leben andauert, neigen wir dazu, immer wieder den Kontakt zu jenen Menschen zu suchen, mit denen uns noch unbewältigte gemeinsame Aufgaben verbinden. Unsere spirituelle Bestimmung liegt darin, bedingungslos liebende menschliche Wesen zu werden. Jene Menschen zu lieben, deren Gesellschaft uns angenehm ist, stellt keine große Herausforderung für unsere Seele dar. Die wahre Chance für seelisches Wachstum bietet sich, wenn wir aufgefordert sind, jemanden zu lieben, der sich unkooperativ verhält. Einen solchen Menschen zu lieben, ohne sich selbst zum Sklaven, Fußabtreter oder Elternersatz zu machen, ist eine echte Herausforderung. Wenn uns das gelingt, haben wir einen wirklichen Sieg errungen. Weil solch ein Sieg so schwer zu erreichen ist, kann es jedoch mehrere Leben dauern, bis wir diese Aufgabe gemeistert haben. Darum begegnen uns die gleichen Menschen wieder und wieder, von einem Leben zum anderen. Wir lernen ständig dazu, und sie sind unsere Lehrer.

Ich habe immer wieder die aufregende Erfahrung gemacht, dass mein Kronenchakra sich öffnete und mir deutliche Erinnerungen an frühere Leben enthüllte, in denen Menschen vorkamen, die auch in meinem jetzigen Leben eine wichtige Rolle spielen. Ich habe beispielsweise in dem Jahr, bevor ich meinen Mann Patrick kennen lernte, immer wieder von ihm geträumt. In diesen Träumen sah ich uns in einem Palast in Ägypten, von dem aus man einen weiten Ausblick auf die Wüste hatte, zu einer großen Menschenmenge sprechen. Dieser ständig wiederkehrende Traum erstaunte mich sehr. Als ich Patrick dann zum ersten Mal sah, wusste ich sofort, dass er der Mann aus diesen Träumen war.

Erinnerungen an frühere Leben sind interessant, manchmal sogar amüsant. Sie helfen uns, unsere Beziehungen zu anderen Menschen besser zu verstehen, besonders wenn diese Beziehungen problematisch und schmerzlich sind. Aber zwingend erforderlich für unsere persönliche Entwicklung sind diese Erinnerungen keineswegs. Wenn sie auftreten, bestärken sie uns in der Erkenntnis, dass das gesamte Leben mit all seinen Herausforderungen und Beziehungen für unsere Seele vollkommen sinnerfüllt ist. Wir werden daran erinnert, dass wir niemals Opfer von irgendetwas sind. Alles, was in unserem Leben existiert, dient dem Zweck, uns zu persönlichem Wachstum zu verhelfen. Nichts, mit dem wir konfrontiert werden, übersteigt unsere Fähigkeiten, es zu bewältigen und vom Leben zu lernen.

Vielleicht haben Sie schon einmal die Erfahrung gemacht, dass Ihr Kronenchakra erwacht ist, als Sie auf einen Menschen trafen, zu dem Sie sich auf schicksalhafte Weise hingezogen fühlten. Manchmal kann es sich dabei auch nur um eine flüchtige Ahnung handeln oder um eine angenehme, aber unerklärliche Vertrautheit mit einer ansonsten fremden Person. Mitunter kann eine solche Bewegung aber auch sehr intensiv sein und unser ganzes Leben verändern. Wie auch immer – zu solchen erneuten Begegnungen kommt es nicht zufällig. Wir machen einfach an dem Punkt weiter, an dem wir die gemeinsame Lernerfahrung in einem früheren Leben abgebrochen hatten.

Eine meiner Klientinnen erzählte mir, dass sie eines Tages plötzlich von einem heftigen Verlangen gepackt wurde, Machu Picchu zu besuchen, eine alte Tempelstätte in Peru. »Als die Idee mir zum ersten Mal kam, lachte ich darüber«, sagte sie. »Ich hielt die Idee für albern. Für mich, eine Investmentbankerin, die normalerweise ihren Urlaub im Club Med verbringt, wirkte dieses Reiseziel furchtbar New-Age-mäßig. Und doch ließ mich der Gedanke nicht los. Wirklich bizarr wurde es, als ich an einer Veranstaltung für Förderer des Metropolitan Museum of Art teilnahm und dort bei einer Tombola einen Gutschein für eine Reise zu einem beliebigen Ziel in Südamerika gewann. Das war zu viel. Offenbar wollte das Universum mich so hartnäckig davon überzeugen, ich solle unbedingt nach Machu Picchu reisen, dass es mir sogar noch das Ticket schenkte! Also buchte ich die Reise gleich am nächsten Tag. Als ich dann den Reiseleiter zum ersten Mal sah, einen gut aussehenden Endvierziger, befiel mich ein unglaubliches Gefühl von Déjà-vu. Ich konnte den Blick nicht von ihm wenden. Es war gar keine sexuelle Anziehung, sondern nur das sichere Wissen, diesen Burschen irgendwoher zu kennen. Er hatte offenbar die gleiche Empfindung, denn ich ertappte ihn dabei, wie er mich ebenfalls anstarrte.«

Meine Klientin fuhr fort: »Während der folgenden zwei Wochen wurde das Gefühl zwischen uns immer stärker, und mich beschlich die verrückte Ahnung, dass wir in einem früheren Leben miteinander verheiratet gewesen sein könnten und unsere jetzige Begegnung vorherbestimmt war. Es ging nicht um Liebe. Es ging noch nicht einmal um Lust. Wir schienen lediglich auf irgendeine Weise miteinander in Kontakt treten zu müssen. Während der Reise erzählte er mir von seinem Lebenstraum, Archäologen und andere Wissenschaftler nach Machu Picchu zu holen, um die Ruinen zu erforschen und der örtlichen Bevölkerung zu helfen, ihre Armut zu überwinden. Aber es sei so schwierig, die nötigen Mittel dafür aufzutreiben. Was mich betraf, so gefiel mir Machu Picchu sehr, und ich verstand mich auf Anhieb mit den Menschen dort. Ich mochte sie und seine Idee so sehr, dass ich ihm meine Hilfe anbot. Ich beschloss, meine Kenntnisse im Investmentbereich zu nutzen, um Gelder zu beschaffen. Das war der Grund für unsere Begegnung. Wir wurden Geschäftspartner und arbeiten seither mit großem Einsatz an diesem Projekt. Ob meine intuitive Ahnung, dass wir uns aus einem früheren Leben kennen, richtig ist oder nicht, spielt nicht wirklich eine Rolle. Vielleicht sind das nur romantische Phantasievorstellungen. Aber eines weiß ich mit Sicherheit: Ich hatte auf der spirituellen Ebene eine Verabredung mit ihm, und ich bin zutiefst dankbar für die gemeinsame Aufgabe, die sich daraus entwickelt hat. Nichts in meinem Leben ist je lohnender gewesen und hat sich durch solch eine göttliche Fügung ergeben.«

Haben Sie Erinnerungen an frühere Leben? Woran genau erinnern Sie sich?

Haben Sie das Gefühl, einen Menschen in Ihrem jetzigen Leben aus einem früheren Leben zu kennen? Wen?

Selbst wenn Sie sich nicht an ein früheres Leben erinnern können – gibt es bestimmte Epochen der Geschichte oder bestimmte Orte, die auf Ihren Geist eine tiefe Anziehungskraft ausüben?

Fühlen Sie eine tiefe spirituelle Verbundenheit zu bestimmten Personen – gegenwärtig, oder in einer früheren Phase Ihres jetzigen Lebens?

Welche spirituellen Lektionen vermittelt das Universum Ihnen zur Zeit?

Dem eigenen Weg folgen

Wenn sich unser Kronenchakra öffnet, weckt das in uns den Antrieb, mehr im Leben zu bewirken, als lediglich unsere persönlichen Bedürfnisse zu befriedigen. Das siebte Chakra aktiviert in uns die Erinnerung an unseren Seelenplan und bewegt uns dazu, ihn entschlossen in die Tat umzusetzen.

Jede Seele kommt mit dem Wunsch nach Wachstum in dieses Leben: um bestimmte Lektionen zu lernen, alte Muster zu durchbrechen und, was am wichtigsten ist, einen Beitrag zum höchsten Wohl aller zu leisten. Solange wir unser Kronenchakra nicht aktivieren, schlummern diese Absichten in uns, und unser Leben kreist um subjektivere Interessen, angetrieben von erlerntem Verhalten und von anderen übernommenen Meinungen. Wenn wir spirituell reifer werden und unser Kronenchakra sich öffnet, befriedigt uns ein solch unbewusstes Leben nicht länger. Wir sehnen uns nach einem authentischeren Weg. Der Wunsch erwacht, dauerhaftere und sinnvollere Spuren auf diesem Planeten zu hinterlassen. Wenn wir Entscheidungen treffen, die nicht im Einklang mit unserer spirituellen Bestimmung stehen, erfasst uns eine quälende Rastlosigkeit, und der Wunsch nach einer tiefgreifenden Veränderung bricht auf. Der Drang nach seelischer Erfüllung wird so groß, dass er praktisch durch nichts mehr aufzuhalten ist. Das erklärt auch, warum scheinbar in gut geordneten Verhältnissen lebende Menschen plötzlich von einer tiefen Unzufriedenheit befallen werden. Wenn ihre Lebensweise nicht im Einklang mit ihren Absichten auf der Seelenebene steht, ist es nicht ungewöhnlich, dass sie grundlegende Veränderungen im Leben vornehmen. Auch unerklärliche, von der Seele inspirierte Fügungen können ihrem Leben plötzlich eine neue Richtung geben.

Wenn Ihre Lebensumstände im Widerspruch zu Ihrer höheren Bestimmung stehen, werden Sie diese Gegebenheiten früher oder später hinter sich lassen müssen. Ihre Seele wird Sie an den Weg erinnern, den Sie für dieses Leben gewählt haben, ehe Sie auf die Erde kamen. Selbstverständlich können Sie sich immer dafür entscheiden, diese Rufe zu ignorieren, da Sie ja einen freien Willen haben. Aber solche Menschen entwickeln dann oft eine seelische Krankheit in Form von Unzufriedenheit, die aus der mangelnden Harmonie zwischen ihrem eigenen Energiefeld und ihrer Seele herrührt. Wenn Sie dagegen auf die Weckrufe des Universums hören, wird Sie das zu den größten und erfüllendsten Abenteuern Ihres Lebens hinführen. Denn wenn die Seele ruft, unterstützt das ganze Universum Sie auf Ihrem Weg zum Erfolg, wenn Sie nur bereit sind, dem Ruf zu folgen.

Meine Schwester Cuky erhielt im Alter von achtundvierzig Jahren einen solchen Seelenruf des Universums. Sie arbeitete zu jener Zeit als Stewardess und wohnte in einer der nettesten Städte Amerikas – glücklich verheiratet, mit zwei Kindern im Teenageralter und einer angenehmen Teilzeitarbeit. Sie besaß alles, was zum amerikanischen Traum gehört – und doch fühlte sie sich innerlich ruhelos und leer. Im Lauf der Jahre sprachen wir immer wieder über diese Leere, und Cuky war stets offen für Anregungen und Vorschläge. Ich sagte ihr immer wieder, dass sie zur rechten Zeit schon ihren Weg finden würde. Das schien ein wenig zu helfen, doch ihre innere Unruhe blieb.

Die Veränderung kam, als sie sich bei einem Unfall an Bord eines Flugzeugs so schwer am Knie verletzte, dass eine Operation erforderlich wurde. Zum ersten Mal im Leben war sie völlig hilflos und musste nach der Operation wochenlang liegen. Bereits zehn Monate, nachdem sie sich endlich erholte hatte, verletzte sie sich erneut am selben Bein. Wieder musste sie das Bett hüten, litt große Schmerzen und fürchtete, nie mehr richtig laufen zu können.

Da es mir schwer fiel, objektiv zu bleiben, als ich sie so leiden sah, bat ich einen anderen spirituellen Heiler um Hilfe. Als er sie aufsuchte, fragte sie ihn: »Warum passiert mir das? Ich verstehe es nicht.« Er antwortete: »Es geschieht, um Sie auf einen anderen Weg zu führen. Sie folgen nicht Ihrer Seelenbestimmung, und Ihr Geist möchte Ihnen helfen, den Kurs zu korrigieren.«

»Aber was soll ich denn tun?«, fragte sie. Er sagte: »Sie sind eine Heilerin. Zwar helfen Sie auch bei Ihrer jetzigen Tätigkeit anderen, doch Sie haben weit größere Gaben.«

»Aber ich habe überhaupt keine Ahnung vom Heilen«, protestierte sie.

»Lassen Sie sich ausbilden«, sagte er. »Lernen Sie körperliche Therapiemethoden kennen, dann werden Sie sich wieder erinnern, auf welche Weise Sie als Heilerin arbeiten können.«

Als er ihr vorschlug, eine Ausbildung zu machen, sagte etwas in ihr: *Ja! Das ist es!* Sofort meldete sie sich an einer Schule für Massagetherapie an. Dort erfuhr sie von einer hawaiianischen Heilmethode namens Lomi Lomi. Als sie zum ersten Mal von dieser heilenden Massage hörte, war sie wie elektrisiert. Sie liebte Hawaii seit ihrem ersten Besuch dort und kehrte seither Jahr für Jahr dorthin zurück, ohne es je müde zu werden. Als sie von Lomi Lomi hörte, tauchte eine Erinnerung auf, die offenbar aus einem früheren Leben stammte, in dem sie Hawaiianerin gewesen war. Lomi Lomi, eine heilende hawaiianische Kahuna-Massage, ist eigentlich eine Methode, Menschen mit schweren psychischen Verletzungen zu helfen, die Verbindung zu ihrer Seele wiederzufinden. Um sie zu erlernen, ist es erforderlich, bei einem authenthischen hawaiianischen Kahuna in die Lehre zu gehen. Die Lehrerin, bei der Cuky sich bewarb, war dreiundachtzig Jahre alt, die letzte in einer langen Reihe von hawaiianischen Heilerinnen, und von hunderten von Bewerbern nahm sie nur zwölf als Schüler an. Meine Schwester war unter diesen zwölf, und heute gehört sie zu der Handvoll Therapeuten in Amerika, die von echten hawaiianischen Kahunas in dieser einzigartigen Form der Massage ausgebildet wurden. Sie hat Magersüchtigen geholfen, Inzestopfern, Unfallgeschädigten, früheren Drogenabhängigen und jenen, die sie »Krieger des Alltags« nennt – Menschen, die auf ihre eigene stille Weise Leben retten. Cukys Klienten stehen Schlange, um einen Termin bei ihr zu bekommen. Ihr Bein und ihr Fuß sind vollständig geheilt, und sie hat das sichere Gefühl, auf dem richtigen Weg zu sein.

Das ist ein Beispiel dafür, wie die Öffnung des Kronenchakras einem Menschen den Mut verleihen kann, mit Konventionen zu brechen, Widerstände zu überwinden und dem Ruf des eigenen Herzens zu folgen – so unvernünftig, undurchführbar oder unerhört dies äußerlich auch erscheinen mag. Die Krone des siebten Chakras hilft uns, uns über die Banalitäten des Alltags zu erheben. Sie ist das Zentrum der Bewusstheit und sagt uns: »Gib dich nicht mit weniger als deiner höchsten Bestimmung zufrieden. Erinnere dich an deinen Geist, erinnere dich an deine Vision und verbinde dich mit dem Himmel. Mit seiner Hilfe wirst du alle Herausforderungen meistern.«

Haben Sie je ruhelos nach einem neuen Lebenssinn gesucht?

Sind Sie je dem Ruf gefolgt, Ihrem Leben eine neue Richtung zu geben?

Welche Hindernisse und Widerstände stehen zwischen Ihnen und Ihrer wahren Bestimmung?

Folgen Sie gegenwärtig Ihrer spirituellen Bestimmung?

Haben Sie dafür gebetet, dass Ihre spirituelle Bestimmung Ihnen enthüllt werden möge?

Sorgen Sie sich nicht, wenn der Ruf Ihrer Bestimmung Sie noch nicht erreicht hat. Für jeden von uns kommt irgendwann die Stunde, in der Gott uns unseren Auftrag erteilt. Dabei geht niemand leer aus.

Probieren Sie's mal!

Wasser energetisieren

Stellen Sie ein Glas Wasser auf die Fensterbank und lassen Sie es von den ersten Strahlen der Morgensonne energetisieren. Trinken Sie dieses Wasser morgens gleich nach dem Aufwachen und sagen Sie sich dabei, dass es die liebende Kraft des göttlichen Geistes repräsentiert, die unseren Körper erneuert. Stellen Sie sich während des Trinkens vor, wie dieses energetisierte Wasser allen Schutt und jede psychische Verschmutzung aus Ihnen herausspült, so dass Sie klar und voller Vitalität Ihren Tag beginnen können.

Probieren Sie's mal!

Gebet

Beten Sie vor dem Schlafengehen und morgens nach dem Aufwachen leise zu Ihrem Schöpfer. Bitten Sie das Universum, Ihnen Ihre wahre Bestimmung zu enthüllen. Falls Sie diese bereits kennen, bitten Sie darum, dass das Universum Ihnen die Energie, den Mut und den Glauben schenken möge, die Sie zur Erfüllung dieser Bestimmung brauchen.

Heilsame Turbulenzen

Ich glaube, dass der Wunsch nach neuen Lebenserfahrungen oft durch ein frisch erwachtes Kronenchakra ausgelöst wird und dass darin häufig auch die wahre Ursache der so genannten Midlife-Crisis liegt. Das mag daher kommen, dass wir im mittleren Lebensalter genug materielle Sicherheit erreicht haben, um die mit den unteren Chakras zusammenhängenden Ängste hinter uns zu lassen. Vielleicht wird uns in dieser Phase klar, dass wir nicht ewig leben und dass die Zukunft, von der wir immer schon geträumt haben, nur Wirklichkeit werden kann, wenn wir selbst sie uns erschaffen. Vielleicht mag unser Geist dann einfach nicht mehr länger warten.

Die Gründe dieser psychischen Ruhelosigkeit sind gar nicht so wichtig. Entscheidend ist vor allem, dass wir dem Ruf folgen. Wenn sie die Aktivierung ihres Kronenchakras erleben, machen viele Menschen den Fehler zu glauben, sie müssten nun noch einmal ganz von vorne anfangen. Sie lassen sich scheiden, geben ihren Beruf auf und versuchen, ihre Jugend wiederzufinden. Doch es geht gar nicht zwangsläufig darum, dass wir unser bisheriges Leben völlig aufgeben. Viel wichtiger ist es, das wir unsere unbefriedigende oder unaufrichtige Einstellung zu diesem Leben ändern.

Dazu gehört auch, dass wir unsere schal gewordenen Beziehungen neu überdenken und uns aufraffen, bislang latent vorhandene Talente wirklich zu entfalten. Wir müssen dem Drang zu persönlichem Wachstum folgen, den wir in jüngeren Jahren oft verdrängt haben, weil wir damit beschäftigt waren, uns materielle Sicherheit zu verschaffen. Vielleicht endet in dieser Phase manche Beziehung, besonders wenn die Verbindung zwischen zwei Menschen nicht wirklich authentisch ist, sondern lediglich um der Bequemlichkeit oder des materiellen Überlebens willen eingegangen wurde. Andere Beziehungen dagegen brauchen nur eine Auffrischung und Klärung. Manche Menschen geben ihren bisherigen Beruf auf, während andere ihn durch eine Nebentätigkeit ergänzen oder sich einem neuen Hobby widmen.

Auch wenn möglicherweise der Drang aufkommt, sich auf eine Liebesaffäre einzulassen, sollte diese Zeit doch weniger zum Ausleben romantischer Neigungen genutzt werden als zum Aufbau einer tieferen und sinnerfüllteren Beziehung zum eigenen Selbst. Oft weichen die Leute dieser Einladung, den Blick nach innen zu richten, aus und bemühen sich stattdessen, ihre innere Leere mit äußeren Zerstreuungen zu füllen. Damit entgeht ihnen die Chance zu größerer Selbsterkenntnis, die ihnen wahren inneren Frieden bringen könnte. Damit will ich nicht sagen, dass neue Beziehungen in jedem Fall ohne Wert wären und vermieden werden sollten. Im Gegenteil, oft ist es gerade eine überraschende neue Beziehung, von der das schlummernde Kronenchakra erweckt wird. Doch obgleich andere Menschen unser persönliches Wachstum durchaus fördern können, sollte unser hauptsächliches Augenmerk in dieser Lebensphase auf der Beziehung zu unserem Schöpfer liegen.

Ein offenes Kronenchakra zwingt uns, nach tiefer Selbsterkenntnis zu streben. Es erweckt in uns das Bewusstsein, dass es in der Welt nur Frieden und Sicherheit geben kann, wenn alle Menschen als spirituelle Wesen geachtet und wertgeschätzt werden. Wir versuchen nicht mehr, so viel wie möglich für uns selbst herauszuschlagen, sondern unseren Beitrag zum Wohl des Ganzen zu leisten. Wir alle sind mit unserem Schöpfer einen Vertrag eingegangen, dem Universum zu dienen. Jetzt, wenn das siebte Chakra sich öffnet, verspüren wir die Verpflichtung, diesen Vertrag zu erfüllen.

Zum Teil besteht unser Dienst darin, bedingungslose Liebe zu geben. Das ist unser kreativer Beitrag für das Wohl unseres Planeten, unser Geschenk an andere. Da wir dabei dem Wunsch unserer Seele folgen, liegt der Lohn für unsere Mühe im Dienen selbst. Wir wissen, dass wir unsere Bestimmung erfüllen, wenn wir völlig in unserem Tun aufgehen und tiefe Freude daraus schöpfen. Wenn Ihr Kronenchakra noch nicht zum Dienst an der Menschheit erwacht ist, brauchen Sie sich deshalb jedoch keine Sorgen zu machen. Dann wir Ihre Zeit noch kommen. Bei manchen Menschen beginnt dieser Dienst schon in jungen Jahren; andere ereilt der göttliche Ruf erst im Alter. Auf der Seelenebene haben Sie selbst längst das »Was« und das »Wann« Ihrer Seelenreise festgelegt. Eines Tages wird Ihr Kronenchakra von Ihrer ruhelosen Suche nach höheren Zielen aktiviert werden. Vertrauen Sie fest darauf. Denn allein aus diesem Grund hat Ihre Seele die Reise in dieses Leben angetreten.

Haben Sie schon die Midlife-Crisis oder andere Lebenskrisen erlebt?

____

____

Suchen Sie nach dem Sinn des Lebens? Auf welche Weise haben Sie bislang nach Antworten und Führung gesucht?

____

____

____

Haben Sie bereits eine Öffnung Ihres Kronenchakras erlebt? Was ist da geschehen? Wie haben Sie sich dadurch verändert?

Welchen Dienst erbringen Sie für den Planeten?

Was tun Sie für andere Menschen, oder was möchten Sie gern für sie tun?

Probieren Sie's mal!

Atmen

Sich im Kronenchakra zu zentrieren, gelingt Ihnen am schnellsten, wenn Sie sich auf Ihren Atem konzentrieren. Wenn Sie anstelle der flachen, engen Brustatmung gleichmäßig und tief in Ihren Körper atmen, laden Sie damit Ihren Geist ein, sich in Ihr Wachbewusstsein hinein auszudehnen, wodurch Ihre aufgewühlten Gefühle sofort zur Ruhe kommen. Wenn wir uns aufregen, neigen wir dazu, die Luft anzuhalten. Bewusstes langsames und tiefes Atmen lindert unsere Anspannung. Die innere Ruhe kehrt zurück, unser Bewusstsein weitet sich und wir kommen augenblicklich in Kontakt zur Höheren Macht.

Den Geist heilen

Das Kronenchakra dient dazu, uns mit dem göttlichen Geist zu verbinden. Getrennt von Gott zu leben, führt zu schweren Verletzungen unserer Psyche. Spirituelle Heilung geschieht, wenn wir wieder mit der universellen Lebenskraft und unserem göttlichen Lebensplan in Kontakt kommen. Wenn das Kronenchakra sich öffnet, ermöglicht uns diese Heilung, die volle Unterstützung des Universums zu empfangen.

Wenn das geschehen ist, vollzieht sich nicht nur unsere eigene Heilung, sondern schon unsere bloße Gegenwart wirkt dann auch auf andere heilend. Erst gestern konnte ich ein wunderbares Beispiel dafür beobachten, als ich am Flughafen wartete, um eine Freundin abzuholen. Der Flug hatte Verspätung und das Flughafengebäude war völlig überfüllt. Die Menschen wirkten gestresst, besorgt und unruhig. An ihren finsteren Mienen, ihrem rücksichtlosen Benehmen und ihren wütenden Kommentaren ließ sich deutlich ablesen, dass sie nicht in Kontakt mit dem göttlichen Geist standen – alle, bis auf einen zweijährigen Jungen, der mit seiner Mutter hier war. Er schien völlig unbeeindruckt von der allgemeinen Hektik zu sein und hatte offenbar seinen Spaß daran, die Menschen in der Halle zu beobachten. Dieses freundliche Kind, gewiss eine sehr alte Seele, spazierte von einem zum anderen – so weit, wie seine Mutter es ihm erlaubte – schaute den Leuten in die Augen und schnitt die albernsten Grimassen, bis sie schließlich anfingen zu lachen. Nacheinander suchte der kleine Junge sich seine »Kandidaten« aus, stellte sich dicht vor sie hin und begann mit seinen Clownereien. Dabei ließ er nicht locker, bis sein Bemühen mit einem Lachen quittiert wurde. Mit einem Lächeln gab er sich nicht zufrieden. Er wollte richtig schönes Gelächter. Nachdem ihm das bei ein paar Leuten gelungen war, zog er immer mehr Aufmerksamkeit auf sich, und schon bald erntete er lautstarken Applaus. Es war wirklich urkomisch. Dieser kleine Kerl hatte eindeutig die Absicht, die ganze schlecht gelaunte Menschenmenge aufzuheitern. Und das gelang ihm glänzend. Seine Energie war so mitreißend und unbefangen, dass sich durch ihn die ganze Atmosphäre in der Abfertigungshalle zum Positiven veränderte. Finstere Gesichter hellten sich auf, verkniffene Lippen entspannten sich. Ein kleiner Junge heilte an diesem Abend viele Menschen. Das zu beobachten weckte in mir Staunen und Ehrfurcht.

Der Begriff spirituelle Heilung mag sich ziemlich exotisch anhören, so als seien dazu nur Heilige oder andere besonders hoch entwickelte Menschen in der Lage. In Wahrheit können wir alle bei uns selbst und anderen ganz einfach und natürlich spirituelle Heilungen vollziehen. Dazu ist nichts weiter erforderlich, als dass wir uns gut erden, unsere Lebenskraft fließen lassen, unsere Macht für uns beanspruchen, unser Herz öffnen, die Wahrheit sagen, die Schönheit in allen Dingen sehen und den tiefen Wunsch hegen, diese Energie mit den Menschen ringsum zu teilen. Mit anderen Worten: Wir erfahren spirituelle Heilung, wenn alle sieben Energiezentren in uns in Balance sind.

Um in dieser Welt heilend zu wirken, braucht man keine besondere Ausbildung. Eines der anrührendsten und heilendsten Erlebnisse in meinem eigenen Leben ereignete sich ganz spontan und übt bis auf den heutigen Tag eine tiefe Wirkung auf mein Herz aus. Ich hatte in Athen einen Workshop abgehalten, mit den wohl aufgeschlossensten und wohlwollendsten Teilnehmern, mit denen ich je zu tun hatte. Als ich gerade die Schlussworte gesprochen hatte und mich von den Teilnehmern verabschiedete, kam eine sehr schöne junge Frau zu mir. »Ich möchte Ihnen aufrichtig für Ihre Herzenswärme danken«, sagte sie. »Ihre Worte haben mich tief inspiriert. Ich möchte Ihnen gern zum Dank etwas für Ihr Herz mitgeben, bin aber nicht in der Lage, Ihnen ein teures Geschenk zu machen. Wäre es Ihnen recht, wenn ich Ihnen als Zeichen meiner Dankbarkeit eine alte griechische Liebesballade vorsinge?«

Natürlich sagte ich, dass es mich sehr freuen würde. Ganz ergriffen von ihrer klaren und reinen Motivation lauschte ich dem seelenvollen Lied, das sie mit wunderschöner Stimme für mich sang. Es überlief mich heiß und kalt, und ich weinte vor Rührung. Augenblicklich heilte ihr Lied die scharfen Kanten und brüchigen Stellen in meinem Herzen. Es wirkte wie Salbe auf Wunden, von deren Existenz ich gar nichts geahnt hatte! Das Zusammenspiel ihrer Stimme, ihres offenen Herzens und ihrer reinen Absicht zu heilen übte eine tiefgreifende Wirkung auf mich aus. Bis zum heutigen Tag bin ich mir sicher, dass Gott mir damals einen Engel geschickt hat, der für mich sang.

Wer auch immer die Heilung vornimmt, sei es ein hawaiianischer Meister, ein griechischer Engel oder ein zweijähriger Junge, stets ist der Vorgang dem Wesen nach derselbe. Die heilende Kraft ist die Liebe, und sie wird dargeboten mit der höchsten, reinsten Absicht – gegründet auf die Wahrheit, dass wir jenseits aller Unterschiede im Herzen alle eins sind. Mit dieser Einsicht können auch Sie ein Heiler werden. Schon früher haben Sie Gott als Kanal für heilende Energie gedient. Das geschah jedes Mal, wenn Sie mit einem Lächeln reagierten, anstatt in Wut zu geraten. Es geschah, wenn Sie das, was Sie am meisten lieben, mit anderen teilten. Es geschah, wenn Sie jemandem ein freundliches Wort schenkten oder Ihre anderen Gaben großzügig mit anderen teilten, obwohl Ihnen das nicht leicht fiel. Sie haben geheilt, wenn Sie einem anderem Menschen neues Selbstvertrauen schenkten, an seinen Wert glaubten, auch wenn er selbst daran zweifelte, und in Ihrer Liebe und Fürsorge verlässlich zu ihm standen. Ich glaube, wir alle haben viel mehr Heilungsenergie in uns, als uns bewusst ist. Ich glaube, unser Kronenchakras ist viel offener, als wir denken. Würden wir mehr auf unsere eigene Größe vertrauen, könnte unser Kronenchakra noch viel heller erstrahlen.

Hatten Sie schon einmal ein Heilungserlebnis? Was geschah dabei?

Haben Sie schon einmal einem anderen Menschen heilende Gedanken und Energie gesendet?

Haben Sie einmal einen Menschen getroffen, der eine heilende Wirkung auf Sie hatte?

Hat Ihnen je ein Mensch gesagt, Sie hätten eine heilende Wirkung auf ihn?

Wenn ja, waren Sie sich dann dieser Wirkung bewusst? Geschah es mit Absicht oder spontan?

Spontanes Erwachen

Das Kronenchakra kann spontan erwachen. Das ist nicht einmal ungewöhnlich; es geschieht immer wieder, aber die Leute, denen es passiert, sprechen oft nur zögernd darüber. Manchmal öffnet sich das Kronenchakra während eines Nahtoderlebnisses. Dabei haben die Betroffenen den Eindruck, aus dem physischen Körper herausgehoben zu werden. Sie werden von einem plötzlichen und absoluten Glücksgefühl durchströmt, sehen ein strahlend weißes Licht und sind anschließend sicher, dass sie sich für kurze Zeit in einem himmlischen Bereich befunden haben.

Ich selbst hatte im vergangenen Frühling ein solches Nahtoderlebnis, als in Kansas City ein Wagen ein Stoppschild missachtete und mit voller Wucht gegen das Auto meiner Schwester prallte, in dem ich auf dem Beifahrersitz saß. Ich erinnere mich noch genau, dass ich im Moment des Aufpralls schlagartig meinen Körper verließ und dabei dachte: »Oh, so ist also der Tod. Es tut überhaupt nicht weh.« Ein weißes Licht hüllte mich ein, und ich empfand vollkommenen Frieden. Plötzlich hörte ich, wie jemand meinen Namen rief, und sofort befand ich mich wieder in meinem Körper. Der Airbag war vor meinem Gesicht explodiert, und unter der Motorhaube quoll schwarzer Rauch hervor. Meine Schwester befreite sich, rannte um den Wagen herum und riss meine Tür auf wie »Superwoman«. Ich beugte mich nach hinten und zog meine Nichte vom Rücksitz. Wir kletterten hinaus und legten uns auf den Boden, bis die Feuerwehr eintraf. Auf wundersame Weise waren wir alle unverletzt geblieben, auch der Fahrer des anderen Wagens. Es war ein überwältigendes Erlebnis, denn für Sekundenbruchteile bekam ich einen Eindruck davon, was Sterben heißt. Es war wirklich der Himmel, genau wie manche Leute sagen. Was für eine Lektion!

Bei fast allen Nahtoderfahrungen berichten die Betroffenen übereinstimmend, dass sie nur wenig Lust verspürten, in den Körper zurückzukehren. Wenn unsere Seelenmission noch nicht erfüllt ist, müssen wir jedoch zurückkehren. Anscheinend war das auch bei mir der Fall. Damals glaubte ich, mein Erlebnis sei ganz außergewöhnlich, aber inzwischen habe ich festgestellt, dass tausende vergleichbare Erfahrungen gemacht haben. Der jüngsten diesbezüglichen Statistik zufolge haben weltweit 300 000 Menschen bereits solche Nahtoderfahrungen gemacht. Es handelt sich dabei zweifellos um Erfahrungen im Bereich des Kronenchakras. Sie treten nicht nur an der Schwelle des Todes auf, aber wenn es an dieser Schwelle geschieht, wird uns bewusst, dass unsere Existenz weit größere Dimensionen besitzt, als es normalerweise den Anschein hat.

Hatten Sie schon einmal ein Nahtoderlebnis? Oder kennen Sie jemanden, der eine solche Erfahrung gemacht hat?

Was genau haben Sie selbst oder diese andere Person erlebt?

Haben Sie schon einmal den Tod eines Menschen miterlebt?

Was für eine Erfahrung war das?

Was haben Sie daraus gelernt?

Gebet und Meditation

Am wirkungsvollsten lässt sich das Kronenchakra durch eine tägliche Gebets- und Meditationspraxis erwecken. Beten heißt, dass Sie das Universum oder Gott um Hilfe und Führung bitten. Es gibt dafür kein allgemeingültiges Rezept. Unser persönliche Kommunikation mit unserem Schöpfer ist so einzigartig wie unsere Fingerabdrücke oder der Klang unserer Stimme. Jedes Gebet steigt auf wie ein Lied, das zum Himmel geschickt wird. Gott hört sie alle. Am wirkungsvollsten sind Gebete, wenn sie mit größter Aufrichtigkeit gesprochen werden, mit der ehrlichen Absicht, unser Leben ganz in die Hände einer Macht zu legen, die größer ist als wir selbst.

Mir geht es im Gebet darum, in ständigem Dialog mit Gott zu stehen. Ich betrachte Gott als eine liebevolle Kraft. Gott, wie ich mir Ihn vorstelle, ist für alle Menschen zugänglich, eine Quelle der Heilung und Güte. Manche Menschen wollen nicht beten, weil sie gelernt haben, sich Gott als zornige und strafende Macht vorzustellen – als einen Gott, der Schuldgefühle erzeugt, nie vergibt und sie für die Sünde des Menschseins mit ewiger Verdammnis straft. Leider haben solche fanatischen Ideen bewirkt, dass viele von uns sich von der wichtigsten liebevollen Beziehung abgeschnitten haben, die es in unserem Leben gibt. Doch fast immer gelangen sie, wie sehr sie sich auch von Gott entfremdet haben mögen, irgendwann in ihrem Leben an einen Punkt, an dem sie eingeladen werden, wieder in Kontakt mit dem göttlichen Geist zu treten. Viele Menschen gestehen bereitwillig ein, dass sie ohne diese spirituelle Verbindung zu Gott der Hoffnungslosigkeit und Verzweiflung anheim gefallen wären.

Eine ebenso wertvolle Hilfe bei der Öffnung des siebten Chakras ist die Meditation. Meditation wirkt besänftigend auf das unaufhörliche mentale Geplapper in uns und hebt unser Bewusstsein so weit an, dass wir uns unserer Quelle bewusst werden. Bei der Meditation muss, wie auch beim Gebet, jeder Mensch seinen eigenen Stil finden. Wenn es Ihnen schwer fällt zu meditieren, sollten Sie ein paar Methoden ausprobieren, um herauszufinden, welche bei Ihnen am besten funktioniert.

Die verbreitetste Meditationsmethode besteht darin, sich auf den Atem zu konzentrieren. Man atmet sanft ein und zählt dabei bis vier, dann atmet man ebenso sanft aus, wobei man ebenfalls bis vier zählt. Diese Meditationsform praktiziert man für zehn bis fünfzehn Minuten. Am besten steigert man die Dauer nur ganz allmählich, ohne sich zu etwas zu zwingen. Vermeiden Sie es während der Meditation nach Möglichkeit, Ihre Aufmerksamkeit in die Zukunft oder die Vergangenheit wandern zu lassen. Falls es doch geschieht, lenken Sie sie sanft wieder zum Atem zurück.

Wenn Ihnen diese Methode Schwierigkeiten bereitet, können Sie für den gleichen Zeitraum auch ein Mantra laut oder in Gedanken vor sich hin sagen, etwa »Ich bin friedvoll« oder »Ich bin ruhig«. Wenn es Ihnen schwer fällt, den Körper zur Ruhe kommen zu lassen, und Sie sich sehr rastlos fühlen, können Sie es mit einer Meditation im Gehen versuchen, bei der Sie sich für zehn bis zwanzig Minuten völlig auf den Vorgang des Gehens und auf nichts anderes konzentrieren.

Wie das Gebet wird auch die Meditation oft zu Unrecht mit einem Schleier des Geheimnisvollen umgeben. Man braucht zum Meditieren keine besondere Begabung, und es soll auch nicht wie eine Droge wirken, die Ihnen das Bewusstsein raubt. Meditation, so wie ich sie kennen gelernt habe, wirkt wie ein Glas erfrischendes, kühles Wasser, wenn Sie durstig sind. Sie lindert den Durst der Seele und ist zugleich Nahrung für den Geist. Meditation hilft uns, Stress besser zu bewältigen, das Denken zu klären, die Emotionen zu beruhigen und den Körper zu entspannen. Sie nimmt nicht viel Zeit in Anspruch, kann überall durchgeführt werden und kostet nichts. Um in den Genuss ihrer Vorzüge zu kommen, ist es lediglich erforderlich, dass Sie sie regelmäßig ausüben. Wie beim Ausdauersport müssen Sie am Ball bleiben. Je öfter Sie es tun, desto größer sind die positiven Auswirkungen.

Der wichtigste Aspekt von Gebet und Meditation ist aber, dass beide uns helfen, in Kontakt mit dem göttlichen Geist zu treten. Hinterher fühlen Sie sich dann erfrischt, erholt und von neuer Energie erfüllt. Es geht nicht darum, ein spiritueller Mensch zu werden. Vielmehr werden Sie spüren, wie wunderbar spirituell Sie jetzt schon sind.

Beten Sie?

____

____

Auf welche Weise?

____

____

____

Wofür sind Sie besonders dankbar?

Meditieren Sie?

Um welche Tageszeit meditieren Sie am liebsten?

Was finden Sie an der Meditation besonders schwierig?

Probieren Sie's mal!

Schaffen Sie sich einen Ort zum Beten

Beten ist eine sehr machtvolle Handlung. Wenn wir uns dafür einen besonderen Ort schaffen, verstärkt das die Wirkung zusätzlich. Ich habe mehrere besondere Plätze, an die ich mich zum Gebet zurückziehe. Einer davon ist die katholische Kirche in unserer Nachbarschaft. Ich liebe es, dort drinnen zu sitzen, wenn die Kirche leer und still ist. Außerdem zünde ich gern Votivkerzen an, um damit Menschen, die ich liebe, gezielt Licht zu senden. Ihr persönlicher Gebetsort kann aber auch draußen im Freien liegen; es kann eine ruhige Ecke Ihres Hauses sein, sogar eine öffentliche Bibliothek oder ein Museum. Es kommt nicht so sehr darauf an, wo die Orte liegen, an denen Sie beten, sondern darauf, dass Sie sie regelmäßig zu diesem Zweck aufsuchen. Dann laden sich diese Orte mit einer eigenen energetischen Schwingung auf, und sobald Sie sie betreten, werden Sie offen für die Energie Ihres siebten Chakras.

Weltflucht

Es kommt zwar selten vor, ich möchte aber doch erwähnen, dass manche Menschen versuchen, ihr siebtes Chakra zu erwecken, um ihrer irdischen Erfahrung zu entkommen. Solche Leute meditieren stundenlang, um aus dem normalen Alltag zu fliehen. Mitunter entwickeln sie auch elitäre Vorstellungen in Bezug auf ihre Praktiken und fühlen sich anderen Menschen spirituell überlegen. Andere halten sich in spiritueller Hinsicht für etwas Besonderes, weil sie schon unzählige spirituelle Bücher gelesen haben. Diese spirituelle Maßlosigkeit kann regelrecht zur Sucht werden. Und sie hat die gleiche isolierende Wirkung wie andere Süchte. Wie gut Ihre Verbindung zum göttlichen Geist ist, hängt nicht davon ab, wie viele Stunden Sie meditieren, an wie vielen Seminaren Sie teilnehmen oder wie viele Denker und Schriftsteller des New Age Sie zitieren können. Spiritueller Snobismus ist auch nur ein weiterer Weg, auf dem das Ego versucht, unser Leben zu beherrschen, und uns davon abhält, uns der göttlichen Führung anzuvertrauen.

Liebevolles und freundliches Verhalten ist das beste Mittel, in Kontakt mit dem Göttlichen zu kommen und elitäres spirituelles Denken zu vermeiden. Das heißt, Sie müssen bei sich selbst beginnen. Wenn Ihre Haltung sich von dem Standpunkt »Ich gegen den Rest der Welt« hin zu »Ich als Teil der Welt, und zwar ein wichtiger Teil« verlagert, sind Sie auf dem richtigen Weg zu einem erleuchteten Leben.

Spüren Sie den Drang, sich »auszuklinken«?

Neigen Sie zu spirituellem Snobismus? Verhalten Sie sich so, als seien Sie spiritueller als die Menschen in Ihrer Umgebung?

Gnade

Am besten werden Sie sich der Gegenwart Gottes bewusst, wenn Sie jeden Tag so leben, als sei er der heiligste Tag Ihres Lebens. Seien Sie dankbar für das Leben an sich. Machen Sie alles, was Sie tun, zu einer liebevollen Handlung für Ihren Schöpfer, so wie Jesus Christus gesagt hat: »Was ihr getan habt einem unter meinen geringsten Brüdern, das habt ihr mir getan.« Wenn Sie gemäß dieser Wahrheit leben, erwecken Sie damit Ihr weisestes, heilendstes und machtvollstes Selbst. Dann wird Ihr Leben in Harmonie mit dem großen Ganzen dahinfließen.

In solch liebevoller Bewusstheit zu leben räumt alle Hindernisse im Leben aus dem Weg und befreit Ihren Geist, so dass er sich in ungeahnte Höhen aufschwingen kann. Doch selbst für die hingebungsvollsten unter den spirituell Suchenden stellt das eine große Herausforderung dar. Nehmen Sie sich also nicht zu viel auf einmal vor. Vertiefen Sie Ihre spirituelle Praxis schrittweise. Am Anfang genügt es bereits, zehn Minuten täglich diese geistige Haltung einzunehmen. Steigern Sie die Dauer dann allmählich. Streben Sie danach, einen ganzen Tag in liebevoller Bewusstheit zu leben, dann zwei, dann mehrere Tage. Bemühen Sie sich immer wieder darum, bis es Ihnen zur festen Gewohnheit geworden ist, zu einer Lebensweise. Das wird Ihr siebtes Chakra öffnen und Ihr Leben mit Gnade erfüllen. Der Alltag wird harmonisch dahinfließen, und Sie werden in all Ihren Angelegenheiten die Hand Gottes spüren. Ihr Leben wird dadurch erheblich leichter werden. Sie müssen sich nicht länger Gedanken über jede Kleinigkeit machen, sondern können alles aus einer größeren Perspektive betrachten und mehr Freude erleben. Das Leben gewinnt für Sie jene Schönheit, die Propheten und Mystiker schon immer darin gesehen haben. Mit dem Erwachen des siebten Chakras erwacht auch Ihr angeborenes und untrügliches Wissen, dass alles gut ist. Sie werden sich dann vollständig erinnern, dass Sie ein göttliches Kind des Universums sind und dass Sie hier auf Erden eigentlich schöpferische Freude und Liebe erfahren sollen. Damit bringen Sie Ihr Lebensschiff endgültig auf den richtigen Kurs.

Was hat Ihnen in Ihrem bisherigen Leben die größte Freude bereitet?

Welchen positiven Beitrag möchten Sie gern für die Welt leisten?

Probieren Sie's mal!

Eine tägliche spirituelle Praxis

Die Öffnung Ihres Kronenchakras können Sie besonders gut durch eine tägliche spirituelle Praxis fördern. Sie kann darin bestehen, dass Sie am Morgen beten oder meditieren, dass Sie den Zehnten für wohltätige Zwecke geben oder sich auf ehrenamtlicher Basis in Ihrer Gemeinde regelmäßig sozial engagieren. Sie selbst wissen am besten, wie weit Sie gegenwärtig in der Lage sind, Ihr Leben spirituell auszurichten. Fangen Sie einfach dort an, und steigern Sie sich dann allmählich.

Das Kronenchakra harmonisieren

Wenn Ihr Kronenchakra ziemlich offen ist:

- Suchen Sie nach dem Heiligen.
- Hören Sie Mozart und gregorianische Gesänge.
- Meditieren Sie morgens vor dem Aufstehen.
- Sprechen Sie abends vor dem Zubettgehen ein Dankgebet.
- Segnen Sie vor jeder Mahlzeit Ihr Essen.
- Recyceln Sie Ihren Abfall, und vermeiden Sie jede unnötige Umweltverschmutzung.
- Tragen Sie einen spirituellen Talisman.
- Lernen Sie alte spirituelle Gesänge.
- Schreiben Sie eine Geschichte über Ihr bisheriges Leben.
- Gehen Sie, je nach Religionszugehörigkeit, regelmäßig in die Kirche, Moschee oder den Tempel. Oder besuchen Sie einen Ashram.
- Seien Sie nett zu Ihrer Familie, auch wenn Sie einen schlechten Tag hatten.
- Nehmen Sie an einem spirituellen Fest teil wie Ostern, Passah, Ramadan, dem Chinesischen Neujahrsfest oder einer Sonnenwendfeier.

Wenn Ihr Kronenchakra zum Teil geöffnet ist:

- Segnen Sie sich bewusst selbst: Atmen Sie morgens, noch bevor Sie die Augen öffnen, tief durch und danken Sie Gott dafür, dass er Ihnen einen weiteren Tag schenkt, an dem Sie sich an diesem schönen Planeten erfreuen dürfen.
- Läuten Sie eine Glocke, um sich daran zu erinnern, an den göttlichen Geist zu denken.
- Spenden Sie Lebensmittel für Arme.
- Senden Sie jemandem, den Sie lieben, heilende Gedanken.
- Schauen Sie sich den Film *Little Buddha* von Bernardo Bertolucci an.
- Fasten Sie.
- Besuchen Sie alte oder kranke Menschen.

- Sprechen Sie mit Gott.
- Zünden Sie zur Unterstützung Ihrer Gebete eine Kerze an.
- Kaufen Sie sich eine Orchidee im Topf mit violetten Blüten, die Sie immer wieder an die Schönheit Ihres Geistes erinnert.
- Meditieren Sie regelmäßig.

Wenn Ihr Kronenchakra geschlossen ist:

- Begeben Sie sich auf eine spirituelle Pilgerreise an einen heiligen Ort.
- Schreiben Sie sich eigene Gebete auf.
- Schreiben Sie an Ihr Höheres Selbst, bitten Sie darum, dass Ihnen der richtige Lebensweg gezeigt werden möge. Schreiben Sie dann mit Ihrer nicht-dominanten Hand (bei Rechtshändern die linke) die Antwort Ihres Geistes auf.
- Engagieren Sie sich ehrenamtlich für Brot für die Welt, Amnesty International oder andere international tätige humanitäre Organisationen.
- Engagieren Sie sich aktiv im Umweltschutz.
- Lesen Sie die heiligen Schriften einer religiösen Tradition.
- Gönnen Sie sich wöchentlich einen Tag, an dem Sie sich ausruhen.
- Schließen Sie sich einer spirituellen Gemeinschaft an.
- Machen Sie es zu einer spirituellen Übung, freundlich zu sich selbst und anderen zu sein.
- Begeben Sie sich für einige Tage in Klausur in einem Kloster oder einem Retreat-Zentrum.
- Unterstützen Sie mit regelmäßigen finanziellen Zuwendungen ein Kind in einem Land der Dritten Welt.
- Kümmern Sie sich um ein sozial benachteiligtes Kind in Ihrer Gemeinde.
- Übernehmen Sie für einen sozial benachteiligten Jugendlichen die Rolle des »großen Bruders« oder der »großen Schwester«.
- Folgen Sie einer spirituellen Praxis, die Ihre Überzeugungen unterstützt, wie den Rosenkranz beten, im Koran lesen oder den Sabbat einhalten.
- Holen Sie ein Tier aus dem Tierheim zu sich und kümmern Sie sich um es, besonders wenn Sie jemand sind, der Probleme hat, mit Menschen gut auszukommen.

- Stellen Sie sich als ehrenamtlicher Trainer eines Sport-Teams mit schwierigen Jugendlichen zur Verfügung.
- Arbeiten Sie ehrenamtlich bei Essen auf Rädern mit und bringen Sie Kranken und ans Haus gefesselten Menschen ihr tägliches Essen.
- Bauen Sie gemeinsam mit Freunden einen Gebetskreis auf.
- Vergeben Sie allen Menschen – einschließlich sich selbst!

Probieren Sie's mal!

»In Schönheit gehen«

Bei den Navajo-Indianern gibt es eine wunderbare Tradition, auf die ich zurückgreife, um Verbindung mit dem Göttlichen Geist aufzunehmen. Sie besteht darin, in »Schönheit zu gehen«. Dazu rufen Sie das Universum an, bitten Gott, mit Ihnen zu gehen, und segnen dankbar jeden Schritt Ihrer Reise.

Dabei sprechen Sie folgendes Gebet:

Möge die Schönheit des Göttlichen Geistes über mir sein.

Möge die Schönheit des Göttlichen Geistes unter mir sein.

Möge die Schönheit des Göttlichen Geistes hinter mir sein.

Möge die Schönheit des Göttlichen Geistes vor mir sein.

Möge die Schönheit des Göttlichen Geistes mich umgeben.

Möge die Schönheit des Göttlichen Geistes in mir sein.

Wenn Sie Ihre sieben Energiezentren, Ihre Chakras, in Einklang bringen, werden Sie in einen wunderbaren Zustand wahrer Harmonie und des völligen inneren Gleichgewichts gelangen – und genau das hat unser Schöpfer für uns alle gewollt. In diesem geerdeten, vitalen, souveränen, liebenden, ausdrucksstarken, visionären und spirituell erwachten Seinszustand werden Ihnen Inspirationen in großer Zahl zufließen. Diese Eingebungen werden nicht nur Ihrer eigenen Harmonie dienen, sondern Ihnen auch Wege aufzeigen, wie Sie mithelfen können, das Gleichgewicht unseres Planeten wiederherzustellen.

Schreiben Sie nun alle Ihre persönlichen Inspirationen und Ideen auf.

Ihr Leben in innerer Balance

Wie Sie sehen, macht ein gut ausbalanciertes Gleichgewicht uns also möglich, jederzeit geerdet, vital, souverän, liebevoll, ausdrucksstark, klarsichtig und unser spirituellen Führung bewusst zu leben. Damit werden wir zu einer Quelle der Freude für uns selbst und für unsere Mitmenschen. So zu leben ist unser göttliches Recht. Machen Sie sich aber keine Sorgen, wenn Sie das Gefühl haben, gegenwärtig noch sehr weit von diesem Zustand entfernt zu sein. Das geht den meisten von uns so. Dieses Buch soll Ihnen ein Führer sein, der Sie dieser glückseligen Wirklichkeit ein Stückchen näher bringt. Machen Sie sich aber bewusst, dass es vor allem darum geht, Fortschritte zu erzielen, und nicht darum, Meisterschaft zu erlangen. Ein vollkommen ausbalanciertes, harmonisches Leben zu führen ist eine ungeheure Leistung. Der einzige mir bekannte lebende Mensch, der dieses Ziel wenigstens ansatzweise erreicht hat, ist Seine Heiligkeit, der Dalai Lama – und ich bin sicher, selbst er hat seine schwachen Momente!

Für uns alle bleibt der Balanceakt des Lebens eine nie endende Herausforderung. An manchen Tagen gelingen uns grandiose Höhenflüge; an anderen Tagen wieder landen wir recht unsanft auf dem Hosenboden. Am besten können wir zu einem inneren Gleichgewicht gelangen, wenn wir Tag für Tag an uns arbeiten – geduldig, realistisch und mit Gelassenheit. Es geht dabei nicht um eine weitere Prüfung, die Sie zu bestehen haben. Wenn Sie die Aufgabe auf diese Weise angehen, kann das sehr frustrierend werden. Stellen Sie sich stattdessen den Anforderungen des Augenblicks und meistern Sie sie eine nach der anderen. Ob Sie auf dem richtigen Weg sind, können Sie daran erkennen, dass Sie sich energievoller, lebendiger und authentischer fühlen. Betrachten Sie das Streben nach innerem Gleichgewicht als eine Art spirituellen Sport, und nehmen Sie Ihr eigenes tiefes Gefühl für Ihr Wohlbefinden als einzigen Maßstab für Erfolg. An manchen Tage wird Ihre innere Balance größer sein als an anderen. Manche Energiezentren werden besser ausbalanciert sein als andere. Und das alles kann und wird sich wieder und wieder verändern. Denn das ist die Natur des Lebens, des Wachstums und der Selbstentdeckung.

Aber wie sehr Sie mitunter auch aus dem Gleichgewicht geraten mögen, eines sollten Sie sich immer wieder bewusst machen: Sie sind auf Ihrer Reise zurück in die Mitte niemals allein. Sie sind ein göttliches Kind des Universums, und Gott ist immer bereit, Ihnen zu helfen. Vergessen Sie nie, dass Sie Gott jederzeit um Hilfe bitten können. Das allein genügt, und schon kommen Ihre Engel herab und bringen Sie ganz sanft wieder auf den richtigen Kurs.

Genießen Sie den Prozess, immer mehr Harmonie in Ihr Leben zu bringen. Ganz gleich, ob Sie sich gerade in sicheren, vertrauten Bahnen bewegen oder sich kühn in unbekanntes Terrain vorwagen: Sie sind aus Licht gemacht, sind unendlich liebenswert und geliebt. Genießen Sie Ihre Reise zurück in die Mitte, und machen Sie immer einen Schritt nach dem anderen. Irgendwann werden Sie zu psychischer Ausgewogenheit finden. Dann werden Sie Ihre eigene Größe erkennen und sich daran erinnern, wer Sie in Wirklichkeit sind – ein wahrhaft harmonisches Lichtwesen!

Ich wünsche Ihnen auf Ihrem Weg alle Segnungen der Welt.

Vom Schwebebalken des Lebens
grüßt Sie in Liebe

Sonia

Anhang

Schulen, Institutionen und Ausbildungszentren

Omega Institute for Holistic Learning
Am Omega Institute können Sie Körper, Geist und Seele nähren durch Wellness-Urlaub, spirituelle Retreats und 250 Lernprogramme für persönliche und berufliche Weiterentwicklung. Das Institut liegt in einer wunderschönen Landschaft am Ufer eines Sees im Hudson Valley. Dort werden auch Kurse zur Harmonisierung aller sieben Energiezentren angeboten.
260 Lake Drive
Rhinebeck, NY 12572, U. S. A.
Tel.: (914) 266-4444
Website: www. omega-inst. org

New York Open Center
Holistic Learning and Culture
Das Open Center veranstaltet Seminare zur Harmonisierung aller sieben Energiezentren.
83 Spring Street
New York, NY 10012, U. S. A.
Tel.: (212) 219-2527
E-Mail: box@opencenter. org
Website: www. opencenter. org

Esalen Institute
Dieses alternative Ausbildungszentrum widmet sich der Erforschung des noch unverwirklichten menschlichen Potenzials. Diese Stätte des Wachstums und der Erholung liegt auf einem elf Hektar großen Gelände an der landschaftlich sehr reizvollen Küste von Big Sur in Kalifornien. Hier werden Wochenendseminare, fünftägige Seminare, berufliche Fortbildungen und längerfristige Ausbildungsgänge angeboten. Das Programm umfasst auch Kurse zur Harmonisierung aller sieben Chakras.
Highway One
Big Sur, CA 93920, U. S. A.
Tel.: (831) 667-3000
Website: www. esalen. org

Hendricks Institute
Dieses internationale Schulungszentrum befasst sich mit der transformativen Kraft bewusster Beziehungen und körperorientierter Techniken wie Atemarbeit und Bewegungstherapie. Deepak Chopra sagt über das Institut: »Die innere Intelligenz des Körpers ist das größte und überragendste Genie. Gay und Kathlyn Hendricks zeigen uns, wie wir Kontakt mit dieser inneren Intelligenz aufnehmen und die Geheimnisse von Heilung, Liebe, Intuition und Erkenntnis entdecken können.« Gay und Kathlyn Hendricks sind die international bekannten Autoren von *Liebe macht stark* und über zwanzig weiteren Büchern über Psychologie und Transformation. Ihr Institut veranstaltet erstklassige Seminare zur Harmonisierung von Fundament (erstes Chakra), Vitalität (zweites Chakra), Souveränität (drittes Chakra), Herz (viertes Chakra) und Selbstausdruck (fünftes Chakra).
Gay Hendricks, Ph. D.,
and Kathlyn Hendricks, Ph. D.
ADTR
1187 Coast Village Road, Suite I-416
Montecito, CA 93108, U. S. A.
Tel.: (805) 565-1870
Fax: (805) 962-0563
Website: www. hendricks. com

Transitions Learning Center (TLC)
In der wohltuenden Atmosphäre des TLC besteht die Möglichkeit, alternative Medizin, Spiritualität, Kreativität und Geist-Körper-Bewusstheit zu entdecken und in das eigene Leben zu integrieren. Als Ableger des Transitions Bookstore bietet das Zentrum Seminare mit Buchautoren an, unter anderem eintägige Intensiv-Workshops mit bekannten Autoren.
1000 W. North Avenue
Chicago, IL 60622, U. S. A.
Tel.: (312) 932-9076
Website:
www. transitionsbookplace. com

Hazelden Center
Diese gemeinnützige Organisation hilft Menschen, sich von Alkoholismus und Drogensucht zu befreien. Sie bietet stationäre und ambulante Betreuung an sowie Programme für die Familienangehörigen von Suchtkranken, außerdem therapeutische Berufsausbildungen. Das Zentrum ist auf die Harmonisierung des zweiten Chakras spezialisiert, also besonders für Menschen geeignet, die unter Suchtproblemen leiden.
P.O. Box 11
Center City, MN 55012, U. S. A.
Tel.: (800) 257-7810

IANDS
International Association for Near Death Studies
IANDS befasst sich mit der Harmonisierung des Herzens (viertes Chakra) und des Kronenchakras.
Nationalbüro
Tel.: (USA) (860) 528-5144

Institute of Transpersonal Psychology
Spiritual Emergence Network
Christina Grof, Stanislav Grof, M. D.
Das Holotrope Atmen nach Grof ist eine psychotherapeutische Technik, die sich hervorragend dazu eignet, das Kronenchakra zu erwecken und zu harmonisieren. Die Grofs sind die weltweit führenden Experten auf dem Gebiet spiritueller Krisen. Sie verfügen über langjährige Erfahrung mit transformativen Bewusstseinszuständen und in der Erforschung spiritueller Krisen. Sie können all jenen wertvolle Einsichten vermitteln, deren persönliche Transformation zeitweilig verwirrend und chaotisch verläuft.
5905 Soquel Drive, Suite 650
Soquel, CA 95073, U. S. A.
Tel.: (408) 464-8261
In Deutschland:
Forum-Holotropes-Atmen
Lichtenberger Str. 6,
64407 Fränkisch-Crumbach (Odenwald)
Website:
www. forum-holotropes-atmen. de

Seminare und Schulungsprogramme

Nachfolgend sind einige meiner bevorzugten Seminare zur Energie-Harmonisierung aufgeführt (darunter auch meine eigenen). Diese Seminare verhelfen uns zu einem besseren Verständnis unserer energetischen Anatomie und zeigen uns, wie wir uns besser um unseren Geist und unsere Seele kümmern können. Jedes von ihnen bewirkt auf seine Weise eine lebensverändernde und zutiefst heilende Entwicklung.

The Hoffman Institute
Liza Ingraci, Managing Director
Dieses Institut bietet unter der Bezeichnung Hoffman Quadrinity Process ein einwöchiges Intensivseminar an, das darauf abzielt, Verhaltensweisen herauszufiltern und zu überwinden, mit denen wir uns selbst schaden. Das Seminar hilft Ihnen, sich von der Vergangenheit zu lösen, und ermöglicht es Ihnen, Verbindung mit Ihrem Geist aufzunehmen. Es eignet sich hervorragend zur Harmonisierung des ersten, dritten, vierten, fünften und sechsten Chakras. Das Seminar wird an vier Orten in den USA und in zwölf anderen Ländern angeboten, unter anderem auch in Deutschland.
Tel.: (USA) (800) 506-5253
Website: www. hoffmaninstitute. org
Kurse in Deutschland:
www. quadrinity. de

ManKind Project
Dieses internationale Männer-Netzwerk hilft Männern und Frauen dabei, ein Leben zu führen, das sich durch Integrität, Verantwortungsbewusstsein und guten Kontakt zu den eigenen Gefühlen auszeichnet. Ziel ist es, die Lebensqualität für Familien und Gemeinschaften zu erhöhen. Das »New Warrior Trai-

ning«, ein intensives Wochenendseminar und ein achtwöchiges Integrationstraining, fordert Männer dazu heraus, alle Aspekte ihres Lebens zu überprüfen und neue Wege zu gehen. »Women Within«, ein Bestandteil des ManKind Project, bietet ein dem »New Warrior Training« vergleichbares Programm für Frauen an. Beide Programme eigen sich phantastisch dazu, das erste, dritte, vierte und fünfte Chakra zu harmonisieren, und zwar auf eine sichere, vernünftige, unterstützende und kontinuierliche Weise.
Tel.: (USA) (847) 332-2188
Kontakt in Deutschland:
ManKind Project Deutschland e. V.
Bruce Cason
Tel.: (06173) 318958
E-Mail: BruceC@NGI. de
Website: www. lebenshilfen. de/org/mkp

Psychic Pathway Workshop
Ein drei- bis fünftägiger Workshop, der auf meinem Buch *The Psychic Pathway* basiert. Dieser Workshop macht Sie mit Ihrer natürlichen intuitiven Stimme bekannt, während zugleich die Blockaden beseitigt werden, die Sie daran hindern, die Botschaften Ihrer Seele zu hören. Sie werden Erfahrungen in Hellsichtigkeit, Telepathie und Psychometrie sammeln und Ihre Engel und Führer kennen lernen – und zu guter Letzt auch Ihren eigenen göttlichen Geist. Ein aufregendes, inspirierendes und heilendes Erlebnis! Erheben Sie Anspruch auf das, was bislang in Ihrem Leben fehlte, und befreien Sie Ihren Geist. Der Workshop harmonisiert das zweite, vierte, fünfte und sechste Chakra.
Inner Wisdom, Inc.
P.O. Box 408996
Chicago, IL 60640, U. S. A.
Tel.: (773) 989-1151
E-Mail: inrwisdom@aol. com
Website: www. inner-wisdom. com

Translucent You! Workshop
Dieses fröhliche »Fünf-Tages-Camp« für die Seele mit meiner Schwester Cuky Choquette Harvey und mir ist eine Verjüngungskur für Seele, Körper und Geist. Es findet in der wunderschönen Natur der Hawaii-Insel Kauai statt. Ich werde Ihnen in täglichen Seminaren zeigen, wie Sie Ihre Energien harmonisieren können, während Cuky Sie durch körperliche Erneuerungsrituale und -therapien führt. Gemeinsam mit Heilern, die Craniosakral-, Bewegungs-, Klang- und Tanztherapie anbieten, werden wir eine tiefgreifende Schwingungsänderung erleben – von der gewöhnlichen Bewusstseinsebene in einen erhöhten Bewusstseinsstand, in dem Sie wahrhaft energetisch zu leuchten beginnen! Alle sieben Chakras werden auf freudige und sinnliche Weise harmonisiert! Weitere Informationen und Anmeldung bei Cuky.
13240 Barkley Street
Overland Park, KS 66209, U. S. A.
Tel.: (913) 681-5602
Fax: (913) 851-8336

Avatar Training
Steven Hartman
Diplomierter Avatar-Meister

Avatar ist ein lebensverändernder Neun-Tage-Kurs über die Wirkungsweise von Glaubenssätzen, Kreativität und die Entdeckung der persönlichen Macht. Steven ist ein meisterhafter Lehrer, der seine eigene Gabe der Intuition und des Heilens in diesen ohnehin schon hochwirksamen Prozess einbringt. Wenn Sie im Getriebe des Lebens feststecken und nicht mehr weiterwissen, wird dieses Seminar Sie wieder auf den richtigen Kurs bringen – hin zu einem Leben, wie Sie es verdienen und herbeisehnen. Besonders wirkungsvoll ist der Kurs für das erste, dritte, fünfte und sechste Chakra.

Tel.: (USA) (773) 528-0543
Adressen von Avatar-Lehrern in Deutschland auf der Avatar-Website:
www.starsedge.com

Your Heart's Desire Workshop

Dieser effektive und höchst vergnügliche Zwei-Tage-Workshop basiert auf meinem Buch *Your Heart's Desire*. Er dient dazu, die neun in diesem Buch vorgestellten Prinzipien zu verwirklichen. Arbeiten Sie gemeinsam mit den anderen Teilnehmern in einer sicheren, stabilen und wohltuenden Umgebung an jedem der Prinzipien und tun Sie einen großen Schritt hin zu dem schöpferischen Leben, das Sie sich wirklich wünschen! Dieser Workshop wird Ihr Herz erobern und Ihr volles kreatives Potenzial freisetzen. Er wirkt wunderbar harmonisierend auf das zweite, dritte, vierte und fünfte Chakra.

Inner Wisdom, Inc.
P.O. Box 408996
Chicago, IL 60640, U. S. A.
Tel.: (773) 989-1151
E-Mail: inrwisdom@aol.com
Website: www.inner-wisdom.com

True Balance Workshop
(Workshop zu dem Buch *Chakra Balancing*)

Wenn Sie Ihr energetisches Gleichgewicht gefunden haben, kann das Leben ein energiesprühendes und aufregendes Abenteuer sein. Begeben Sie sich mit mir und meinem Heiler-Team auf eine Entdeckungsreise zur Großartigkeit Ihrer eigenen wahren Natur! Dieser auf dem vorliegenden Buch basierende Workshop macht Sie mit allen sieben Energiezentren und ihren Funktionen bekannt. Sie lernen, wie Sie auf praktische, einfache und lustvolle Weise eine harmonische Balance in Ihren Chakras erschaffen und aufrechterhalten können. Wenn unsere Chakras in Harmonie sind, öffnen wir uns auf natürliche Weise für unser wahres Selbst und verwirklichen unsere höchste Bestimmung. Das ist ein wunderbares Geschenk für uns selbst und für die Welt. Für mich gibt es keinen schöneren Weg, alle sieben Chakras zu harmonisieren!

Inner Wisdom, Inc.
P. O. Box 408996
Chicago, IL 60640, U. S. A.
Tel.: (773) 989-1151
E-Mail: inrwisdom@aol.com
Website: www.inner-wisdom.com

Don Campbell's Mozart Effect
Don Campbell ist Musikwissenschaftler und Autor des Buches *Die Heilkraft der Musik*. Julia Cameron (*Der Weg des Künstlers*) sagt über ihn: »Don Campbell gilt als der große Mentor der Klang-Heilkunde. Seine Arbeit ist von unschätzbarem Wert. Auf pragmatische, mystische und visionäre Weise macht er die Welt der Musik zu einer leicht zugänglichen, wohltuenden Quelle der Heilung.« Seine Arbeit eignet sich fantastisch zur Harmonisierung des fünften und des siebten Chakras.
The Mozart Effect Resource Center
3526 Washington Avenue
St. Louis, MO 63103-1019, U. S. A.
Tel.: (800) 721-2177
Fax: (314) 531-8384
Website: www.mozarteffect.com

Alan Cohen's Mastery Training
Der Autor vieler inspirierender Bücher, darunter *Happily Even After* und *A Deep Breath of Life*, führt Seminare zum spirituellen Erwachen und visionären Leben in den Vereinigten Staaten und im Ausland durch. Seine Seminare eignen sich wunderbar zum Ausbalancieren des vierten, sechsten und siebten Chakras.
Alan Cohen Mastery Training Programs
430 Kukuna Road
Haiku, HI 96708, U. S. A.
Tel.: (800) 568-3079
Website: www.alancohen.com

The Artist's Way Workshop
Wir alle sind außerordentlich kreativ, und wir können noch viel kreativer werden, wenn wir einige simple Hilfsmittel einsetzen. Lassen Sie sich von Julia Cameron zeigen, wie Sie Ihre Kreativität nutzen können. Basierend auf ihren Bestsellern *Der Weg des Künstlers* und *Der Weg zum kreativen Selbst* vermittelt Julia Cameron eine vielseitige und innovative Auswahl von Techniken, mit deren Hilfe Sie Ihre Kreativität vertiefen, erweitern und klären können. Sie lehrt seit zwei Jahrzehnten und hat ihre Unterrichtsmethode ständig verfeinert. Die kreativen Prinzipien, die sie unterrichtet, sind für Künstler und Laien gleichermaßen hilfreich. Sie sprechen alle an, die gern ein kreativeres Leben führen möchten. Julias Fähigkeit, Menschen bei der Harmonisierung von Vitalität (zweites Chakra) und Selbstausdruck (fünftes Chakra) zu helfen, ist enorm. Ich verdanke meine schriftstellerische Karriere Julias Talent. Sie setzte meine Kreativität frei und verhalf mir dazu zu schreiben. Und das kann sie auch für Sie tun. Um mit Julia Kontakt aufzunehmen

oder mehr über ihre Seminare zu erfahren, schreiben Sie an:
Penguin Putnam, Inc.
375 Hudson Street
New York, NY 10014, U.S.A.

The Painting Experience

Mit Stewart Cubley, Autor des Buches *Life, Paint, Passion: Reclaiming the Magic of Spontaneous Expression* (Tarcher/Putnam, New York, 1996). Bei der Painting-Experience-Methode (Mal-Erfahrung) wird der Akt des künstlerischen Schaffens als der intimste Kontakt mit dem eigenen Selbst angesehen. Der Prozess, das Unbekannte in Farbe und Form sichtbar zu machen, wird zu einem Weg, in das Geheimnis des eigenen Seins eindringen, zu einem Werkzeug der Befreiung und des Erwachens. In den Life-, Paint-, and Passion-Workshops (Leben, Malen und Leidenschaft) begeben sich die Teilnehmer auf eine bewegende Reise des freien Spiels und der Selbsterfahrung. Sie erleben unmittelbar den intuitiven kreativen Fluss und sein Potenzial für Transformation, Heilung und Erkenntnis. Künstlerische Vorkenntnisse sind nicht erforderlich. Alle Materialien werden den Teilnehmern zur Verfügung gestellt. Diese Workshops eignen sich ausgezeichnet, um die Chakras zwei, vier, fünf und sechs zu harmonisieren. Stewarts Arbeit ist aufregend, herausfordernd und ungeheuer befreiend für alle, die unter einer disharmonischen, blockierten Seele leiden.

Studio for Process Arts
P. O. Box 309
Fairfax, CA 94978, U.S.A.
Tel.: (415) 455-4682
Fax: (415) 457-8633
Website: www.processarts.com

The Wise Child Workshop
(Workshop zu dem Buch *Dem Herzen folgen*)

Lernen Sie, Ihre Intuition und Kreativität zu Hause zu nähren und zu beleben! Dieser drei- bis fünftägige Workshop basiert auf meinem Buch *Dem Herzen folgen* und ist dazu gedacht, die Intuition in Ihrer Familie zu erwecken. Schaffen Sie bei sich zu Hause eine intuitionsfreundliche Atmosphäre, in der alle Familienmitglieder als wertvolle, erleuchtete sprirituelle Wesen anerkannt werden, die auf natürliche Weise vom göttlichen Geist geleitet werden. Mit diesem Workshop lässt sich hervorragend das erste, dritte, vierte, fünfte und sechste Chakra harmonisieren.
Inner Wisdom, Inc.
P. O. Box 408996
Chicago, IL 60640, U.S.A.
Tel.: (773) 989-1151
E-Mail: inrwisdom@aol.com
Website: www.inner-wisdom.com

Baniel Feldenkrais System

Diese revolutionäre Methode arbeitet mit der natürlichen Intelligenz des Körpers, um mehr Beweglichkeit, Vitalität und Wohlbefinden zu vermitteln. Sie

befreit von Schmerzen und bewirkt eine körperliche, mentale und spirituelle Harmonisierung. Anat Baniel, ein Meister der Feldenkrais-Methode, arbeitet weltweit mit Musikern, Leistungssportlern, Kleinkindern, alten Menschen und allen anderen Interessierten. Das System harmonisiert das erste und das dritte Chakra.
Anat Baniel
336 Bon Air Center, No. 384
Grennbrae, CA 94904, U. S. A.
Tel.: (415) 464-0777
Fax: (415) 464-0779
E-Mail: anatbaniel@feldenkrais-intl. com
Website: www. feldenkrais-intl. com
www. feldenkrais. de

Fairy Tales, Inc.
Laura DeRocher
Dream Fulfillment Performing Art Camp
Arbeiten Sie mit einem Team freundlicher Zauberer und Elfen zusammen, die in allen Theaterkünsten ausgebildet sind und sich an spirituellen Prinzipien orientieren, um Ihr eigenes persönliches Märchen zu erschaffen. In einer spielerischen und behüteten Theater-Atmosphäre können Sie Ihren persönlichen Drachen erschlagen und Ihre Träume Gestalt annehmen lassen. Senden Sie Ihre Wünsche hinaus ins Universum und sehen Sie dann mit eigenen Augen, wie sie in Form einer Theater-, Musical- oder Ballettaufführung verwirklicht werden, die Sie selbst für sich inszeniert haben. Nehmen Sie eine Videoaufzeichnung davon mit nach Hause, um das Happy End, das Sie erschaffen haben, immer wieder anschauen zu können.
E-Mail: Derocherl@aol. com
Website: lauraderocher. com

Selbsthilfegruppen

Damit Menschen, die erstmalig Kontakt zu einer Selbsthilfegruppe suchen, sich leichter orientieren können, gibt es NAKOS, eine Einrichtung der Deutschen Arbeitsgemeinschaft Selbsthilfegruppen. Sie soll als zentrale Anlaufstelle Betroffenen den Weg zu Selbsthilfegruppen vor Ort weisen.

NAKOS
Internationale Kontakt- und Informationsstelle zur Anregung und Unterstützung von Selbsthilfegruppen
Albert-Achilles-Straße 65
D-10709 Berlin
Tel.: (030) 8914019
Fax: (030) 8934014
E-Mail: nakos@gmx. de
Website: www. nakos. de

Deutsche Arbeitsgemeinschaft Selbsthilfegruppen
Friedrichstraße 33
35392 Gießen
Tel.: (0641) 74503

Anonyme Alkoholiker
Günther Habedank
Postfach 460227
80910 München

E-Mail: Info@anonyme-alkoholiker. de
Website: www. anonyme-alkoholiker. de

Al-Anon Familiengruppen-Interessengemeinschaft e.V.
Emilienstraße 4
D-45128 Essen
Tel. (0201) 773007
Website: al-anon. de

Anonyme Esssüchtige Deutschland
Deutschsprachiger Dienst der OA
(Overeaters Anonymous)
Postfach 106206
D-28062 Bremen
Tel.: (0421) 327224

Bundesarbeitsgemeinschaft
Schuldnerberatung
Wilhelmstraße 11
D-34117 Kassel
Tel.: (0561) 771093

Diese Gruppen sind zum Teil auch in Ihrem Telefonbuch aufgeführt. Wenn Sie an einem Treffen teilnehmen, können Sie dort Näheres über weitere Gruppen erfahren. Selbsthilfegruppen, die nach dem Zwölf-Schritte-Programm arbeiten, stärken alle sieben Chakras. Besonders hilfreich sind sie jedoch für Menschen, deren zweites Chakra moderat bis schwer beeinträchtigt ist.

Bücher und Audiokassetten

Für Ihr Fundament

Brethnach, Sarah Ben: *Ein guter Tag.* Goldmann, München, 1998.

Craze, Richard: *Das Tao der Kochkunst.* Bauer, Freiburg, 2001.

Hay, Louise: *Heile deinen Körper.* Lüchow, Freiburg, 2000.

Jaynes, Julian: *Der Ursprung des Bewusstseins durch den Zusammenbruch der bikameralen Psyche.* Rowohlt, Reinbek, 1988.

Kingston, Karen: *Feng Shui gegen das Gerümpel des Alltags.* Rowohlt, Reinbek, 2000.

Northrup, Christiane: *Frauenkörper, Frauenweisheit.* Zabert Sandmann, München, 2000.

Richmond, Lewis: *Arbeit und Spiritualität.* Goldmann, München, 2000.

Für Ihre Vitalität

Arnand, Margo: *Tantra oder Die Kunst der sexuellen Ekstase.* Goldmann, München, 1995.

Borysenko, Joan: *Feuer in der Seele.* Bauer, Freiburg, 1996.

Cameron, Julia: *Der Weg des Künstlers.* Knaur, München, 1996.

Capacchione, Lucia: *The Power of Your Other Hand.* Van Nuys, CA: Newcastle, 1998.

Guy, David: *The Red Thread of Passion.* Shambhala, Boston, 1999.

Moore, Thomas: *Seel-Sorge*. Knaur, München, 1993.

Für Ihre Souveränität

Allen, James: *Heile Deine Gedanken*. Lüchow, Freiburg, 1995.

Artress, Lauren: *Walking a Sacred Path*. Riverhead Books, New York, 1996.

Chödrön, Pema: *Wenn alles zusammenbricht*. Goldmann, München, 2001.

Khan, Hazrat Inayat: *Spiritual Dimensions of Psychology*. Omega, New Lebanon, NY, 1990.

McGraw, Philip: *Lebensstrategien*. MVG, München, 2000.

Millman, Dan: *Der Pfad des friedvollen Kriegers*. W. Ludwig, München, 2000.

Moore, Robert L. und Douglas Gillette: *König, Krieger, Magier, Liebhaber*. Kösel, München, 1992.

Wilde, Stuart: *Das Leben war nie als Kampf gedacht*. Hugendubel, München, 1996.

Für Ihr Herz

Caine, Kenneth: *Prayer, Faith and Healing*. Rodale, Emmaus, PA, 1999.

Choquette, Sonia: *Your Heart's Desire*. Three Rivers Press, New York, 1997.

Ein Kurs in Wundern (A Course in Miracles). Greuthof Verlag, Gutach.

Kingma, Daphne Rose: *The Future of Love*. Main Street Books, 1999.

Kornfield, Jack: *Frag den Buddha und geh den Weg des Herzens*. Kösel, München, 1998.

Lamott, Anne: *Traveling Mercies*. Pantheon, New York, 1999.

Ruiz, Don Miguel: *The Mastery of Love*. Amber-Allen, San Rafael, CA, 1999.

Nightingale-Conant. *Creating Your Heart's Desire*. Von Sonia Choquette.

In diesem Audiokassetten-Programm lernen Sie die neun Schritte der kreativen Manifestation kennen und erfahren, wie Sie sie nutzen können, um alle Ihre Wünsche zu verwirklichen. Ein Arbeitsbuch mit Kursmaterial wird mitgeliefert. (In englischer Sprache)
Tel.: (USA) (800) 525-9000.

Für Ihren Selbstausdruck

Burke, James: *Connections*. Little Brown, Boston, 1995.

Cameron, Julia: *The Right to Write*. Tarcher/Putnam, New York, 1999.

Claxton, Guy: *Hare Brain, Tortoise Mind*. Ecco Press, Hopewell, N. J., 1999.

Dossey, Larry: *Heilende Worte*. Martin, Südgettersen, 1995.

Goldberg, Natalie: *Der Weg des Schreibens*. Knaur, München, 1991.

Kabat-Zinn, Jon: *Im Alltag Ruhe finden*. Herder, Freiburg, 1998.

Lamott, Anne: *Bird by Bird*. Doubleday, New York, 1995.

Zubrin, Robert: *Entering Space*. Tarcher/Putnam, New York, 1999.

Für Ihre persönliche Vision

Anderson, George, und Andrew Barone: *Lessons from the Light*. Putnam, New York, 1999.

Andrews, Lynn: *The Woman of Wyrrd*. Harper, New York, 1991.

Choquette, Sonia: *Dem Herzen folgen*. Bauer, Freiburg, 2001.

Choquette, Sonia: *The Psychic Pathway*. Three Rivers Press, New York, 1995.

Coelho, Paulo: *Der Alchimist*. Diogenes, Zürich, 1996.

Garfield, Patricia: *Kreativ träumen*. Ansata, Schwarzenburg, 1980.

Johnson, Robert A.: *Bilder der Seele*. Hugendubel, München 1995.

Orloff, Judith: *Jenseits der Angst*. Heyne, München, 1997.

Yogananda, Paramahansa: *Autobiographie eines Yogi*. Knaur, München, 1992.

Nightingale-Conant. *Your Psychic Pathway*

Dieses Audiokassetten-Programm offenbart eine innere Weisheit, die Sie führt, schützt und inspiriert. Auf praktische, fundierte Weise lernen Sie, Zugang zu Ihrer inneren Stimme zu finden und sie dazu einzusetzen, neue Chancen und Ihre verborgenen Talente zu entdecken, Kontakt mit Ihrer spirituellen Familie aufzunehmen und Klarheit über Ihren Lebensweg zu gewinnen. (In englischer Sprache) Tel.: (USA) (800) 525-9000.

Für Ihr Kronen-Chakra

Bodine, Echo: *Echoes of the Soul*. New World Library, Novato, CA, 1999.

Das, Lama Surya: *Awakening to the Sacred*. Broadway Books, New York, 1999.

Grey, Alex: *Sacred Mirrors*. Zweitausendeins, Frankfurt, 1996.

Hanh, Thich Nhat: *Das Wunder der Achtsamkeit*. Theseus, Berlin, 1999.

Hanh, Thich Nhat: *Going Home*. Riverhead Books, New York, 1999.

Levine, Stephen: *Noch ein Jahr zu leben*. Rowohlt, Reinbek, 1999.

Newton, Michael: *Die Reisen der Seele*. Ed. Astrodata, Wettswil, 1996.

VanPraagh, James: *Und der Himmel tat sich auf*. Goldmann, München, 2000.

Walsh, Neale Donald: *Gespräche mit Gott. Bd. 1–3*. Goldmann, München, 1997–99.

Weiss, Brian: *Die zahlreichen Leben der Seele*. Goldmann, München 1994.

Zukav, Gary: *The Seat of the Soul*. Simon & Schuster, New York, 1990.

Verlag Hermann Bauer · Freiburg im Breisgau

Sonia Choquette

Dem Herzen folgen

Wie Sie und Ihr Kind der Intuition vertrauen lernen

251 Seiten, kartoniert, ISBN 3-7626-0820-2

Sonia Choquette zeigt in *Dem Herzen folgen*, wie wichtig es schon von klein auf ist, der inneren Stimme zu lauschen. Sie vermittelt anschaulich, wie Eltern ihre Kinder dabei unterstützen – und zugleich die eigene intuitive Wahrnehmung erweitern können. Lebendig geschrieben, aufgelockert mit persönlicher Erfahrung, mit vielen Beispielen und neuen Einsichten, wird ihr Buch zu einem spirituellen Ratgeber für die ganze Familie.

Das Anliegen von Sonia Choquette ist die Entfaltung der kindlichen Intuition – und dazu bietet ihr Buch reiche Orientierungshilfe. Zu jedem Kapitel gibt sie den Leserinnen und Lesern eine Checkliste, praktische Tipps und »Werkzeuge« an die Hand. So finden sich in ihrem Buch eine Fülle von Anregungen, wie schon in der Familie eine Atmosphäre geschaffen werden kann, in der sich die kindliche Intuition ganz natürlich entfalten kann.

Ein wahres Handlungsbuch für alle, die mit Kindern zu tun haben und eine neue, spirituell orientierte Erziehung anstreben.

Verlag Hermann Bauer · Freiburg im Breisgau